银行管理

（初、中级适用）

银行业专业人员职业资格考试研究组 主编

严格依据银行业专业人员职业资格考试大纲编写

扫描二维码　　　　　关注天一金融课堂
获取天一网校 APP　　获取增值服务

 西南财经大学出版社
Southwestern University of Finance & Economics Press

中国·成都

图书在版编目(CIP)数据

银行管理:初、中级适用/银行业专业人员职业资格考试研究组主编. —成都:西南财经大学出版社,2023.12(2024.12重印)

ISBN 978 - 7 - 5504 - 6015 - 7

Ⅰ.①银… Ⅱ.①银… Ⅲ.①银行管理—中国—资格考试—教材 Ⅳ.①F832.1

中国国家版本馆 CIP 数据核字(2023)第 226750 号

银行管理:初、中级适用

 YINHANG GUANLI:CHU、ZHONGJI SHIYONG

银行业专业人员职业资格考试研究组　主编

责任编辑:冯　梅
责任校对:乔　雷
封面设计:天　一
责任印制:朱曼丽

出版发行	西南财经大学出版社(四川省成都市光华村街55号)
网　　址	http://cbs. swufe. edu. cn
电子邮件	bookcj@ swufe. edu. cn
邮政编码	610074
电　　话	028 - 87353785
印　　刷	河南承创印务有限公司
成品尺寸	185mm ×260mm
印　　张	18
字　　数	471 千字
版　　次	2023 年 12 月第 1 版
印　　次	2024 年 12 月第 2 次印刷
书　　号	ISBN 978 - 7 - 5504 - 6015 - 7
定　　价	56. 00 元

目 录

CONTENTS →

第一章 宏观经济金融环境

⊕ 考情直击

　　本章的主要内容是宏观经济、财政政策和货币政策、监管政策和金融体系等。分析近几年的考试情况，本章的常考点有财政政策工具、货币政策目标和工具、服务实体经济、防范金融风险、金融市场等。

📖 考纲要求

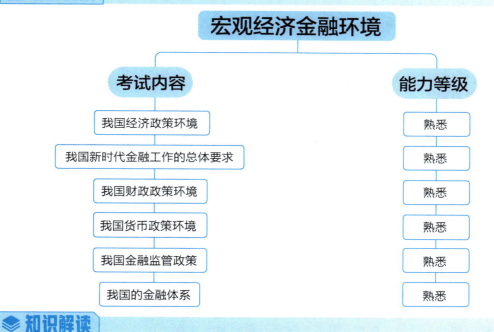

宏观经济金融环境	
考试内容	**能力等级**
我国经济政策环境	熟悉
我国新时代金融工作的总体要求	熟悉
我国财政政策环境	熟悉
我国货币政策环境	熟悉
我国金融监管政策	熟悉
我国的金融体系	熟悉

📚 知识解读

第一节　宏观经济

一、我国经济政策环境 ★★

1. 树立新发展理念

2015 年 10 月，党的十八届五中全会，提出了创新、协调、绿色、开放、共享的发展理念。

（1）创新是引领发展的第一动力。

（2）协调是持续健康发展的内在要求。

（3）绿色是永续发展的必要条件和人民对美好生活追求的重要体现。

（4）开放是国家繁荣发展的必由之路。

（5）共享是中国特色社会主义的本质要求。

要点点拨

创新、协调、绿色、开放、共享的发展理念，相互贯通、相互促进，是具有内在联系的集合体，要统一贯彻，不能顾此失彼，也不能相互替代。

2. 推动高质量发展

党的二十大报告指出，坚持以推动高质量发展为主题，把实施扩大内需战略同深化供给侧结构性改革有机结合起来，增强国内大循环内生动力和可靠性，提升国际循环质量和水平，加快建设现代化经济体系，着力提高全要素生产率，着力提升产业链供应链韧性和安全水平，着力推进城乡融合和区域协调发展，推动经济实现质的有效提升和量的合理增长。

(1) 构建高水平社会主义市场经济体制。

(2) 建设现代化产业体系。

(3) 全面推进乡村振兴。

(4) 促进区域协调发展。

(5) 推进高水平对外开放。

3. 构建新发展格局

党的二十大报告指出，必须完整、准确、全面贯彻新发展理念，坚持社会主义市场经济改革方向，坚持高水平对外开放，加快构建以国内大循环为主体、国内国际双循环相互促进的新发展格局。

(1) 畅通国内大循环。深化供给侧结构性改革，提高供给适应引领创造新需求能力；强化流通体系支撑作用；完善促进国内大循环的政策体系。

(2) 促进国际国内双循环。推动进出口协同发展；提高国际双向投资水平。

二、新时代金融工作的总体要求 ★★

(1) 走中国特色金融发展之路。中国特色金融发展之路是一条前无古人的开创之路，既遵循现代金融发展的客观规律，更具有适合自身国情的鲜明特色，其基本要义是：坚持党中央对金融工作的集中统一领导，坚持以人民为中心的价值取向，坚持把金融服务实体经济作为根本宗旨，坚持把防控风险作为金融工作的永恒主题，坚持在市场化法治化轨道上推进金融创新发展，坚持深化金融供给侧结构性改革，坚持统筹金融开放和安全，坚持稳重求进工作总基调。

(2) 金融工作的主要任务。

① 要着力营造良好的货币金融环境。

② 做好科技、绿色、普惠、养老、数字五篇金融大文章。

③ 优化融资结构。

第二节 财政政策和货币政策

一、财政政策的概念 ★★

财政政策是一国政府为实现一定的宏观经济目标而调整财政收支规模和收支平衡的指导原则以及相应措施，是国家宏观经济政策的重要组成部分，是国家进行宏观经济调控的重要手段之一，主要包括财政收入政策和财政支出政策。

二、财政政策工具 ★★

财政政策工具是指财政政策主体所选择的用以达到政策目标的各种财政手段，主要包括税收、公共支出、政府投资和政府债券等。

税收

税收作为一种政策工具,它具有形式上的强制性、无偿性和固定性特征,这些特征使税收调节具有权威性。税收调节作用主要通过宏观税率和具体税率的确定、税种选择、税负分配(包括税负转嫁)以及税收优惠和税收惩罚等规定体现出来。

公共支出

公共支出指政府满足纯公共需要的一般性支出,包括购买性支出和转移性支出两大部分。购买性支出包括商品和劳务的购买,是一种政府的直接消费支出。转移性支出通过"财政收入—国库—财政支付"过程将货币收入从一方转移到另一方。

政府投资

政府投资是指使用预算安排的资金进行固定资产投资建设活动,包括新建、扩建、改建、技术改造等。在市场经济条件下,政府投资的项目主要指那些具有自然垄断特征、外部效应大、产业关联度高、具有示范和诱导作用的公共设施、基础性产业以及新兴的高科技主导产业。

政府债券

政府债券是指政府财政部门或者其他代理机构为筹集资金,以政府名义发行的承诺在一定期限还本和付息的债务凭证。中央政府发行的债券被称为中央政府债券或者国债,地方政府发行的债券被称为地方政府债券,二者有时统称为公债。

三、财政政策对金融的影响 ★★

根据调节国民经济的不同功能,财政政策可分为:

(1)**扩张性财政政策**。扩张性财政政策是指通过财政收支规模的变动来增加和刺激社会的总需求,在总需求不足时,通过扩张性财政政策使总需求与总供给的差额缩小以至平衡。实施扩张性财政政策的手段主要是增加财政支出和减少税收。

(2)**紧缩性财政政策**。紧缩性财政政策是指通过财政收支规模的变动来减少和抑制总需求,在国民经济已出现总需求过旺的情况下,通过紧缩性财政政策可以消除通货膨胀,达到供求平衡。实施紧缩性财政政策的手段主要是减少财政支出和增加税收。

💡 真题精练

【例1·单项选择题】( )财政政策能在总需求过旺的情况下,消除通货膨胀,达到供求平衡。

A. 紧缩性   B. 扩张性

C. 中性   D. 稳定性

A 紧缩性财政政策指通过财政收支规模的变动来减少和抑制总需求,在国民经济已出现总需求过旺的情况下,通过紧缩性财政政策可以消除通货膨胀,达到供求平衡。

四、货币政策的概念 ★★

货币政策是中央银行为实现特定经济目标而采用的控制和调节货币、信用及利率等方针和措施的总称,是国家调节和控制宏观经济的主要手段之一。货币政策由货币政策目标和货币政策工具两部分内容构成。

👍 **教你一招**

货币政策通过调整总供给来调节总需求；财政政策主要通过调节政府收支来调节宏观经济。

五、货币政策目标 ★★

1. 最终目标

货币政策的最终目标包括经济增长、充分就业、物价稳定和国际收支平衡四大目标。

⛽ **知识加油站**

我国的货币政策目标是"保持货币币值稳定，并以此促进经济增长"。

2. 操作目标和中介目标

为了缩短货币政策时滞，提高货币政策的效果，需要在最终目标的框架内，进一步确定更便于中央银行制定和实施货币政策的操作目标和中介目标。

（1）我国货币政策的操作目标主要是基础货币。基础货币又称高能货币，是指具有使货币总量成倍扩张或收缩能力的货币，由中央银行发行的现金通货和吸收的金融机构存款构成。我国基础货币由三部分构成：金融机构存入中国人民银行的存款准备金、流通中的现金和金融机构的库存现金。

（2）《中华人民共和国中国人民银行法》正式把货币供应量指标作为货币政策的中介目标。货币供应量指某个时点上全社会承担流通和支付手段的货币存量，即一国经济中可用于各种交易的货币总量。

现阶段，按货币流动性强弱不同，中国人民银行实际将货币供应量划分为三个层次：

第一层次为 M_0，**即流通中现金**，又叫现钞，是指流通于银行体系以外的现钞，也就是个人和单位手中的现钞。

第二层次为 M_1，即一般所说的货币，又叫**狭义货币**，由 M_0 和银行的单位活期存款构成，代表一国经济中的现实购买力。

第三层次为 M_2，**又叫广义货币，由 M_1 和准货币组成**。准货币是一定时期内不会被直接动用的货币，主要包括单位定期存款、个人存款以及其他存款构成，代表一国经济中的潜在购买力。M_2 的流动性比 M_1 和 M_0 都要低，可用于观察和调控中长期金融市场。

六、货币政策工具 ★★

货币政策工具是中央银行为实现货币政策目标而采取的具体手段和措施。

1. 一般性政策工具

一般性政策工具是中央银行较为常用的传统工具，主要包括**存款准备金、再贷款与再贴现和公开市场业务，被称为货币政策的"三大法宝"**，见表1-1。

表1-1 一般性政策工具

要点	内容
存款准备金	存款准备金是指金融机构为保证客户提取存款和资金清算需要而准备的，是缴存在中央银行的存款。 法定存款准备金率是金融机构按规定向中央银行缴纳的存款准备金占其存款的总额的比率。 当中央银行提高法定准备金率时，商业银行可提供放款及创造信用的能力就下降

表 1-1（续）

要点	内容
再贷款与再贴现	（1）再贷款指中央银行对金融机构的贷款，也称中央银行贷款，是中央银行调控基础货币的渠道之一。 （2）再贴现是指中央银行对金融机构持有的未到期已贴现商业汇票予以贴现的行为。作为中央银行货币政策工具的再贴现政策，主要包括两方面的内容：一是通过再贴现率的调整，影响商业银行以再贴现方式融入资金的成本，影响市场利率及货币供求；二是规定再贴现票据的种类，影响商业银行及全社会的资金投向，促进资金的高效流动
公开市场业务	公开市场业务指中央银行在金融市场上卖出或买进有价证券，吞吐基础货币，以改变商业银行等存款类金融机构的可用资金，进而影响货币供应量和利率，实现货币政策目标的一种政策措施

2.新型货币政策工具

（1）**短期流动性调节工具（SLO）**。2013 年 1 月，中国人民银行创设了短期流动性调节工具。

（2）**常备借贷便利（SLF）**。2013 年年初，中国人民银行创设了常备借贷便利。

（3）**中期借贷便利（MLF）**。2014 年 9 月，中国人民银行创设了中期借贷便利。

（4）**抵押补充贷款（PSL）**。2014 年 4 月，中国人民银行创设了抵押补充贷款。

（5）**定向中期借贷便利（TMLF）**。2018 年 12 月，中国人民银行决定创设定向中期借贷便利，进一步加大金融对实体经济，尤其是小微企业、民营企业等重点领域的支持力度。

💡 **要点点拨**

新型货币政策工具中，前两种属于短期流动性调节工具，后三种属于中长期流动性调节工具。

3.利率市场化

近年来，我国利率市场化逐步推进，从贷款到存款，从大额到小额，目前利率市场化改革已取得关键性进展。

（1）利率管制基本放开。逐步取消存款利率浮动上限。

（2）市场利率定价自律机制不断健全。

（3）金融市场基准利率体系不断健全。

（4）金融产品创新有序推进。

4.汇率形成机制市场化

（1）2005 年 7 月 21 日起，我国开始实行以市场供求为基础、参考一篮子货币进行调节、有管理的浮动汇率制度。

（2）2015 年 8 月 11 日，人民银行对人民币兑美元汇率中间价报价机制进行改革，以增强人民币兑美元汇率中间价的市场化程度和基准性。

（3）2017 年 5 月 26 日，人民银行在人民币兑美元中间价报价模型中引入"逆周期因子"，形成"收盘价 + 一篮子货币汇率变化 + 逆周期因子"的中间价形成机制。

七、货币政策的传导机制 ★★

1.存款准备金率的传导机制

存款准备金包括法定存款准备金和超额存款准备金。**法定存款准备金**指商业银行按照其存款的一定比例向中央银行缴存的存款,这个比例通常是由中央银行决定的,被称为法定存款准备金率。**超额存款准备金**指商业银行存放在中央银行、超出法定存款准备金的部分,主要用于支付清算、头寸调拨或作为资产运用的备用资金。

法定存款准备金率变动的直接效果是影响商业银行的超额储备水平,通过货币乘数效用对信用活动产生影响。当中央银行提高法定存款准备金率时,商业银行需要上缴中央银行的法定存款准备金增加,可直接运用的超额准备金减少,商业银行的可用资金减少,在其他情况不变的条件下,商业银行贷款或投资下降,从而收紧信用,引起存款的数量收缩,导致货币供应量减少。反之,当中央银行降低法定存款准备金率时,会造成准备金释放,为商业银行提供新增的可用于偿还借入款或进行放款的超额准备,以此扩大信用规模,导致货币供应量增加。

2.基准利率的传导机制

中央银行基准利率主要包括:

(1)**再贷款利率**,指人民银行向金融机构发放再贷款所采用的利率。

(2)**再贴现利率**,指金融机构将所持有的已贴现票据向人民银行办理再贴现所采用的利率。

(3)**存款准备金利率**,指人民银行对金融机构交存的法定存款准备金支付的利率。

(4)**超额存款准备金利率**,指中央银行对金融机构交存的准备金中超过法定存款准备金水平的部分支付的利率。

中央银行提高再贷款或再贴现利率,会提高商业银行向中央银行融资的成本,降低商业银行向中央银行的借款意愿,减少向中央银行的借款或贴现。如果准备金不足,商业银行只能收缩对客户的贷款和投资规模,进而缩减货币供应量。随着货币供应量的减少,市场利率相应上升,社会对货币的需求相应减少,整个社会的投资支出减少,经济增速放慢,最终实现货币政策目标。中央银行降低再贷款或再贴现利率的作用过程与上述相反。

💡 真题精练

【例2·单项选择题】法定存款准备金率变动的直接效果是影响商业银行的(　　　)。

A.流动系数　　　　　　　　　　B.吸储能力

C.超额储备水平　　　　　　　　D.还款能力

C 　法定存款准备金率变动的直接效果是影响商业银行的超额储备水平,通过货币乘数效用对信用活动产生影响。

【例3·多项选择题】当中央银行降低法定存款准备金率时,下列说法中,错误的有(　　　)。

A.会造成准备金释放　　　　　　B.为商业银行提供新增的超额准备

C.缩减了信用规模　　　　　　　D.导致货币供应量增加

E.导致货币供应量减少

C E 　当中央银行降低法定存款准备金率时,会造成准备金释放,为商业银行提供新增的可用于偿还借入款或进行放款的超额准备,以此扩大信用规模,导致货币供应量增加。

第三节　监管政策

一、全面加强金融监管　★★

（1）严格执法、敢于亮剑。金融机构的违法违规行为不仅会破坏金融市场秩序、侵害消费者合法权益、加大金融风险、影响自身良好形象和稳健经营，更严重的是还会对经济高质量发展产生不良影响。要加强金融监管，有效防范化解金融风险，就必须严格执法、敢于亮剑，让监管真正"长牙带刺"。

（2）全面强化"五大监管"。"五大监管"有分类监管、行为监管、功能监管、穿透式监管和持续监管。

二、防范和化解风险是金融工作的永恒主题　★★

（1）持续防范化解重点金融风险。目前，我国金融领域有三个重点风险：中小金融机构风险、地方债务风险和房地产金融风险。

（2）把握好防范化解金融风险的"三对关系"。

①把握好权和责的关系。

②把握好快和稳的关系。

③把握好早和准的关系。

三、扩大对外开放　★★

1. 提高金融行业开放水平

我国在推进银行业对外开放中遵循三条原则：一是准入前国民待遇和负面清单原则；二是金融业对外开放将与汇率形成机制改革和资本项目可兑换进程相互配合，共同推进；三是在开放的同时，要重视防范金融风险，要使金融监管能力与金融开放度相匹配。

2. 支持金融行业"走出去"

银行监管机构引导银行业金融机构在防范风险的同时，为共建"一带一路"服务，积极"走出去"。

第四节　金融体系

一、金融市场　★★

1. 金融市场的概念、分类和功能

金融市场是货币和资本的交易活动、交易技术、交易制度、交易产品和交易场所的集合，是以金融工具为交易对象而形成的资金供求关系的总和。金融市场的构成要素包括交易主体、交易对象、交易工具、交易的组织形式和交易价格等，见表1-2。

表 1-2　金融市场的分类和功能

要点	内容
分类	（1）货币市场和资本市场。根据期限不同可以将金融市场分为货币市场和资本市场。 （2）现货市场、期货市场和期权市场。根据金融交易合约性质的不同可以将金融市场划分为现货市场、期货市场和期权市场。 （3）一级市场和二级市场。根据市场功能不同可以将金融市场分为一级市场（发行市场）和二级市场（流通市场）。 （4）公开市场和协议市场。根据金融产品成交与定价方式的不同可以将金融市场分为公开市场和协议市场。 （5）按交易的标的物还可将金融市场分为货币市场、资本市场、外汇市场和黄金市场等
功能	（1）货币资金融通功能。融通货币资金是金融市场最主要、最基本的功能。 （2）优化资源配置的功能。 （3）风险分散与风险管理功能。 （4）经济调节功能。 （5）交易及定价功能。 （6）反映经济运行功能

2. 货币市场

货币市场是指融资期限在 1 年以内（包括 1 年）的资金交易市场，又称为短期资金市场。货币市场的基本功能在于实现资金的流动性，从而便于各类经济主体可以随时获得或运用现实的货币。货币市场的主要特点是：低风险、低收益；期限短、流动性强、风险性小；交易量大、交易频繁。

（1）同业拆借市场。同业拆借市场是指银行及非银行金融机构之间进行短期性的、临时性的资金调剂所形成的市场。主要满足金融机构日常资金的支付清算和短期融通需要。该市场主要有三个特征：一是主要限于商业银行等金融机构参加；二是拆借期限短；三是拆借利率市场化。

（2）回购市场。回购市场是指通过回购协议进行短期资金融通的市场。在回购交易中先出售证券、后购回证券称为正回购；先购入证券、后出售证券则为逆回购。回购市场有以下几个主要特征：一是参与者的广泛性；二是风险性；三是短期性，回购期限一般不超过 1 年，通常为隔夜或 7 天；四是利率的市场性。

（3）票据市场。票据市场即是以商业票据作为交易对象的市场。狭义的票据市场仅指交易性商业票据的交易市场，广义上的票据市场则包括融资性商业票据和交易性商业票据。从广义角度介绍票据市场的构成来看，票据市场主要由票据承兑市场、票据贴现市场、商业票据市场、大额可转让定期存单市场构成。

3. 资本市场

资本市场指以长期金融工具为媒介进行的、期限在 1 年以上的长期资金融通市场。在资本市场上，发行主体所筹集的资金大多用于扩大再生产的投资，融通的资金期限长、流动性相对较差、风险较大而收益相对较高。资本市场主要包括股票市场、债券市场、基金市场等。

（1）中长期债券市场。债券市场是发行和交易债券的市场，它是金融市场的一个重要组成部分。债券市场按债券期限划分，可分为短期债券市场和中长期债券市场。

（2）股票市场。股票市场一般分为发行市场（又称一级市场）和流通市场（又称二级市场）。

（3）基金市场。基金市场按照募集对象来分，可以分为公募基金和私募基金。公募基金的募集对象是社会公众，即社会不特定的投资者；而私募基金募集的对象是少数特定的投资者，包括机构和个人。

💡 **真题精练**

【例4·多项选择题】金融市场是货币和资本的（　　）的集合。

A. 交易活动　　　　　　　　B. 交易技术

C. 交易制度　　　　　　　　D. 交易产品

E. 交易场所

ABCDE　金融市场是货币和资本的交易活动、交易技术、交易制度、交易产品和交易场所的集合，是以金融工具为交易对象而形成的资金供求关系的总和。

二、金融机构体系与金融工具 ★★

1. 金融机构概述

从事各种金融活动的组织统称为金融机构。我国的金融机构体系由货币当局、金融监管机构、银行金融机构和非银行金融机构组成。

2. 政策性银行、商业银行及非银行金融机构

（1）开发性金融机构与政策性银行。1994年，我国成立了三家政策性银行——国家开发银行、中国进出口银行和中国农业发展银行。2014年年底及2015年年初，三家政策性银行陆续实施改革，国家开发银行定位为开发性金融机构，服务国家重大战略，支持重点领域和薄弱环节的融资需求；中国进出口银行和中国农业发展银行则强化政策性职能定位，坚持以政策性业务为主体。

（2）商业银行。**商业银行主要包括大型商业银行、股份制商业银行、城市商业银行、农村金融机构和外资银行。**

（3）非银行金融机构。

①**证券类机构**。证券类机构主要包括证券交易所、证券公司、证券服务机构、期货公司和基金管理公司。

②**保险类机构**。保险类机构主要包括保险公司和保险中介机构。

③**其他非银行金融机构**。主要包括金融资产管理公司、信托公司、企业集团财务公司、金融租赁公司、消费金融公司、汽车金融公司、金融资产投资公司和货币经纪公司等。

3. 金融工具的分类

（1）按期限的长短划分，金融工具分为短期金融工具和长期金融工具，前者期限一般在1年及以下，如商业票据、短期国库券、回购协议等；后者期限一般在1年以上，如股票、企业债券、长期国债等。

（2）按融资方式划分，金融工具可分为直接融资工具和间接融资工具，前者包括政

府、企业发行的国库券、企业债券等；后者包括银行债券、银行承兑汇票、人寿保险单等。

（3）按投资者所拥有的权利划分，金融工具可分为债权工具、股权工具和混合工具。

4.金融工具的特征

金融工具具有流动性、收益性、风险性的特点。一般来说，流动性与偿还期限成反比，与债务人的信用能力成正比。金融工具的风险主要有两类：一类是信用风险，即债务人不履行合同，不能按约定期限和利息还本付息的风险。另一类是市场风险，即因经济环境、市场利率变化或者证券市场上不可预见的一些因素的变化，导致金融工具价格下跌，从而给投资人带来损失的风险。

三、金融基础设施 ★★

1.金融基础设施概述

《统筹监管金融基础设施工作方案》将金融基础设施定义为"为各类金融活动提供基础性公共服务的系统及制度安排"，并强调金融基础设施是金融市场稳健高效运行的基础性保障，是实施宏观审慎管理和强化风险防控的重要抓手。

2.金融基础设施分类

目前，我国金融市场基础设施主要有五大板块：

（1）支付系统（PS）。

（2）中央证券存管（CSD）与证券结算系统（SSS）。

（3）中央对手方（CCP）。

（4）交易报告库（TR）。

（5）其他金融市场基础设施。除了《金融市场基础设施原则》（PFMI）明确的五类金融市场基础设施外，证券、期货、黄金等交易场所、保险行业平台等也被纳入金融市场基础设施范畴。

◆码上看总结◆

👤 章节自测

一、**单项选择题**（在以下各小题所给出的四个选项中，只有一个选项符合题目要求，请将正确选项的代码填入括号内）

1.下列关于新发展理念的说法中，错误的是（   ）。

A.协调是持续健康发展的内在要求

B.开放是引领发展的第一动力

C.共享是中国特色社会主义的本质要求

D.绿色是永续发展的必要条件和人民对美好生活追求的重要体现

2. 下列不属于税收特征的是(　　)。
   A. 强制性　　　　　　　　　　　　B. 固定性
   C. 权威性　　　　　　　　　　　　D. 有偿性

3. 我国的货币政策目标是(　　)。
   A. 保持货币币值的稳定,并以此促进经济增长
   B. 充分就业
   C. 经济增长
   D. 国际收支平衡

4. (　　)又被称为狭义货币。
   A. M_0　　　　　　　　　　　　　B. M_1
   C. M_2　　　　　　　　　　　　　D. M_3

5. (　　)指人民银行对金融机构交存的法定存款准备金支付的利率。
   A. 再贷款利率　　　　　　　　　　B. 再贴现利率
   C. 存款准备金利率　　　　　　　　D. 超额存款准备金利率

6. (　　)是金融市场最主要、最基本的功能。
   A. 交易及定价功能　　　　　　　　B. 经济调节功能
   C. 融通货币资金　　　　　　　　　D. 优化资源配置的功能

7. 下列不属于商业银行的是(　　)。
   A. 开发性金融机构　　　　　　　　B. 农村金融机构
   C. 外资银行　　　　　　　　　　　D. 城市商业银行

二、多项选择题(在以下各小题所给出的选项中,至少有两个选项符合题目要求,请将正确选项的代码填入括号内)

1. 金融工作的主要任务包括(　　)。
   A. 做好科技、绿色、普惠、养老、数字五篇金融大文章
   B. 要着力营造良好的货币金融环境
   C. 优化融资结构
   D. 打造安全无风险的金融市场
   E. 市场透明,防止发生信息不对称

2. (　　)被称为中央银行货币政策的"三大法宝"。
   A. 常备借贷便利　　　　　　　　　B. 存款准备金
   C. 再贷款与再贴现　　　　　　　　D. 公开市场业务
   E. 抵押补充贷款

3. 1994 年,我国成立了三家政策性银行,分别是(　　)。
   A. 中国工商银行　　　　　　　　　B. 国家开发银行
   C. 中国进出口银行　　　　　　　　D. 中国农业发展银行
   E. 中国建设银行

三、判断题(请判断以下各小题的正误,正确的选 A,错误的选 B)

1. 2015 年 10 月,党的十八届五中全会,提出了创新、协调、绿色、开放、共享的发展理念。
   　　　　　　　　　　　　　　　　　　　　　　　　　　　　　　(　　)
   A. 正确　　　　　　　　　　　　　B. 错误

2.实施扩张性财政政策的手段主要是减少财政支出和增加税收。　　（　　）

A. 正确　　　　　　　　　　　　　B. 错误

答案详解

一、单项选择题

1. B。【解析】创新是引领发展的第一动力。

2. D。【解析】税收作为一种政策工具，它具有形式上的强制性、无偿性和固定性特征，这些特征使税收调节具有权威性。

3. A。【解析】我国的货币政策目标是"保持货币币值稳定，并以此促进经济增长"。

4. B。【解析】M_1，即一般所说的货币，又叫狭义货币，由 M_0 和银行的单位活期存款构成，代表一国经济中的现实购买力。

5. C。【解析】存款准备金利率，指人民银行对金融机构交存的法定存款准备金支付的利率。

6. C。【解析】融通货币资金是金融市场最主要、最基本的功能。

7. A。【解析】商业银行主要包括大型商业银行、股份制商业银行、城市商业银行、农村金融机构和外资银行。

二、多项选择题

1. ABC。【解析】金融工作的主要任务有：(1)要着力营造良好的货币金融环境。(2)做好科技、绿色、普惠、养老、数字五篇金融大文章。(3)优化融资结构。

2. BCD。【解析】一般性政策工具是中央银行较为常用的传统工具，主要包括存款准备金、再贷款与再贴现和公开市场业务，被称为货币政策的"三大法宝"。

3. BCD。【解析】1994 年，我国成立了三家政策性银行——国家开发银行、中国进出口银行和中国农业发展银行。

三、判断题

1. A。【解析】2015 年 10 月，党的十八届五中全会，提出了创新、协调、绿色、开放、共享的发展理念。

2. B。【解析】实施紧缩性财政政策的手段主要是减少财政支出和增加税收。

第二章
监管概述

⊕ 考情直击

　　本章的主要内容是金融监管沿革、监管理念、监管指标、银行业法律体系和行业自律组织等。分析近几年的考试情况,本章的常考点有监管目标、理念与标准,监管类指标,监测类指标,《中华人民共和国银行业监督管理法》,《中华人民共和国中国人民银行法》,《中华人民共和国商业银行法》等。

考纲要求

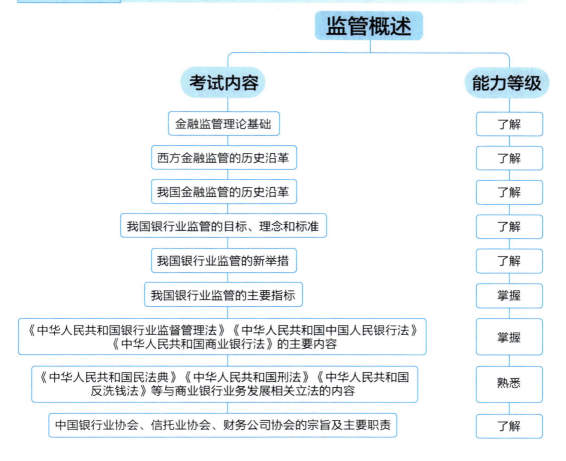

考试内容	能力等级
监管概述	
金融监管理论基础	了解
西方金融监管的历史沿革	了解
我国金融监管的历史沿革	了解
我国银行业监管的目标、理念和标准	了解
我国银行业监管的新举措	了解
我国银行业监管的主要指标	掌握
《中华人民共和国银行业监督管理法》《中华人民共和国中国人民银行法》《中华人民共和国商业银行法》的主要内容	掌握
《中华人民共和国民法典》《中华人民共和国刑法》《中华人民共和国反洗钱法》等与商业银行业务发展相关立法的内容	熟悉
中国银行业协会、信托业协会、财务公司协会的宗旨及主要职责	了解

第一节　金融监管沿革

一、金融监管理论基础 ★

金融监管基础理论中，最成熟和规范的理论是社会公共利益论，其主要从金融体系存在垄断、负外部性、市场失灵、信息不对称、金融产品具有公共品特征等方面论证实施金融监管的必要性。

（1）金融市场存在信息不充分、不对称、委托—代理及有关利益冲突问题、搭便车等导致的市场失灵。

（2）道德风险的存在。

（3）银行业市场失灵的外部性具有特殊性，可能导致系统性风险。

（4）金融监管是维护广大金融消费者权益的重要保证。

二、西方金融监管的历史沿革 ★

（1）监管体系的建立。1929—1933 年的大萧条奠定了凯恩斯主义的主流地位，西方国家普遍建立起对银行的现代监管体系。

（2）金融管制的放松。1999 年 11 月 4 日，美国参众两院通过《金融服务现代化法案》，废除了《格拉斯—斯蒂格尔法》，彻底拆除了银行、证券和保险业之间的藩篱，允许商业银行以金融控股公司形式从事包括证券和保险业务在内的全面金融服务，实行混业经营。

（3）国际金融监管合作。为了加强对国际银行业的统一监管，在国际清算银行内部成立了巴塞尔银行监管委员会。

（4）金融监管的改进，见表 2-1。

表 2-1　金融监管的改进内容

要点	内容
《巴塞尔协议Ⅲ》的主要内容	①扩大资本覆盖面，增强风险捕捉能力。 ②修改资本定义，强化监管资本基础。 ③建立杠杆率监管标准，弥补资本充足率缺陷。 ④建立宏观审慎资本要求，反映系统性风险。 ⑤建立量化流动性监管标准
《有效银行监管核心原则》的主要变化	①加强对系统重要性银行的监管。 ②引入宏观审慎视角。 ③重视危机管理、恢复和处置。 ④完善公司治理和信息披露
金融稳定理事会的成立和改革进展	①督促修改国际会计标准。 ②加强宏观审慎监管。 ③扩大监管范围。 ④推进执行国际监管标准。 ⑤加强金融监管国际合作。 ⑥加强薪酬和激励机制的监管

真题精练

【例1·多项选择题】《巴塞尔协议Ⅲ》的主要内容有(　　)。

A.扩大资本覆盖面,增强风险捕捉能力

B.建立杠杆率监管标准,弥补资本充足率缺陷

C.修改资本定义,强化监管资本基础

D.建立宏观审慎资本要求,反映系统性风险

E.建立量化流动性监管标准

Ⓐ Ⓑ Ⓒ Ⓓ Ⓔ　题干五个选项均属于《巴塞尔协议Ⅲ》的主要内容。

三、美国金融监管 ★

1.发展历程

从发展脉络看,美国金融监管大致经历了五个阶段:

(1)自由竞争时期(20世纪30年代以前)。

(2)大萧条后的严格监管时期(20世纪30年代至70年代)。

(3)再次放松监管时期(20世纪70年代至80年代)。

(4)审慎监管时期(20世纪90年代至2007年次贷危机前)。

(5)次贷危机后全面强化监管。

2.美国金融监管体系现状

(1)联邦层面的金融监管结构:机构性监管;功能性监管。

(2)州政府层面的金融监管结构:州政府拥有多方面的金融监管权力,其中最完整地体现在保险行业。

四、欧盟金融监管体系现状 ★

(1)设立系统性风险委员会(ESRB),加强宏观审慎监管。

(2)成立欧洲金融监管当局(ESAs),加强微观审慎监管。

(3)构建欧洲银行业单一监管机制(SSM),赋予欧洲央行银行业最高监管人角色。

五、中国金融监管的历史沿革 ★★

(1)**金融监管的探索**。时间大致从改革开放初期至1992年。

(2)**分业监管的形成**。时间大致从1993年至2003年,即从中国证监会成立至原中国银监会成立。

(3)**金融监管的专业化**。原银监会成立后,在认真总结国内外监管实践经验基础上,提出了银行业监管的四个目标、四项理念和六条良好监管标准,具体内容见第二节。

(4)**强化监管协调**。2023年3月,中共中央、国务院印发《党和国家机构改革方案》,将中国人民银行对金融控股公司等金融集团的日常监管职责、有关金融消费者保护职责划入新组建的国家金融监督管理总局,中国的金融监管进入新的历史时期。

(5)**加强党中央对金融工作的集中统一领导**。2023年3月,中共中央、国务院印发《党和国家机构改革方案》,决定组建中央金融委员会,加强党中央对金融工作的集中统一领导,负责金融稳定和发展的顶层设计、统筹协调、整体推进、督促落实,研究审议金融领域重大政策、重大问题等,作为党中央决策议事协调机构。

第二节　监管理念

一、监管目标 ★

《中华人民共和国银行业监督管理法》第三条规定,银行业监督管理的目标是促进银行业的合法、稳健运行,维护公众对银行业的信心。原银监会在此基础上提出了我国银行业监管的四个具体目标,分别是:

(1)通过审慎有效的监管,保护广大存款人和消费者的利益。

(2)通过审慎有效的监管,增进市场信心。

(3)通过宣传教育工作和相关信息的披露,增进公众对现代金融的了解。

(4)努力减少金融犯罪,维护金融稳定。

二、监管理念 ★

(1)管法人。所谓"管法人",就是实施法人监管,注重对银行业金融机构总体风险的把握、防范和化解。"管法人"必须做到两点:一是按照法人机构整体风险情况来分配监管资源,高风险高密度监管,低风险低密度监管;二是强化银行业金融机构总部对各级分支机构的管控能力。

(2)管风险。所谓"管风险",就是以风险作为银行监管的重点,围绕信用风险、市场风险、操作风险等风险的识别、计量、监测和控制,促使银行体系稳健经营。"管风险",主要基于三方面原因:一是银行风险的外部性;二是监管资源的稀缺性;三是风险监管的前瞻性。

(3)管内控。所谓"管内控",就是要求银行业金融机构本身要建立起有效的内部管控机制,在此基础上,监管者负责督促银行业金融机构不断完善内控制度,提高风险管控能力。

(4)提高透明度。所谓"提高透明度",是指要求银行业金融机构披露相关信息,提高信息披露质量,让公众方便地获取有关资本充足率、风险状况等重要信息,以加大市场约束力度。"提高透明度"主要基于三方面原因:一是便于市场约束;二是与银行业监管相得益彰;三是有助于增进市场信心。

📚 知识加油站

监管价值观主要包括监管目标、监管理念和良好监管的标准。监管目标是银行业监管的总体工作方向,而监管理念和标准则是实现这些监管目标所运用的指导思想、工作思路和衡量准则。

💡 真题精练

【例2·判断题】"管法人",就是实施法人监管,注重对银行业金融机构总体风险的把握、防范和化解。(　　)

A. 正确　　　　　　　　　　　B. 错误

A　题干说法描述正确。

三、监管标准 ★

为规范监管行为,检验监管工作成效,国务院银行业监督管理机构借鉴国际同业实践,同时提出了良好监管的六条标准,包括:促进金融稳定和金融创新共同发展;努力提升我国银行业在国际金融服务中的竞争力;对各类监管设限科学合理,有所为,有所不为,减少一切不必要的限制;鼓励公平竞争,反对无序竞争;对监管者和被监管者都要实施严格、明确的问责制;高效、节约地使用一切监管资源。

四、监管新举措 ★

(1)推动银行业回归本源、专注主业。
(2)深化"放管服"改革。
①持续推进简政放权。
②不断加强事中事后监管。
③持续改进优化政府服务。
(3)深化整治金融市场乱象。
(4)加强银行业消费者权益保护。

第三节　监管指标

一、监管类指标 ★★★

监管类指标是硬约束指标,一旦突破监管阈值,代表商业银行面临较大风险,需要立即启动监管干预措施。

1.资本充足监管指标

(1)资本充足率,见表2-2。

表2-2　资本充足率的内容

要点	内容
计算公式	资本充足率=(总资本-对应资本扣减项)/风险加权资产×100% 一级资本充足率=(一级资本-对应资本扣减项)/风险加权资产×100% 核心一级资本充足率=(核心一级资本-对应资本扣减项)/风险加权资产×100%
资本组成情况	核心一级资本包括:实收资本或普通股;资本公积;盈余公积;一般风险准备;未分配利润;少数股东资本可计入部分。 其他一级资本包括:其他一级资本工具及其溢价;少数股东资本可计入部分。 二级资本包括:二级资本工具及其溢价;超额贷款损失准备;少数股东资本可计入部分。 对于超额贷款损失准备,要求:商业银行采用权重法计量信用风险加权资产的,超额贷款损失准备可计入二级资本,但不得超过信用风险加权资产的1.25%;商业银行采用内部评级法计量信用风险加权资产的,超额贷款损失准备可计入二级资本,但不得超过信用风险加权资产的0.6%
资本充足率要求	商业银行资本充足率监管要求包括最低资本要求、储备资本和逆周期资本要求、系统重要性银行附加资本要求以及第二支柱资本要求。 商业银行各级资本充足率不得低于如下最低要求:核心一级资本充足率不得低于5%。一级资本充足率不得低于6%。资本充足率不得低于8%。 商业银行应当在最低资本要求的基础上计提储备资本。储备资本要求为风险加权资产的2.5%,由核心一级资本来满足。特定情况下,商业银行应当在最低资本要求和储备资本要求之上计提逆周期资本。逆周期资本要求为风险加权资产的0~2.5%,由核心一级资本来满足

（2）杠杆率。根据《商业银行杠杆率管理办法》的规定，杠杆率的计算公式为：

杠杆率＝（一级资本－一级资本扣减项）／调整后的表内外资产余额×100%

调整后的表内外资产余额＝调整后的表内资产余额（不包括衍生产品和证券融资交易）＋衍生产品资产余额＋证券融资交易资产余额＋调整后的表外项目余额－一级资本扣减项。

商业银行并表和未并表的杠杆率均不得低于4%。

2. 信用风险监管指标

（1）不良贷款率和不良资产率。不良贷款和不良资产是银行信用风险最直接的体现，也是银行发生损失最频繁、最集中的领域。根据《商业银行风险监管核心指标（试行）》，不良贷款率是指不良贷款余额占各项贷款余额的比重，不得高于5%；不良资产率为不良资产与资产总额之比，不得高于4%。

（2）拨备覆盖率和贷款拨备率。2011年，原银监会出台《商业银行贷款损失准备管理办法》，设立了拨备覆盖率和贷款拨备率两个指标来考核商业银行贷款损失准备的充足性。贷款拨备率为贷款损失准备与各项贷款余额之比；拨备覆盖率为贷款损失准备与不良贷款余额之比。贷款拨备率基本标准为2.5%，拨备覆盖率基本标准为150%。该两项标准中的较高者为商业银行贷款损失准备的监管标准。

具体到单家机构的拨备覆盖率监管要求和贷款拨备率监管要求取决于三方面：贷款分类准确性、处置不良贷款主动性和资本充足程度。具体定量参考标准见表2-3、表2-4、表2-5。

表2-3　贷款分类准确性与最低监管要求

逾期90天以上贷款纳入不良贷款的比例	拨备覆盖率最低监管要求	贷款拨备率最低监管要求
100%	120%	1.5%
[85%，100%)	130%	1.8%
[70%，85%)	140%	2.1%
70%以下	150%	2.5%

表2-4　处置不良贷款主动性与最低监管要求

处置的不良贷款占新形成不良贷款的比例	拨备覆盖率最低监管要求	贷款拨备率最低监管要求
90%及以上	120%	1.5%
[75%，90%)	130%	1.8%
[60%，75%)	140%	2.1%
60%以下	150%	2.5%

表2-5　资本充足性与最低监管要求

资本充足率（系统重要性银行）	资本充足率（非系统重要性银行）	拨备覆盖率最低监管要求	贷款拨备率最低监管要求
13.5%及以上	12.5%及以上	120%	1.5%
[12.5%，13.5%)	[11.5%，12.5%)	130%	1.8%
[11.5%，12.5%)	[10.5%，11.5%)	140%	2.1%
11.5%以下	10.5%以下	150%	2.5%

（3）大额风险暴露管理（集中度管理）。根据《商业银行大额风险暴露管理办法》，风险暴露是指商业银行对单一客户或一组关联客户的信用风险暴露，包括银行账簿和交易账簿内各类信用风险暴露。而大额风险暴露则是指商业银行对单一客户或一组关联客户超过其一级资本净额2.5%的风险暴露。

商业银行对非同业单一客户的贷款余额不得超过资本净额的10%，对非同业单一客户的风险暴露不得超过一级资本净额的15%。此处，非同业单一客户包括主权实体、中央银行、公共部门实体、企事业法人、自然人、匿名客户等。商业银行对一组非同业关联客户的风险暴露不得超过一级资本净额的20%。非同业关联客户包括非同业集团客户、经济依存客户。

商业银行对同业单一客户或集团客户的风险暴露不得超过一级资本净额的25%。全球系统重要性银行对另一家全球系统重要性银行的风险暴露不得超过一级资本净额的15%。《商业银行大额风险暴露管理办法》提高了单家银行对单个同业客户风险暴露的监管要求，有助于引导银行回归本源、专注主业，弱化对同业业务的依赖，将更多资金投向实体经济。

商业银行对单一合格中央交易对手的非清算风险暴露不得超过一级资本净额的25%，清算风险暴露不受办法约束。商业银行对单一不合格中央交易对手清算风险暴露、非清算风险暴露均不得超过一级资本净额的25%。

（4）全部关联度。《商业银行与内部人和股东关联交易管理办法》定义了关联方和关联方交易，并要求银行严格管理关联方信贷，同时，监管部门也对商业银行的关联交易实施监督管理。按照该规定，商业银行的关联方可以是自然人、法人或其他组织。在判断一个自然人或法人是否是银行的关联方时，股权关系、人身关系、雇佣关系以及决策权的归属等是重要的决定因素。

真题精练

【例3·单项选择题】大额风险暴露是指商业银行对单一客户或一组关联客户超过其一级资本净额（　　）的风险暴露。

A.2.5%　　　　　　　　　　B.2.0%
C.1.5%　　　　　　　　　　D.1.0%

A　大额风险暴露是指商业银行对单一客户或一组关联客户超过其一级资本净额2.5%的风险暴露。

3.流动性风险监管指标

（1）流动性覆盖率。流动性覆盖率监管指标旨在确保商业银行具有充足的合格优质流动性资产，能够在规定的流动性压力情景下，通过变现这些资产满足未来至少30天的流动性需求。流动性覆盖率的计算公式为：

流动性覆盖率＝合格优质流动性资产/未来30天现金净流出量×100%

要点点拨

商业银行流动性覆盖率的最低监管标准为不低于100%。

（2）净稳定资金比例。净稳定资金比例监管指标旨在确保商业银行具有充足的稳定资金来源，以满足各类资产和表外风险敞口对稳定资金的需求。净稳定资金比例的计算公式为：

$$净稳定资金比例 = 可用的稳定资金/所需的稳定资金 \times 100\%$$

可用的稳定资金是指商业银行各类资本与负债项目的账面价值与其对应的可用稳定资金系数的乘积之和。所需的稳定资金是指商业银行各类资产项目的账面价值以及表外风险敞口与其对应的所需稳定资金系数的乘积之和。

> **要点点拨**
>
> 商业银行净稳定资金比例的最低监管标准为不低于100%。

（3）流动性比例。流动性比例的公式为：

$$流动性比例 = 流动性资产余额/流动性负债余额 \times 100\%$$

> **要点点拨**
>
> 商业银行的流动性比例应当不低于25%。

（4）流动性匹配率。流动性匹配率监管指标衡量商业银行主要资产与负债的期限配置结构，旨在引导商业银行合理配置长期稳定负债、高流动性或短期资产，避免过度依赖短期资金支持长期业务发展，提高流动性风险抵御能力。流动性匹配率的计算公式为：

$$流动性匹配率 = 加权资金来源/加权资金运用 \times 100\%$$

加权资金来源包括来自中央银行的资金、各项存款、同业存款、同业拆入、卖出回购（不含与中央银行的交易）、发行债券及发行同业存单等项目。来自中央银行的资金包括通过公开市场操作、常备借贷便利、中期借贷便利、再贷款等从中央银行融入的资金。加权资金运用包括各项贷款、存放同业、拆放同业、买入返售（不含与中央银行的交易）、投资同业存单、其他投资等项目。其中，其他投资指债券投资、股票投资外的表内投资，包括但不限于特定目的载体投资（如商业银行理财产品、信托投资计划、证券投资基金、证券公司资产管理计划、基金管理公司及子公司资产管理计划、保险业资产管理机构资产管理产品等）。

> **要点点拨**
>
> 流动性匹配率的最低监管标准为不低于100%。

（5）优质流动性资产充足率。优质流动性资产充足率监管指标旨在确保商业银行保持充足的、无变现障碍的优质流动性资产，在压力情况下，银行可通过变现这些资产来满足未来30天内的流动性需求。优质流动性资产充足率的计算公式为：

$$优质流动性资产充足率 = 优质流动性资产/短期现金净流出 \times 100\%$$

优质流动性资产是指能够通过出售或抵（质）押方式，在无损失或极小损失的情况下在金融市场快速变现的各类资产。短期现金净流出为可能现金流出减去确定现金流入。可能现金流出包括一般性存款、同业业务、发行债券、来自中央银行的资金和其他项目流出等。确定现金流入包括未来30天内到期的贷款、同业业务、投资债券和金融工具流入等。确定现金流入不可超过可能现金流出的75%。

> **要点点拨**
>
> 优质流动性资产充足率的最低监管标准为不低于100%。

4. 市场风险指标

根据《商业银行风险监管核心指标（试行）》的规定，商业银行累计外汇敞口头寸比

例，即累计外汇敞口头寸与资本净额之比，不得超过20%。

商业银行风险监管指标及其相应的监管标准如表2-6所示。

表2-6 商业银行风险监管指标及其相应的监管标准

指标类别	指标名称	监管标准
资本充足	核心一级资本充足率	最低要求5%，储备资本2.5%，国内系统重要性银行分别适用0.25%、0.5%、0.75%、1%和1.5%的附加资本要求
	一级资本充足率	最低要求6%，储备资本2.5%，国内系统重要性银行附加资本1%
	资本充足率	最低要求8%，储备资本2.5%，国内系统重要性银行附加资本1%
信用风险	杠杆率	不低于4%
	不良贷款率	不高于5%
	不良资产率	不高于4%
	拨备覆盖率	不低于120%～150%
	贷款拨备率	不低于1.5%～2.5%
	非同业单一客户贷款集中度	小于10%
	非同业单一客户风险暴露集中度	小于15%
	一组非同业关联客户风险暴露集中度	小于20%
	同业单一客户风险暴露集中度	小于25%
	同业集团客户风险暴露集中度	小于25%
	全球系统重要性银行间风险暴露集中度	小于15%
	单一合格中央交易对手非清算风险暴露集中度	小于25%
	单一不合格中央交易对手清算风险暴露集中度	小于25%
	单一不合格中央交易对手非清算风险暴露集中度	小于25%
	单一客户关联度	小于10%
	集团客户关联度	小于15%
	全部关联度	小于50%
流动性风险	流动性覆盖率	不低于100%
	净稳定资金比例	不低于100%
	流动性比例	不低于25%
	流动性匹配率	不低于100%（2020年之后）
	优质流动性资产充足率	不低于100%
市场风险	累计外汇敞口头寸比例	小于等于20%

真题精练

【例4·判断题】商业银行累计外汇敞口头寸比例,即累计外汇敞口头寸与资本净额之比,不得超过30%。（　　）

A.正确　　　　　　　　　　　　B.错误

B　　根据《商业银行风险监管核心指标(试行)》,商业银行累计外汇敞口头寸比例,即累计外汇敞口头寸与资本净额之比,不得超过20%。

二、监测类指标 ★★★

1.信用风险监测指标

(1)最大十家集团客户授信集中度。该指标通过考察最大十家集团客户在本行授信净额与银行资本净额之比,分析该行面临的客户集中度风险。计算公式为:

最大十家集团客户授信集中度＝最大十家集团客户授信净额/资本净额×100%

(2)贷款迁徙率。该指标衡量商业银行风险分类变化的程度,表示为资产质量从前期到本期变化的比率,包括正常贷款迁徙率、正常类贷款迁徙率、关注类贷款迁徙率、次级类贷款迁徙率和可疑类贷款迁徙率。

(3)不良贷款偏离度。该指标通过考察外部审计后不良贷款率与审计前不良贷款率的差距,考察银行对贷款分类的审慎程度和真实风险水平。计算公式为:

不良贷款偏离度＝外部审计后不良贷款率－外部审计前不良贷款率

(4)表外业务垫款比例。该指标主要用于反映表外业务垫款情况,分析银行表外业务资产质量和潜在风险情况。计算公式为:

表外业务垫款比例＝各项垫款余额/(表外信用风险资产余额＋各项垫款余额)×100%

(5)不良贷款期末重组率。该指标主要用于反映银行业金融机构对本行不良贷款的管理策略以及不良贷款风险化解能力。计算公式为:

不良贷款期末重组率＝期末重组不良贷款额/期末不良贷款总额×100%

(6)逾期90天以上贷款与不良贷款比率。该指标通过考察逾期90天以上贷款和不良贷款比例,分析不良贷款率和逾期90天以上贷款口径差异。

(7)新发放贷款不良率。该指标主要用于反映新发放贷款的资产质量情况。计算公式为:

新发放贷款不良率＝(本年新发放贷款中形成不良贷款的部分＋本年新发放贷款中处置不良贷款的部分)/本年累计新增贷款×100%

(8)当年新形成不良贷款率。该指标主要用于反映报告期内新形成的不良贷款占贷款平均余额的比例,体现了当年新形成的不良贷款情况。计算公式为:

当年新形成不良贷款率＝(当年新形成的不良贷款＋当年新形成的不良贷款处置部分)/年度贷款平均余额×100%

(9)贷款损失准备充足率。该指标主要用于反映银行对贷款的实际计提拨备的充足水平。计算公式为:

贷款损失准备充足率＝贷款实际计提准备/应计提准备×100%

(10)资产损失准备充足率。该指标主要用于反映银行对信用风险资产的实际计提拨备的充足水平。计算公式为:

资产损失准备充足率＝信用风险资产实际计提准备/应计提拨备×100%

(11)不良贷款处置回收率。该指标指的是报告期内通过现金收回、以物抵债及其他

方式处置的不良贷款总额占本年不良贷款处置额的比例,反映一家银行处置不良贷款的能力。计算公式为:

不良贷款处置回收率 =(本年不良贷款处置回收现金 + 本年不良贷款处置以物抵债 + 本年不良贷款处置其他)/本年不良贷款处置额 ×100%

(12)单一国别风险集中度。该指标指的是对最大单一国家或地区最终境外债权与净资本之比,反映了银行对最大单一国家或地区的风险集中度水平。计算公式为:

单一国别风险集中度 = 对最大单一国家或地区最终境外债权/净资本 ×100%

2. 流动性风险监测指标

(1)流动性缺口。该指标是指以合同到期日为基础,按特定方法测算未来各个时间段到期的表内外资产和负债,并将到期资产与到期负债相减获得的差额。计算公式为:

未来各个时间段的流动性缺口 = 未来各个时间段到期的表内外资产 − 未来各个时间段到期的表内外负债

未来各个时间段到期的表内外资产 = 未来各个时间段到期的表内资产 + 未来各个时间段到期的表外收入

未来各个时间段到期的表内外负债 = 未来各个时间段到期的表内负债 + 未来各个时间段到期的表外支出

(2)流动性缺口率。该指标是指未来各个时间段的流动性缺口与相应时间段到期的表内外资产的比例。计算公式为:

流动性缺口率 = 未来各个时间段的流动性缺口/相应时间段到期的表内外资产 ×100%

(3)核心负债比例。该指标指的是银行的核心负债与负债总额的比率,从银行负债结构方面反映了银行负债的稳定程度。计算公式为:

核心负债比例 = 核心负债/总负债 ×100%

其中,核心负债包括距离到期日 3 个月以上(含)的定期存款和发行债券,以及活期存款中的稳定部分,活期存款中的稳定部分等于过去 12 个月活期存款的最低值。

(4)同业融入比例。该指标是指商业银行从同业机构交易对手获得的资金占总负债的比例。计算公式为:

同业融入比例 =(同业拆放 + 同业存放 + 卖出回购 + 委托方同业代付 + 发行同业存单 − 结算性同业存款)/总负债 ×100%

(5)最大十户存款比例。该指标是指银行前十大存款客户存款合计与各项存款的比例,反映了银行存款的集中度。计算公式为:

最大十户存款比例 = 最大十家存款客户存款合计/各项存款 ×100%

(6)最大十家同业融入比例。该指标是指商业银行从最大十家同业机构交易对手获得的资金占总负债的比例。计算公式为:

最大十家同业融入比例 =(来自于最大十家同业机构交易对手的同业拆放 + 同业存放 + 卖出回购 + 委托方同业代付 + 发行同业存单 − 结算性同业存款)/总负债 ×100%

(7)超额备付金率。该指标是指银行为适应资金营运的需要,用于保证存款支付和资金清算的货币资金与各项存款的比例。该指标用于反映银行的资金头寸情况,可以衡量单家银行的流动性和清偿能力。计算公式为:

超额备付金率 =(在中央银行的超额准备金存款 + 库存现金)/各项存款 ×100%

(8)重要币种的流动性覆盖率。该指标是指对某种重要币种单独计算的流动性覆盖率。计算方法与流动性覆盖率相同。

(9)存贷比。该指标是指商业银行调整后贷款余额与调整后存款余额的比例。2015 年

《中华人民共和国商业银行法》修正后,该比例由监管指标调整为监测指标。计算公式为:

$$存贷比 = 调整后贷款余额/调整后存款余额 \times 100\%$$

💡 **真题精练**

【例5·单项选择题】下列关于流动性风险监测指标的说法中,错误的是(　　　)。

A.最大十户存款比例 = 最大十家存款客户存款合计/各项存款 $\times 100\%$

B.流动性缺口率 = 未来各个时间段的流动性缺口/相应时间段到期的表内外资产 $\times 100\%$

C.超额备付金率 = (在中央银行的超额准备金存款 + 库存现金)/各项存款 $\times 100\%$

D.存贷比 = 调整后存款余额/调整后贷款余额 $\times 100\%$

D　存贷比 = 调整后贷款余额/调整后存款余额 $\times 100\%$。

3.市场风险监测指标

(1)利率风险敏感度。该指标从利率风险对银行经济价值的影响角度衡量银行潜在的利率风险水平。计算公式为:

利率风险敏感度 = 利率上升200个基点对银行净值的影响/资本净额 $\times 100\%$

(2)净利息收入下降比率。该指标衡量利率变化对银行账户的影响,指标越高,说明利率变化对银行的影响越大。计算公式为:

净利息收入下降比率 = 银行账户人民币利率上升200个基点对银行净利息收入的影响/资本净额 $\times 100\%$

(3)美元敞口头寸比例。该指标反映美元的即期净敞口头寸、远期净敞口头寸以及调整后的期权头寸之和,反映单一货币的外汇风险。计算公式为:

美元敞口头寸比例 = 美元敞口头寸/资本净额 $\times 100\%$

(4)返回检验突破次数。该指标指的是内部模型法计算的最近250个工作日内每日理论损益超过VaR的次数。该指标通过统计VaR模型与对应的损益,检验银行市场风险内部模型的稳健性。突破次数越多,说明银行的内部模型可能存在问题。同时,突破次数的增多,也可以有效反映市场风险情况的变化,说明市场可能出现了原来未在计量考虑范围内的坏的变化。计算方法为:每日计算基于 T-1 日头寸的风险价值与 T 日的理论损益数据进行比较,如果损失超过风险价值则称为一次突破(损益按理论损益计算),再加总最近250个工作日内的突破次数。该指标应小于等于10次。

4.操作风险监测指标

(1)一类案件风险率。该指标指的是当年被确认的所有第一类案件的涉案金额之和与报告时点银行总资产之比,反映了一家商业银行一类性质非常恶劣的操作风险(一类案件)的状况。当该指标较高时,说明该银行的案件风险较高,操作风险管理较差,提示其应加强案件防控,减少案件的发生。计算公式为:

一类案件风险率 = 当年第一类案件的涉案金额之和/报告时点商业银行的总资产

(2)二类案件风险率。该指标指的是当年被确认的所有第二类案件的涉案金额之和与报告时点银行总资产之比,反映了一家商业银行一类性质比较恶劣的操作风险(二类案件)的状况。当该指标较高时,说明该银行的案件风险较高,操作风险管理较差,提示其应加强案件防控,减少案件的发生。计算公式为:

二类案件风险率 = 当年第二类案件的涉案金额之和/报告时点商业银行的总资产

5.盈利性监测指标

(1)资本利润率。该指标指的是商业银行在一个会计年度内获得的税后利润与资本平均余额的比率,衡量商业银行所有者投入资本所形成权益的获利水平,是正向指标。计算公式为:

$$资本利润率 = 税后利润 / [(所有者权益 + 少数股东权益)平均余额] \times 100\% \times 折年系数$$

其中,平均余额指(期初数 + 期末数)/2。

(2)资产利润率。该指标指的是商业银行在一个会计年度内获得税后利润与总资产平均余额的比率,衡量商业银行运用资源获取收益的整体能力,是正向指标。计算公式为:

$$资产利润率 = 税后利润 / 总资产平均余额 \times 100\% \times 折年系数$$

(3)成本收入比。该指标指的是商业银行营业成本与营业净收入的比率,衡量商业银行每单位净收入对应的营业成本,是反向指标。计算公式为:

$$成本收入比 = (营业支出 - 税金及附加) / 营业净收入 \times 100\%$$

(4)净息差。该指标指的是商业银行净利息收入与平均生息资产的比率,用以衡量商业银行生息资产获取净利息收入的能力。净息差是评价商业银行生息资产收益能力和风险定价能力的关键指标,是正向指标。计算公式为:

$$净息差 = 利息净收入 / 生息资产平均余额 \times 100\% \times 折年系数$$

(5)净利差。该指标是指平均生息资产收益率与平均计息负债成本率之差,是衡量商业银行净利息收入水平最常用的标准。计算公式为:

$$净利差 = (利息收入 / 生息资产平均余额 - 利息支出 / 付息负债平均余额) \times 100\% \times 折年系数$$

(6)利息收入比。该指标指的是利息净收入占营业净收入的比率,衡量商业银行净收入结构。计算公式为:

$$利息收入比 = 利息净收入 / 营业净收入 \times 100\%$$

(7)中间业务收入比。该指标指的是中间业务收入占营业净收入的比率,也是衡量商业银行净收入结构。计算公式为:

$$中间业务收入比 = 中间业务收入 / 营业净收入 \times 100\%$$

第四节　银行业法律体系

一、《中华人民共和国银行业监督管理法》 ★★★

1.银行业监督管理机构的监督管理职责

根据《中华人民共和国银行业监督管理法》的规定,国务院银行业监督管理机构及其派出机构的具体职责主要包括以下内容:

(1)制定并发布监管规章、规则。

(2)实施行政许可。机构准入许可;业务准入许可;人员准入许可;股东变更审查。

(3)非现场监管。

(4)现场检查。

(5)报告和处置突发事件。

(6)对银行业自律组织的指导、监督。

2.银行业监督管理机构的监督管理措施

(1)对违反审慎经营规则的监管措施。银行业金融机构违反审慎经营规则的,国务院银行业监督管理机构或者其省一级派出机构应当责令限期改正;逾期未改正的,或者其行为严重危及该银行业金融机构的稳健运行、损害存款人和其他客户合法权益的,经国务院银行业监督管理机构或者其省一级派出机构负责人批准,可以区别情形,采取下列监管措施:责令暂停部分业务、停止批准开办新业务;限制分配红利和其他收入;限制资产转让;责令控股股东转让股权或者限制有关股东的权利;责令调整董事、高级管理人员或者限制其权利;停止批准增设分支机构。

(2)对问题银行业金融机构的接管、促成重组、撤销等监管措施。

(3)其他监督管理措施。

①延伸调查。

②审慎性监督管理谈话。

③强制披露。

④查询涉嫌违法账户和申请冻结涉嫌违法资金。

3.法律责任

《中华人民共和国银行业监督管理法》既规定了银行业监督管理机构从事监督管理工作人员的法律责任,同时也规定了银行业金融机构的法律责任,承担法律责任的形式主要是行政责任和刑事责任。

二、《中华人民共和国中国人民银行法》 ★★★

1.中国人民银行的职能

根据《中华人民共和国中国人民银行法》的规定,中国人民银行的职能是:在国务院领导下,制定和执行货币政策,防范和化解金融风险,维护金融稳定。其中,制定和执行货币政策的目标是保持货币币值稳定,并以此促进经济增长。

2.中国人民银行的监督管理权

(1)检查监督权。

(2)建议检查监督权。

(3)中国人民银行在特定情况下的检查监督权。

💡 真题精练

【例6·多项选择题】根据《中华人民共和国中国人民银行法》的规定,中国人民银行的监督管理权主要有( )。

A.检查监督权　　　　　　B.建议检查监督权

C.特定情况下的检查监督权　　D.处罚权

E.行业推荐权

A B C 中国人民银行的监督管理权包括:(1)检查监督权。(2)建议检查监督权。(3)中国人民银行在特定情况下的检查监督权。

三、《中华人民共和国商业银行法》 ★★★

1.商业银行的经营原则

《中华人民共和国商业银行法》规定了商业银行"三性四自"经营原则,即以安全性、流动性、效益性为经营原则,实行自主经营、自担风险、自负盈亏、自我约束。商业银行经营的"三性"原则紧密关联,相互依存,但商业银行作为吸收存款的金融机构,因其负债经营的性质,商业银行"三性"中,效益性让位于安全性、流动性,而安全性又优先于流动性。

2.商业银行的业务规则

（1）存款业务规则。《中华人民共和国商业银行法》规定,商业银行办理个人储蓄存款业务,应当遵循存款自愿、取款自由、存款有息、为存款人保密的原则。《中华人民共和国商业银行法》规定的存款业务基本法律规则如下:经营存款业务特许制;以合法正当方式吸收存款;依法保护存款人合法权益。

（2）贷款业务规则。根据《中华人民共和国商业银行法》,商业银行开展贷款业务应当遵守贷款管理以及有关资产负债比例管理的规定。

3.商业银行的接管和终止

商业银行的接管

接管是商业银行已经或者可能发生信用危机,严重影响存款人的利益时,国务院银行业监督管理机构对该银行采取的监管措施。接管的目的是对被接管的商业银行采取必要措施,以保护存款人的利益,恢复商业银行的正常经营能力。

商业银行的终止

《中华人民共和国商业银行法》规定,商业银行因解散、被撤销和被宣告破产而终止。

四、其他相关立法 ★★

1.《中华人民共和国反洗钱法》

《中华人民共和国反洗钱法》的颁布实施,对于有效打击洗钱犯罪及相关上游犯罪、预防洗钱活动、维护金融秩序具有重要意义。

（1）《中华人民共和国反洗钱法》明确了金融机构和特定非金融机构都应当履行反洗钱义务。

（2）《中华人民共和国反洗钱法》规定了反洗钱工作的监督管理机制。

（3）《中华人民共和国反洗钱法》规定了对金融机构履行反洗钱义务的法律保护。

2.《中华人民共和国民法典》

《中华人民共和国民法典》调整规范自然人、法人等民事主体之间的人身关系和财产关系,这是社会生活和经济生活中最普通、最常见的社会关系和经济关系,涉及经济社会生活的方方面面,同人民群众生产生活密不可分,同各行各业发展息息相关。

3.《中华人民共和国刑法》

《中华人民共和国刑法》对金融犯罪进行了规定。金融犯罪是指行为人违反国家金融管理法规,破坏国家金融管理秩序,使公私财产权利遭受严重损失,按照《中华人民共和国刑法》规定应予处罚的行为。

第五节　行业自律组织

一、中国银行业协会 ★

中国银行业协会成立于2000年5月,是经中国人民银行和民政部批准成立,并在民政部登记注册的全国性非营利社会团体,是中国银行业自律组织。

（1）协会宗旨。中国银行业协会以促进会员单位实现共同利益为宗旨,履行自律、维权、协调、服务职能,维护银行业合法权益,维护银行业市场秩序,提高银行业从业人员素质,提高为会员服务的水平,促进银行业的健康发展。

（2）协会的运行机制。中国银行业协会的最高权力机构为会员大会，由参加协会的全体会员单位组成。会员大会的执行机构为理事会，对会员大会负责。理事会在会员大会闭会期间负责领导协会开展日常工作。理事会闭会期间，常务理事会行使理事会职责。

（3）协会的功能和职责。《中国银行业协会章程》规定，中国银行业协会履行自律、维权、协调、服务职责。

二、中国信托业协会 ★

中国信托业协会成立于2005年5月，是全国性信托业自律组织，是经国务院银行业监督管理机构同意并在中华人民共和国民政部登记注册的非营利性社会团体法人。

三、中国财务公司协会 ★

中国财务公司协会成立于1994年，是企业集团财务公司的行业自律性组织，是全国性、非营利性的社会团体法人。

↓码上看总结↓

章节自测

一、单项选择题（在以下各小题所给出的四个选项中，只有一个选项符合题目要求，请将正确选项的代码填入括号内）

1.（　　）就是以风险作为银行监管的重点，围绕信用风险、市场风险、操作风险等风险的识别、计量、监测和控制，促使银行体系稳健经营。
   A. 管风险　　　　　　　　　　　B. 管法人
   C. 管内控　　　　　　　　　　　D. 提高透明度

2. 金融监管基础理论中，最成熟和规范的理论是（　　）。
   A. 金融全球化理论　　　　　　　B. 保护债权论
   C. 社会公共利益论　　　　　　　D. 金融资产优化组合理论

3. 根据《商业银行资本管理办法（试行）》规定，商业银行资本充足率的最低要求是（　　）。
   A. 5%　　　　　　　　　　　　　B. 6%
   C. 8%　　　　　　　　　　　　　D. 15%

4.（　　）是银行信用风险最直接的体现。
   A. 正常类贷款　　　　　　　　　B. 坏账准备
   C. 不良贷款和不良资产　　　　　D. 呆账、坏账

5. 根据原中国银监会发布的《商业银行杠杆率管理办法》的规定，杠杆率的计算公式为（　　）。
   A.（一级资本－一级资本扣减项）/调整后的表内外资产余额×100%
   B.（一级资本－一级资本扣减项）/调整前的表内外资产余额×100%
   C.（一级资本－二级资本扣减项）/调整前的表内外资产余额×100%
   D.（一级资本－二级资本扣减项）/调整后的表内外资产余额×100%

6. 流动性覆盖率的计算公式为（　　　）。

　A. 合格优质流动性资产/未来 60 天现金净流出量 ×100%

　B. 合格优质流动性资产/未来 50 天现金净流出量 ×100%

　C. 合格优质流动性资产/未来 45 天现金净流出量 ×100%

　D. 合格优质流动性资产/未来 30 天现金净流出量 ×100%

7. 下列关于商业银行经营原则的说法中，错误的是（　　　）。

　A. 商业银行"三性"中，效益性让位于安全性、流动性，而流动性又优先于安全性

　B. 商业银行以安全性、流动性、效益性为经营原则

　C. 商业实行自主经营、自担风险、自负盈亏、自我约束

　D. 商业银行经营的"三性"原则紧密关联，相互依存

8. 中国银行业协会的最高权力机构为（　　　）。

　A. 理事会　　　　　　　　　　　　　B. 会员大会

　C. 常务理事会　　　　　　　　　　　D. 股东大会

二、多项选择题（在以下各小题所给出的选项中，至少有两个选项符合题目要求，请将正确选项的代码填入括号内）

1. 从发展脉络看，美国金融监管大致经历了（　　　）。

　A. 次贷危机后全面强化监管　　　　　B. 自由竞争时期

　C. 大萧条后的严格监管时期　　　　　D. 再次放松监管时期

　E. 审慎监管时期

2. 下列属于核心一级资本的有（　　　）。

　A. 实收资本或普通股　　　　　　　　B. 少数股东资本可计入部分

　C. 资本公积　　　　　　　　　　　　D. 一般风险准备

　E. 超额贷款损失准备

3. 非同业单一客户包括（　　　）。

　A. 中央银行　　　　　　　　　　　　B. 主权实体

　C. 企事业法人　　　　　　　　　　　D. 公共部门实体

　E. 匿名客户

4. 商业银行办理个人储蓄存款业务，应当遵循（　　　）的原则。

　A. 存款自愿　　　　　　　　　　　　B. 存款有息

　C. 取款自由　　　　　　　　　　　　D. 存款有期

　E. 为存款人保密

5. 《中国银行业协会章程》规定，中国银行业协会履行（　　　）职责。

　A. 督促　　　　　　　　　　　　　　B. 协调

　C. 自律　　　　　　　　　　　　　　D. 服务

　E. 惩戒

三、判断题（请判断以下各小题的正误，正确的选 A，错误的选 B）

1. 银行业监督管理的目标是促进银行业的合法、稳健运行，维护公众对银行业的信心。

（　　　）

　A. 正确　　　　　　　　　　　　　　B. 错误

2. 商业银行的流动性比例应当不低于 50%。 （　　　）

    A. 正确　　　　　　　　　　　　　　B. 错误

3. 返回检验突破次数指的是内部模型法计算的最近 200 个工作日内每日理论损益超过的次数。 （　　　）

    A. 正确　　　　　　　　　　　　　　B. 错误

答案详解

一、单项选择题

1. A。【解析】所谓"管风险"，就是以风险作为银行监管的重点，围绕信用风险、市场风险、操作风险等风险的识别、计量、监测和控制，促使银行体系稳健经营。

2. C。【解析】金融监管基础理论中，最成熟和规范的理论是社会公共利益论。

3. C。【解析】商业银行各级资本充足率不得低于如下最低要求：核心一级资本充足率不得低于 5%，一级资本充足率不得低于 6%，资本充足率不得低于 8%。

4. C。【解析】不良贷款和不良资产是银行信用风险最直接的体现，也是银行发生损失最频繁、最集中的领域。

5. A。【解析】根据《商业银行杠杆率管理办法》的规定，杠杆率的计算公式为：（一级资本 – 一级资本扣减项）/调整后的表内外资产余额×100%。

6. D。【解析】流动性覆盖率 = 合格优质流动性资产/未来 30 天现金净流出量×100%。

7. A。【解析】商业银行"三性"中，效益性让位于安全性、流动性，而安全性又优先于流动性。

8. B。【解析】中国银行业协会的最高权力机构为会员大会，由参加协会的全体会员单位组成。

二、多项选择题

1. ABCDE。【解析】从发展脉络看，美国金融监管大致经历了五个阶段：（1）自由竞争时期（20 世纪 30 年代以前）。（2）大萧条后的严格监管时期（20 世纪 30 年代至 70 年代）。（3）再次放松监管时期（20 世纪 70 年代至 80 年代）。（4）审慎监管时期（20 世纪 90 年代至 2007 年次贷危机前）。（5）次贷危机后全面强化监管。

2. ABCD。【解析】核心一级资本包括：实收资本或普通股；资本公积；盈余公积；一般风险准备；未分配利润；少数股东资本可计入部分。

3. ABCDE。【解析】非同业单一客户包括主权实体、中央银行、公共部门实体、企事业法人、自然人、匿名客户等。

4. ABCE。【解析】商业银行办理个人储蓄存款业务，应当遵循存款自愿、取款自由、存款有息、为存款人保密的原则。

5. BCD。【解析】《中国银行业协会章程》规定，中国银行业协会履行自律、维权、协调、服务职责。

三、判断题

1. A。【解析】题干说法描述正确。

2. B。【解析】商业银行的流动性比例应当不低于 25%。

3. B。【解析】返回检验突破次数指的是内部模型法计算的最近 250 个工作日内每日理论损益超过的次数。

第三章
市场准入、非现场监管和现场检查

⊕ 考情直击

本章的主要内容是市场准入、非现场监管、现场检查等。分析近几年的考试情况,本章的常考点有机构准入、董事(理事)和高级管理人员任职资格管理、非现场监管概述和周期、现场检查的实施流程等。

📖 考纲要求

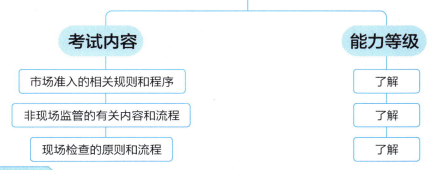

📚 知识解读

第一节　市场准入

一、市场准入国际监管规则 ★

市场准入是风险监管的第一关,银行业金融机构的市场准入包括机构设立、变更和终止,调整业务范围和增加业务品种,董事(理事)和高级管理人员任职资格许可。

巴塞尔委员会颁布的《有效银行监管核心原则》,提出了良好银行与银行体系审慎监管的最低标准,包括市场准入监管标准。总体来看,《有效银行监管核心原则》要求银行业监管当局应具有与履行监管职责相适应的充分法律授权,有权制定以审慎监管原则为基础的发照标准,有足够的监管能力实施充分、有效的审查,并作出审慎决定。

二、行政许可实施程序 ★

《行政许可实施程序规定》明确了银行业金融机构行政许可事项的实施程序,规范了银行业监督管理机构及其派出机构实施行政许可的行为。行政许可实施程序分为申请与受理、审查、决定与送达三个环节。

三、机构准入 ★

1.法人机构设立

《中华人民共和国商业银行法》和《中华人民共和国银行业监督管理法》规定了银行

业金融机构设立的基本条件,包括有符合法律规定的章程,有符合规定的注册资本最低限额,有具备任职专业知识和业务工作经验的董事、高级管理人员,并对其组织机构、管理制度、营业场所等设施提出了要求。

2.分支机构设立

银行业金融机构设立分支机构必须经国务院银行业监督管理机构审查批准。根据《中华人民共和国商业银行法》规定,商业银行根据业务需要可以在中华人民共和国境内外设立分支机构。商业银行在境内设立分支机构,应当按照规定拨付与其经营规模相适应的营运资金额。拨付各分支机构营运资金额的总和,不得超过总行资本金总额的60%。

3.投资设立、参股、收购

《中资商业银行行政许可事项实施办法》《农村中小银行行政许可事项实施办法》《信托公司行政许可实施办法》《非银行金融机构行政许可实施办法》分别规定了各类银行业金融机构投资设立、参股、收购境内法人金融机构的条件和程序。

4.机构变更

《中华人民共和国商业银行法》规定,商业银行有下列变更事项之一的,应当经国务院银行业监督管理机构批准:包括变更名称,变更注册资本,变更总行或者分支行所在地,调整业务范围,变更持有资本总额或者股份总额5%以上的股东,修改章程,以及国务院银行业监督管理机构规定的其他变更事项。更换董事、高级管理人员时,应当报经国务院银行业监督管理机构审查其任职资格。

5.机构终止

机构终止分为解散、被撤销和破产三种情形。

> 💡 **真题精练**
>
> 【例1·单项选择题】拨付各分支机构营运资金额的总和,不得超过总行资本金总额的(   )。
>
> A. 30%   B. 40%
> C. 50%   D. 60%
>
> ----
>
> **D**　拨付各分支机构营运资金额的总和,不得超过总行资本金总额的60%。

四、业务准入 ★

1.募集发行债务、资本补充工具

发行债务、资本补充工具是银行业金融机构拓宽资金来源、优化资产负债结构、提高风险抵御能力的重要途径。银行业金融机构募集次级定期债务、发行二级资本债券、混合资本债、金融债、无固定期限资本债券(即永续债)及依法须经银行业监督管理机构许可的其他债务、资本补充工具,对申请人公司治理结构、主要审慎监管指标、贷款风险分类准确性和拨备充足性等方面提出要求。

2.衍生产品交易业务

银行业金融机构开办衍生产品交易业务的资格分为以下两类:

(1)基础类资格:只能从事套期保值类衍生产品交易。

(2)普通类资格:除基础类资格可以从事的衍生产品交易之外,还可以从事非套期保值类衍生产品交易。

五、董事(理事)和高级管理人员任职资格管理 ★

1. 任职资格核准

(1)任职资格条件。银行业金融机构董事(理事)和高级管理人员的任职资格基本条件,总体上要求遵纪守法,诚信勤勉,品行良好,有良好的从业记录,具有与拟任职务相适应的专业知识、工作经验和管理能力等。

(2)任职资格申请和核准。银行业金融机构董事(理事)和高级管理人员应当在任职前获得任职资格核准,在获得任职资格核准前不得履职。银行业金融机构任命董事(理事)和高级管理人员或授权相关人员履职前,应当确认其符合任职资格条件,并按照规定向银行业监督管理机构提出任职资格申请。

2. 任职资格持续管理

(1)银行业金融机构的管理责任。银行业金融机构应当制定董事(理事)和高级管理人员任职管理制度,并及时向监管机构报告。银行业金融机构委派或聘任董事(理事)和高级管理人员前,应当对拟任人是否符合任职资格条件进行调查。银行业金融机构确认本机构董事(理事)和高级管理人员不符合任职资格条件时,应当停止其任职并书面报告监管机构。

(2)任职资格持续监管。银行业监督管理机构对金融机构制定的董事(理事)和高级管理人员管理制度进行评估和指导,并检查上述制度是否得到有效执行。监管机构建立和维护任职资格监管信息系统,整理和保管任职资格监管档案。金融机构向监管机构报告其董事(理事)和高级管理人员相关情况的书面材料,由监管机构及时将相应信息录入任职资格监管信息系统。

3. 任职资格终止

> **撤销任职资格**
>
> 不符合任职资格条件的人员取得任职资格后,应撤销其任职资格。

> **任职资格失效**
>
> 由于客观原因的出现,导致董事(理事)和高级管理人员没有履职或难以履行职务,造成任职资格的失效。

> **取消任职资格**
>
> 如果商业银行违反法律、行政法规以及国家有关银行业监督管理规定的,银行业监督管理机构可以取消直接负责的董事(理事)、高级管理人员一年以上直至终身的任职资格。取消任职资格是一种行政处罚措施。

第二节　非现场监管

一、非现场监管概述 ★

非现场监管的要点见表3-1。

表3-1　非现场监管的要点

要点	内容
定义	非现场监管是指通过收集银行业金融机构以及行业整体的业务活动和风险状况的报表数据、经营管理情况及其他内外部资料等信息,对银行业金融机构以及行业整体风险状况和服务实体经济情况进行分析,作出评价,并采取相应措施的持续性监管过程

表 3-1（续）

要点	内容
目的	通过非现场监管，能够及时、持续监测银行业金融机构的经营和风险状况，对其存在的问题和风险进行早期识别，并能为现场检查提供依据和指导，使现场检查更有针对性
作用	(1)基础性作用。 (2)风险识别和预警作用。 (3)指导现场检查。 (4)信息传递作用。 (5)持续监管作用
特点	(1)非直接性。 (2)注重单体法人和系统整体的统一。 (3)注重静态与动态的统一
体系	(1)基础信息体系。 (2)风险监测计量指标体系。 (3)风险评估判断体系。 (4)风险预警体系
要求	银行业金融机构应严格按照相关法律法规要求，及时、全面、准确提供给各级监管机构自身业务活动和风险状况的报表数据、经营管理情况及其他内外部资料。根据《中华人民共和国银行业监督管理法》第四十七条，银行业金融机构不按照规定提供报表、报告等文件、资料的，由银行业监督管理机构责令改正，逾期不改正的，处 10 万元以上 30 万元以下罚款

二、非现场监管周期 ★

（1）制订监管计划。监管部门在充分了解银行业金融机构风险状况的基础上，制定当期监管工作安排，对直接监管的法人银行业金融机构制订监管计划，明确重点关注风险领域、风险评估、现场检查建议、监管评级、监管措施等主要监管任务和时间进度安排。

🕐 **要点点拨**

监管部门对银行业金融机构实施非现场监管包含法人和集团两个层面。

（2）日常监测分析。监管部门应当根据职责分工，全面、持续收集所监管的单体及同类银行业金融机构经营管理和风险信息，清晰连续地了解和掌握银行业金融机构的基本状况。

（3）风险评估。风险评估应当界定银行业金融机构的主要业务种类、风险种类，进而明确风险的主要来源，分析、识别内在风险水平，评估主要业务的风险管理能力，确定风险发展趋势，通过风险评估矩阵分析整体风险水平。

（4）现场检查联动。监管部门应结合日常监管情况，对需要现场检查的重点机构、重点地区、重点业务、重点风险领域及主要风险点提出立项建议。

（5）监管评级。监管部门应当根据日常监管、风险评估和现场检查结果，对银行业金融机构法人开展监管评级，见表 3-2。

表 3-2 监管评级的要点

要点	内容
监管评级要素	商业银行监管评级要素共 9 项：资本充足、资产质量、公司治理与管理质量、盈利状况、流动性风险、市场风险、数据治理、信息科技风险和机构差异化要素

表3-2（续）

要点	内容
监管评级的作用	①有利于监管机构全面掌握商业银行的风险状况。 ②有利于监管机构合理配置监管资源，提高监管效率。 ③有利于监管机构实施分类监管，有针对性地采取监管措施，提高监管有效性
遵循原则	①全面性原则。 ②及时性原则。 ③系统性原则。 ④审慎性原则

（6）监管总结。监管部门应当在监管周期结束后总结单体及同类银行业金融机构在本周期内的经营情况、风险状况，全面梳理银行业金融机构存在的主要问题，对监管措施和要求的落实情况形成综合的监管报告。

💡 **真题精练**

【例2·判断题】监管部门应当根据日常监管、风险评估和现场检查结果，对银行业金融机构法人开展监管评级。（　　　）

A．正确　　　　　　　　　　　B．错误

A　监管部门应当根据日常监管、风险评估和现场检查结果，对银行业金融机构法人开展监管评级。

三、系统性区域性风险的非现场监管 ★

系统性区域性风险非现场监管应重点监测：一是国际主要经济体和国内宏观经济运行情况，评估特定行业、特定领域和经济周期波动对金融体系的冲击；二是金融体系运行情况，关注金融风险的跨部门传递；三是银行业风险情况，特别是系统重要性机构风险情况；四是法律政策调整情况；五是区域性风险情况，关注特定地域内的经济、金融市场以及地方性金融机构的风险状况。

第三节　现场检查

一、现场检查概述 ★

1. 现场检查的概念

现场检查是指国务院银行业监督管理机构及派出机构派出检查人员在银行业金融机构的经营管理场所以及其他相关场所，采取查阅、复制文件资料、采集数据信息、查看实物、外部调查、访谈、询问、评估及测试等方式，对其公司治理、风险管理、内部控制、业务活动和风险状况等情况进行监督检查的行为。

2. 现场检查的分类

（1）按照检查范围划分，现场检查分为常规检查、临时检查和稽核调查。

（2）按照现场检查的人员组织方式划分，分为集成检查、属地检查和交叉检查。

3. 现场检查的意义和作用

在中国，现场检查已经成为加强金融监管、履行监管职责的重要手段，在市场准入、现场检查、非现场监管"三大"监管手段中具有突出重要的位置，是国务院银行业监督管理机构及其派出机构监管流程的重要组成部分，能有效并直观地识别、计量、监测和控制银行业金融机构自身存在的问题和风险，发挥查错纠弊、校验核实、评价指导、警示威慑等功能，督促银行业金融机构贯彻落实国家宏观政策及监管政策，提高经营管理水平、合法稳健经营，维护银行业金融机构和体系安全，更好地服务实体经济发展。

二、现场检查的原则 ★

（1）合法性原则。

①现场检查的主体必须合法。

②现场检查的程序必须合法。

③现场检查的形式必须合法。

（2）廉洁性原则。除了遵守基本法律法规以外，现场检查人员还必须廉洁自律，遵守纪律规范。在实施检查的过程中，检查组应严格落实中央八项规定精神及银行业监督管理部门实施细则。

（3）严查严处原则。

三、现场检查的实施流程 ★

（1）现场检查管理。

①现场检查管理。

②全国性银行业金融机构的现场检查管理和实施。

③地方银行业金融机构的现场检查管理和实施。

④中资银行业境外机构、外资银行业境内机构的现场检查管理和实施。

（2）现场检查立项。现场检查立项是指各有关单位按照职责分工确定现场检查项目和对象之后，由监管机构现场检查部门将项目汇总并制定现场检查计划的过程。

①确定检查项目。

②确定检查对象。

③制定现场检查计划。

④现场检查计划调整。

⑤临时检查和稽核调查项目立项。

（3）现场检查的执行。

①现场检查准备。

②现场检查实施。

③检查报告。

④检查处理。

💡 真题精练

【例3·多项选择题】下列属于现场检查原则的有（　　　　）。

A.廉洁性原则　　　　　　　　B.合法性原则

C.可行性原则　　　　　　　　D.严查严处原则

E.公开性原则

A B D　现场检查的原则有：（1）合法性原则。（2）廉洁性原则。（3）严查严处原则。

↓码上看总结↓

章节自测

一、单项选择题(在以下各小题所给出的四个选项中,只有一个选项符合题目要求,请将正确选项的代码填入括号内)

1. 银行业金融机构设立分支机构必须经(　　)审查批准。
   A. 中国银行业协会　　　　　　　　B. 中国人民银行
   C. 国务院银行业监督管理机构　　　D. 中央金融委员会

2. 银行业金融机构不按照规定提供报表、报告等文件、资料的,由银行业监督管理机构责令改正,逾期不改正的,(　　)。
   A. 处 5 万元以上 10 万元以下罚款　　　B. 处 10 万元以上 30 万元以下罚款
   C. 处 30 万元以上 50 万元以下罚款　　　D. 处 50 万元以上 100 万元以下罚款

3. 下列关于监管评级作用的说法中,错误的是(　　)。
   A. 有利于监管机构实时发现并消除商业银行的风险问题
   B. 有利于监管机构全面掌握商业银行的风险状况
   C. 有利于监管机构实施分类监管,有针对性地采取监管措施,提高监管有效性
   D. 有利于监管机构合理配置监管资源,提高监管效率

4. 按照检查范围划分,现场检查不包括(　　)。
   A. 临时检查　　　　　　　　　　　B. 常规检查
   C. 交叉检查　　　　　　　　　　　D. 稽核调查

5. 下列不属于现场检查合法性原则的是(　　)。
   A. 现场检查的主体必须合法　　　　B. 现场检查的形式必须合法
   C. 现场检查的人员必须合法　　　　D. 现场检查的程序必须合法

二、多项选择题(在以下各小题所给出的选项中,至少有两个选项符合题目要求,请将正确选项的代码填入括号内)

1. 《中华人民共和国商业银行法》规定,商业银行有(　　)事项之一的,应当经国务院银行业监督管理机构批准。
   A. 变更名称
   B. 变更注册资本
   C. 变更总行或者分支行所在地
   D. 变更持有资本总额或者股份总额 5% 以上的股东
   E. 调整业务范围

2. 银行业金融机构董事(理事)和高级管理人员的任职资格基本条件,总体上要求(　　)。
   A. 遵纪守法　　　　　　　　　　　B. 品行良好
   C. 有良好的从业记录　　　　　　　D. 无贷款记录
   E. 具有与拟任职务相适应的专业知识、工作经验和管理能力

3.下列属于非现场监管的特点有（　　　　）。

A.及时性　　　　　　　　　　　B.非直接性

C.注重单体法人和系统整体的统一　D.注重静态与动态的统一

E.直接性

三、判断题(请判断以下各小题的正误,正确的选A,错误的选B)

1.行政许可实施程序分为申请与受理、审查两个环节。（　　　）

A.正确　　　　　　　　　　　B.错误

2.在中国,现场检查已经成为加强金融监管、履行监管职责的重要手段,在市场准入、现场检查、非现场监管"三大"监管手段中具有突出重要的位置。（　　　）

A.正确　　　　　　　　　　　B.错误

答案详解

一、单项选择题

1.C。【解析】银行业金融机构设立分支机构必须经国务院银行业监督管理机构审查批准。

2.B。【解析】银行业金融机构不按照规定提供报表、报告等文件、资料的,由银行业监督管理机构责令改正,逾期不改正的,处10万元以上30万元以下罚款。

3.A。【解析】监管评级的作用有:(1)有利于监管机构全面掌握商业银行的风险状况。(2)有利于监管机构合理配置监管资源,提高监管效率。(3)有利于监管机构实施分类监管,有针对性地采取监管措施,提高监管有效性。

4.C。【解析】按照检查范围划分,现场检查分为常规检查、临时检查和稽核调查。

5.C。【解析】合法性原则:(1)现场检查的主体必须合法。(2)现场检查的程序必须合法。(3)现场检查的形式必须合法。

二、多项选择题

1.ABCDE。【解析】《中华人民共和国商业银行法》规定,商业银行有下列变更事项之一的,应当经国务院银行业监督管理机构批准:包括变更名称,变更注册资本,变更总行或者分支行所在地,调整业务范围,变更持有资本总额或者股份总额5%以上的股东,修改章程,以及国务院银行业监督管理机构规定的其他变更事项。

2.ABCE。【解析】银行业金融机构董事(理事)和高级管理人员的任职资格基本条件,总体上要求遵纪守法,诚信勤勉,品行良好,有良好的从业记录,具有与拟任职务相适应的专业知识、工作经验和管理能力等。

3.BCD。【解析】非现场监管的特点有:(1)非直接性。(2)注重单体法人和系统整体的统一。(3)注重静态与动态的统一。

三、判断题

1.B。【解析】行政许可实施程序分为申请与受理、审查、决定与送达三个环节。

2.A。【解析】在中国,现场检查已经成为加强金融监管、履行监管职责的重要手段,在市场准入、现场检查、非现场监管"三大"监管手段中具有突出重要的位置。

第四章
监管措施、行政处罚与行政救济

⊕ 考情直击

本章的主要内容是监管强制措施、行政处罚、行政救济和金融犯罪等。分析近几年的考试情况,本章的常考点有监管强制措施的类型、条件,行政处罚的原则、种类、程序,行政复议和行政诉讼的基本情况等。

考纲要求

知识解读

第一节　监管强制措施

一、我国监管强制措施的类型　★★

（1）对银行业金融机构的措施。

①责令暂停部分业务、停止批准开办新业务、停止增设分支机构申请的审查批准。

②限制资产转让。

③限制分配红利和其他收入。

（2）对银行业金融机构股东的措施。对于银行业金融机构股东,监管部门可以责令控股方转让股权或者限制部分股东的权利。该项措施主要是针对银行业金融机构的股东从事恶意控股、虚假出资以及严重影响该机构安全稳健运行、损害存款人利益行为的情况。

（3）对银行业金融机构董事、高级管理人员的措施。针对银行从业人员,监管部门有权责令银行业金融机构撤换董事、高级管理人员或者限制其权利。

二、实施监管强制措施的前提条件 ★★

《中华人民共和国银行业监督管理法》第三十七条规定了实施各项监管强制措施的前提条件，主要分为以下两种情况。

（1）银行业金融机构的行为违反法律、行政法规和国务院银行业监督管理机构规定的审慎经营规则，经银行业监督管理机构责令限期改正后逾期未改正。

（2）银行业金融机构的行为违反法律、行政法规和国务院银行业监督管理机构规定的审慎经营规则，严重危及其稳健运行、损害存款人或其他客户合法权益。

三、实施监管强制措施的程序 ★★

银行业监督管理机构通过非现场监管和现场检查手段发现银行业金融机构存在符合实施监管强制措施前提条件的行为时，根据检查确认的事实，经监管检查人员报请国务院银行业监督管理机构或者其省一级派出机构负责人批准，由国务院银行业监督管理机构或者其省一级派出机构发布通知执行。

银行业金融机构完成整改，经验收符合有关审慎经营规则时，监管部门应当自验收完毕之日起 3 日内解除有关措施，防止监管机构滥用监管权力。

第二节　行政处罚

一、行政处罚的原则 ★★

（1）公平、公正、公开原则。

（2）过罚相当原则。

（3）程序合法原则。

（4）维护当事人的合法权益原则。

（5）处罚与教育相结合原则。

二、行政处罚的种类 ★★

（1）警告。警告是指行政机关对有违法行为的公民、法人或者其他组织提出警示和告诫，使其认识所应负责任的一种处罚。

（2）罚款。罚款是指行政机关依法强制对违反行政管理法规的公民、法人及其他组织在一定期限内缴纳一定数量货币的处罚行为。

（3）没收违法所得。没收违法所得是指行政机关依法将行为人通过违法行为获取的财产收归国有的处罚。

（4）责令停业整顿。责令停业整顿是指行政机关对违反行政管理法规的金融机构，依法在一定期限内剥夺其开展经营活动的权利的行政处罚。

（5）吊销金融许可证。金融许可证是监管机构依法颁发的准许从事金融业务的书面文件。

（6）取消董（理）事、高级管理人员一定期限直至终身任职资格。国务院银行业监督管理机构及其派出机构对银行业金融机构的董事和高级管理人员实行任职资格管理。

（7）禁止一定期限直至终身从事银行业工作。

（8）法律、行政法规规定的其他行政处罚。

💡 **真题精练**

【例1·单项选择题】( )对银行业金融机构的董事和高级管理人员实行任职资格管理。

A. 中国银行业协会

B. 国务院银行业监督管理机构及其派出机构

C. 中国证监会及其派出机构

D. 中国人民银行

B 国务院银行业监督管理机构及其派出机构对银行业金融机构的董事和高级管理人员实行任职资格管理。

三、行政处罚的程序及实施 ★★

根据《中华人民共和国行政处罚办法》,国务院银行业监督管理机构及其派出机构实施行政处罚的程序可分为立案、调查、取证、审理、审议、听证、决定与执行等环节。

(1)立案。银行业监督管理机构发现当事人涉嫌违反法律、行政法规和银行业及保险业监管规定,依法应当给予行政处罚且有管辖权的,应当予以立案。

(2)调查。调查人员应当全面、客观、公正地调查收集有关当事人违法、违规行为的证据材料。监督检查部门应当在立案之日起90日内完成调查工作。有特殊情况的,可以适当延长。调查终结,监督检查部门认为违法、违规行为应当予以行政处罚的,必须制作调查报告。

(3)取证。行政处罚证据包括书证、物证、视听资料、电子数据、证人证言、当事人的陈述、鉴定意见、勘验笔录、现场笔录等。

(4)审理。监督检查部门认为需要给予行政处罚的,应当将相关案件材料移送行政处罚委员会办公室。行政处罚委员会办公室应当在5日内作出是否接收的决定,并自接收之日起60日内完成审理工作。

(5)审议。行政处罚委员会以审理报告为基础对案件进行审议,按照有关程序发表独立、客观、公正的审议意见。作出行政处罚决定的,应当获得行政处罚委员会全体委员半数以上同意。

(6)权利告知听证。银行业监督管理机构拟作出行政处罚决定的,应当制作行政处罚事先告知书,告知当事人拟作出行政处罚决定的事实、理由及依据,并告知当事人有权进行陈述和申辩。当事人应当自收到行政处罚意见告知书之日起5日内,向银行业监督管理机构提交经本人签字或盖章的听证申请书,说明听证的要求和理由。当事人逾期不提出申请的,视为放弃听证权利。

(7)决定与执行。行政处罚意见告知书送达后,当事人未在规定时间内提出陈述、申辩意见和听证申请的,行政处罚委员会办公室应当制作行政处罚决定书。

行政处罚决定书应当载明当事人违法违规事实和相关证据、定性和量罚的理由依据、给予处罚的种类、处罚的履行方式和期限、申请行政复议或者提起行政诉讼的途径和期限、作出处罚决定的机构名称和日期等内容。

行政处罚委员会办公室应当在行政处罚决定作出7日内,依照行政诉讼法有关规定,将行政处罚决定书送达当事人。

第三节 行政救济

一、行政复议 ★★

1.行政复议的作用、原则及范围

行政复议的作用

（1）行政复议有利于解决行政争议。

（2）行政复议是行政监督的重要手段。

（3）行政复议作为一种重要的行政救济方法，可以为公民、法人或者其他组织的合法权益提供有力的法制保障，使其免受不法行政的侵害，又能够维护行政活动的严肃性和权威性，保障行政活动顺畅进行，提高行政效率。

行政复议的原则

行政复议的原则主要有合法审查原则、合理性审查原则、公开原则、公正原则、效率原则、便民原则、一级复议原则和司法最终原则。

行政复议的范围

行政复议的范围是指行政相对人认为行政机关作出的行政行为侵犯其合法权益，依法可以向行政复议机关请求重新审查的范围。

2.行政复议机关和参加人

（1）行政复议机关是指依照法律规定，有权受理行政复议的申请，依法对被申请的行政行为进行合法性、适当性审查并作出裁决的行政机关。

（2）行政复议的参加人。行政复议的参加人是指行政复议活动的主体，是与申请人行政复议的行政行为有利害关系的当事人，其范围包括申请人、被申请人、第三人及代理人等。

3.行政复议的程序

（1）**申请**。复议申请是指行政相对人不服行政主体的行政行为而向复议机关提出要求撤销或变更该行政行为的请求。

（2）**受理**。申请人提出复议申请后，行政复议机关对复议申请进行审查。复议机关对复议申请进行审查后，应当在收到申请书后的一定期限内，对复议申请分别作以下处理：一是复议申请符合法定条件的，应予受理；二是复议申请符合其他法定条件，但不属于本行政机关受理的，应告知申请人向有关行政机关提出；三是复议申请不符合法定条件的，决定不予受理，并告知理由和相应的处理方式，而不能简单地一退了之。

（3）**审理**。审理是复议机关对复议案件的事实、证据、法律适用及争论的焦点等进行审理的过程，根据《中华人民共和国行政复议法》的规定，复议机关既有权审查行政行为是否合法，也有权审查行政行为是否适当。

（4）**决定**。复议机关通过对复议案件的审理，最后要作出决定。根据《中华人民共和国行政复议法》的规定，复议决定有四种：一是维持的决定；二是履行法定职责的决定；三是撤销、变更、确认违法和重新作出行政行为的决定；四是驳回申请的决定。

真题精练

【例2·判断题】复议机关通过对复议案件的审理,最后要作出决定。(　　　)

A. 正确　　　　　　　　　　　　　B. 错误

A　复议机关通过对复议案件的审理,最后要作出决定。

二、行政诉讼 ★★

1. 行政诉讼的有关概念

(1)行政诉讼受案范围是指人民法院受理行政诉讼案件的范围。

(2)行政诉讼管辖是指人民法院之间受理第一审行政案件的职权分工。

(3)行政诉讼的诉讼参加人是指依法参加行政诉讼活动,享有诉讼权利,承担诉讼义务,并且与诉讼争议或诉讼结果有利害关系的人。依据《中华人民共和国行政诉讼法》的规定,行政诉讼参加人具体包括当事人、共同诉讼人、诉讼中的第三人和诉讼代理人。

(4)行政诉讼的证据是指在行政诉讼中用以证明案件真实情况的一切材料或手段。

2. 行政诉讼程序

(1)**起诉**。行政诉讼的起诉是指公民、法人或者其他组织,认为行政机构的行政行为侵犯其合法权益,向法院提起诉讼,请求法院审查行政行为的合法性并向其提供法律救济的行为。

(2)**受理**。受理是指人民法院对原告的起诉行为进行审查后,对符合法定条件的起诉决定立案审查,从而引起诉讼程序开始的职权行为。

(3)**审理**。行政诉讼的一审程序是指一审法院对行政案件进行审理应适用的程序,包括审理前的准备、开庭审理、合议庭评议和判决等阶段。经过一审,法院对被诉行政行为是否合法作出认定。行政诉讼的二审程序又称上诉审程序,是指一审法院作出裁决后,诉讼当事人不服,在法定期限内提请一审法院的上一级法院重新审理并作出裁判的程序。二审法院经过对案件的审理,应根据行政行为的不同情况作出裁定撤销一审判决或裁定、依法改判、维持原判的裁判。

(4)**判决**。行政诉讼判决简称行政判决,是指人民法院根据当事人的诉讼请求,经过全面审理,就被诉行政行为的合法性及相关争议依法作出的实体性处理决定。

3. 行政诉讼的执行

行政诉讼的执行是指行政案件当事人逾期拒不履行人民法院发生法律效力的法律文书,人民法院和有关行政机关运用国家强制力量,依法采取强制措施,促使当事人履行义务,从而使生效的法律文书的内容得以实现的一种法律制度。

第四节　金融犯罪

一、金融犯罪概述 ★★★

1. 金融犯罪的概念

金融犯罪是指发生在金融业务活动领域中的,违反金融管理法律法规,危害国家有关货币、银行、信贷、票据、外汇、保险、证券期货等金融管理制度,破坏金融管理秩序,情节严重,依照《中华人民共和国刑法》应受刑事处罚的行为。

2.金融犯罪的特点

金融犯罪活动隐蔽性强、危害性大,同时专业性、技术性较为复杂。相较于非金融领域犯罪,金融犯罪涉案金额巨大,动辄爆发数千万元甚至上亿元的大案要案,且涉及面广,无论在沿海发达地区或偏远乡村都可能发生。

与20世纪90年代相比,现今更多的金融犯罪在活动范围、涉及领域、犯罪手段和方法上已经表现出很高的综合化程度,导致更复杂和更专业的复合型金融犯罪增多,并呈现出以下四个新特点:

(1)跨省、跨地区金融犯罪日益增多。

(2)涉众型金融犯罪不断增长。

(3)犯罪形式日趋职业化、组织化和智能化。

(4)内外勾结作案特征逐渐凸显。

💡 **真题精练**

【例3·多项选择题】下列属于金融犯罪特点的有(　　　)。

A.隐蔽性强、危害性大

B.跨省、跨地区金融犯罪日益增多

C.涉众型金融犯罪不断增长

D.犯罪形式日趋职业化、组织化和智能化

E.内外勾结作案特征逐渐凸显

A B C D E 题干五个选项均属于金融犯罪的特点。

3.金融犯罪的分类

根据不同的标准对金融犯罪的分类也不同。综合而言,大致有以下几种:

(1)按照犯罪手段的不同,金融犯罪可分为欺诈型、伪造变造型、渎职型和其他方式型四大类。

(2)按照犯罪主体是否为金融机构及金融机构工作人员,金融犯罪可分为特殊主体金融犯罪和一般主体金融犯罪。

(3)按照金融犯罪的罪过形式,金融犯罪可分为金融故意犯罪和金融过失犯罪。

4.金融犯罪的危害

当金融犯罪发展到一定水平时,其危害结果不单单是巨大的财务损失,而且将向深度延伸和扩大,对金融机构、经济实体、地方经济甚至国家的信誉,包括经济活动中的诚信制度都会造成难以弥补的损害。

二、常见的金融犯罪行为 ★★★

金融犯罪共涉及的具体罪名有:伪造货币罪,出售、购买、运输假币罪,金融工作人员购买假币、以假币换取货币罪,持有、使用假币罪,变造货币罪,擅自设立金融机构罪,伪造、变造、转让金融机构经营许可证、批准文件罪,高利转贷罪,骗取贷款、票据承兑、金融票证罪,非法吸收公众存款罪,伪造、变造金融票证罪,妨害信用卡管理罪,窃取、收买、非法提供信用卡信息罪,伪造、变造国家有价证券罪,欺诈发行证券罪,擅自发行股票、公司、企业债券罪,内幕交易、泄露内幕信息罪,利用未公开信息交易罪,编造并传播证券、期货交易虚假信息罪,诱骗投资者买卖证券、期货合约罪,操纵证券、期货市场罪,职务侵占罪,贪污罪,公司、企业人员受贿罪,挪用资金罪、挪用公款罪,背信运用受托财产罪,违法运用资金罪、违法发放贷款罪,吸收客户资金不入账罪,违规出具金融票证罪,对违法票据承兑、付款、保证罪,逃汇罪,洗钱罪,集资诈骗罪,贷款诈骗罪,票据诈骗罪,金融凭证诈骗罪,信用证诈骗罪,信用卡诈骗罪、盗窃罪,有价证券诈骗罪,保险诈骗罪等。

三、典型的金融犯罪 ★★★★

1.伪造、变造、转让金融机构经营许可证、批准文件罪

伪造、变造、转让金融机构经营许可证、批准文件,是指伪造、变造、转让商业银行、证券交易所、期货交易所、证券公司、期货经纪公司、保险公司或者其他金融机构的经营许可证或者批准文件。

2.票据诈骗罪及伪造、变造金融票证罪

票据诈骗包括以下情形:**明知是伪造、变造的汇票、本票、支票而使用的;明知是作废的汇票、本票、支票而使用的;冒用他人的汇票、本票、支票的;签发空头支票或者与其预留印鉴不符的支票,骗取财物的;汇票、本票的出票人签发无资金保证的汇票、本票或者在出票时作虚假记载,骗取财物的。**

伪造、变造金融票证包括以下情形:**伪造、变造汇票、本票、支票的;伪造、变造委托收款凭证、汇款凭证、银行存单等其他银行结算凭证的;伪造、变造信用证或者附随的单据、文件的;伪造信用卡的。**

3.违法发放贷款罪

违法发放贷款罪是指银行或者其他金融机构的工作人员违反国家规定发放贷款,并构成犯罪的行为。

4.信用卡诈骗罪

涉及信用卡的犯罪主要有两类:

(1)**妨害信用卡管理罪**。妨害信用卡管理罪是信用卡诈骗罪的预备行为。

(2)**信用卡诈骗罪**。信用卡诈骗包括以下情形:使用伪造的信用卡,或者使用以虚假的身份证明骗领的信用卡;使用作废的信用卡;冒用他人信用卡;恶意透支。

↓ 码上看总结 ↓

👤 章节自测

一、单项选择题(在以下各小题所给出的四个选项中,只有一个选项符合题目要求,请将正确选项的代码填入括号内)

1.银行业金融机构完成整改,经验收符合有关审慎经营规则时,监管部门应当自验收完毕之日起( )日内解除有关措施,防止监管机构滥用监管权力。

A. 1   B. 2

C. 3   D. 4

2. (　　)是指行政机关依法将行为人通过违法行为获取的财产收归国有的处罚。

A. 罚款 　　　　　　　　　　　　B. 没收违法所得

C. 罚金 　　　　　　　　　　　　D. 责令停业整顿

3. 监督检查部门认为需要给予行政处罚的,应当将相关案件材料移送(　　)。

A. 人民法院 　　　　　　　　　　B. 行政处罚委员会

C. 行政处罚委员会办公室 　　　　D. 国务院银行业监督管理机构

4. 下列关于行政复议程序的说法中,错误的是(　　)。

A. 申请人提出复议申请后,行政复议机关对复议申请进行审查

B. 复议申请符合法定条件的,应予受理

C. 复议申请符合其他法定条件,但不属于本行政机关受理的,决定不予受理

D. 审理是复议机关对复议案件的事实、证据、法律适用及争论的焦点等进行审理的过程

5. 按照犯罪手段的不同划分,金融犯罪不包括(　　)。

A. 伪造变造型犯罪 　　　　　　　B. 渎职型犯罪

C. 欺诈型犯罪 　　　　　　　　　D. 金融故意犯罪

二、多项选择题(在以下各小题所给出的选项中,至少有两个选项符合题目要求,请将正确选项的代码填入括号内)

1. 我国对银行业金融机构的监管强制措施包括(　　)。

A. 限制资产转让 　　　　　　　　B. 责令暂停部分业务的审查批

C. 限制分配红利和其他收入 　　　D. 停止批准开办新业务的审查批

E. 停止增设分支机构申请的审查批准

2. 下列属于行政处罚的原则有(　　)。

A. 公平、公正、公开原则 　　　　B. 程序合法原则

C. 处罚与教育相结合原则 　　　　D. 一事不再罚原则

E. 维护当事人的合法权益原则

3. 行政处罚证据包括(　　)。

A. 视听资料 　　　　　　　　　　B. 电子数据

C. 证人证言 　　　　　　　　　　D. 当事人的陈述

E. 勘验笔录

4. 根据《中华人民共和国行政复议法》的规定,复议决定有(　　)。

A. 维持的决定

B. 赔偿的决定

C. 履行法定职责的决定

D. 撤销、变更、确认违法和重新作出行政行为的决定

E. 驳回申请的决定

三、判断题(请判断以下各小题的正误,正确的选 A,错误的选 B)

1. 在行政处罚的程序中,监督检查部门应当在立案之日起 60 日内完成调查工作。有特殊情况的,可以适当延长。　　　　　　　　　　　　　　　　　　　　　　(　　)

A. 正确 　　　　　　　　　　　　B. 错误

2. 当金融犯罪发展到一定水平时,其危害结果不单单是巨大的财务损失,而且将向深度延伸和扩大,对金融机构、经济实体、地方经济甚至国家的信誉,包括经济活动中的诚信制度都会造成难以弥补的损害。　　　　　　　　　　　　　　　　　　　　　(　　)

A. 正确　　　　　　　　　　　　　　B. 错误

答案详解

一、单项选择题

1. C。【解析】银行业金融机构完成整改,经验收符合有关审慎经营规则时,监管部门应当自验收完毕之日起 3 日内解除有关措施,防止监管机构滥用监管权力。

2. B。【解析】没收违法所得是指行政机关依法将行为人通过违法行为获取的财产收归国有的处罚。

3. C。【解析】监督检查部门认为需要给予行政处罚的,应当将相关案件材料移送行政处罚委员会办公室。

4. C。【解析】复议机关对复议申请进行审查后,应当在收到申请书后的一定期限内,对复议申请分别作以下处理:一是复议申请符合法定条件的,应予受理;二是复议申请符合其他法定条件,但不属于本行政机关受理的,应告知申请人向有关行政机关提出;三是复议申请不符合法定条件的,决定不予受理,并告知理由和相应的处理方式,而不能简单地一退了之。

5. D。【解析】按照犯罪手段的不同,金融犯罪可分为欺诈型、伪造变造型、渎职型和其他方式型四大类。

二、多项选择题

1. ABCDE。【解析】对银行业金融机构的措施有:(1)责令暂停部分业务、停止批准开办新业务、停止增设分支机构申请的审查批准。(2)限制资产转让。(3)限制分配红利和其他收入。

2. ABCE。【解析】行政处罚的原则有:(1)公平、公正、公开原则。(2)过罚相当原则。(3)程序合法原则。(4)维护当事人的合法权益原则。(5)处罚与教育相结合原则。

3. ABCDE。【解析】行政处罚证据包括书证、物证、视听资料、电子数据、证人证言、当事人的陈述、鉴定意见、勘验笔录、现场笔录等。

4. ACDE。【解析】根据《中华人民共和国行政复议法》的规定,复议决定有四种:一是维持的决定;二是履行法定职责的决定;三是撤销、变更、确认违法和重新作出行政行为的决定;四是驳回申请的决定。

三、判断题

1. B。【解析】监督检查部门应当在立案之日起 90 日内完成调查工作。有特殊情况的,可以适当延长。

2. A。【解析】题干说法描述正确。

第五章 负债业务

⊕ 考情直击

本章的主要内容是商业银行负债业务的业务品种及其规定,并对储蓄存款、单位存款、大额存单、保证金存款、外币存款业务等存款业务,及其他负债业务进行分类介绍。分析近几年的考试情况,本章的常考点有商业银行负债业务的特征、管理原则和主要风险,主要业务品种特点、管理要求和主要风险点等。

📖 考纲要求

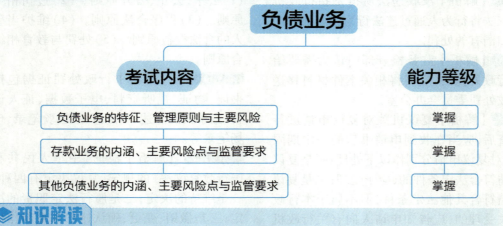

考试内容	能力等级
负债业务的特征、管理原则与主要风险	掌握
存款业务的内涵、主要风险点与监管要求	掌握
其他负债业务的内涵、主要风险点与监管要求	掌握

📘 知识解读

第一节 负债业务概述

一、负债业务的概念及基本特征 ★★★

1.概念

商业银行的负债业务是指商业银行以债务人的身份筹措资金的活动,是支撑商业银行资产业务的重要资金来源,是资产业务的前提和基础。

2.基本特征

负债的基本特征包括:

(1)负债是以往或目前已经完成的交易而形成的当前债务,凡不属于以往或目前已经完成的交易,而是将来要发生的交易可能产生的债务,不能当作负债。

(2)负债具有偿还性,必须在未来某个时间以转让资产或提供劳务的方式来偿还。

(3)负债具有潜在效益性,主要体现在以下两个方面:一是负债筹资运用所得收入大于负债成本;二是负债成本计入当期经营成本或作为当期的营业费用从收入中减去,可以在所得税以前冲减,从而使商业银行获取潜在利益。

（4）负债是能用货币准确计量和估价的,因此,负债都有确定的偿还金额,同时,负债有确切的债权人和到期日。

> **要点点拨**
>
> 在我国,目前能够合法吸收公众存款的金融机构只有银行类金融机构。

二、负债业务的主要风险 ★★★

1.操作风险

负债业务操作风险是指商业银行在从事负债业务时,由于内部程序、人员或系统的不完善或失误而直接或间接造成损失的风险。

2.流动性风险

商业银行作为存款人和借款人的中介,需要留有可随时应付支出需要的流动资产,如果商业银行的大批债权人同时提出债权要求,商业银行就有可能面临流动性风险,情况严重时出现清偿性风险可导致商业银行倒闭。

3.市场风险

负债业务市场风险主要是指利率或汇率的不利变动带来的风险。

4.法律风险

负债业务的法律风险主要是指商业银行所设计的负债业务品种、条款或合同文本与现行法律法规不一致或存在明显的法律缺陷,引发法律纠纷并产生损失的可能性。

5.信息科技风险

商业银行在办理单位存款、储蓄存款时,要特别注意防范由于计算机故障、通信或系统故障或网络欺诈等原因造成业务中断、信息遗失等信息科技风险。

三、负债业务的主要分类及管理原则 ★★★

1.分类

商业银行的负债业务主要由存款和借款构成。在各类负债业务中,存款是最核心的业务。按资金来源分类,可分为存款负债、借入负债和结算性负债三种。按业务品种分类,可分为:单位存款、储蓄存款、同业存放、同业拆入、向中央银行借款、债券融资以及应付款项等。

2.管理原则

商业银行负债业务管理应遵循以下基本原则:

（1）依法筹资原则。

（2）成本控制原则。

（3）量力而行原则。

（4）加强质量管理原则。

> **真题精练**
>
> 【例1·单项选择题】在各类负债业务中,最核心的业务是(　　　　)。
>
> A.借款　　　　　　　　　　　B.存款
>
> C.同业拆入　　　　　　　　　D.债券融资
>
> ---
>
> **B**　　在各类负债业务中,存款是最核心的业务。

第二节 存款业务

一、存款业务的管理 ★★★

1.存款的定义

存款是存款人基于对银行的信任而将资金存入银行，并可以随时或按约定时间支取款项的一种信用行为。**存款是银行对存款人的负债，是我国商业银行最主要的资金来源**，存款业务也是银行的传统业务。按业务品种划分，主要包括单位存款、储蓄存款和保证金存款。

2.存款管理的原则

（1）维护存款人权益的原则。

①存款自愿、取款自由、存款有息、为存款人保密。

②谁的钱入谁的账、归谁支配。

③真实性原则。

（2）业务经营安全性原则。《中华人民共和国商业银行法》要求商业银行以**安全性、流动性、效益性**为经营原则，实行自主经营，自担风险，自负盈亏，自我约束。

（3）合规经营原则。商业银行不得采取以下手段违规吸收和虚假增加存款：

①违规返利吸存。即通过返还现金或有价证券、赠送实物等不正当手段吸收存款。

②通过第三方中介吸存。即通过个人或机构等第三方资金中介吸收存款。

③延迟支付吸存。即通过设定不合理的取款用款限制、关闭网上银行、压票退票等方式拖延、拒绝支付存款本金和利息。

④以贷转存吸存。即强制设定条款或协商约定将贷款资金转为存款；以存款作为审批和发放贷款的前提条件；向"空户"虚假放贷、虚假增存。

⑤以贷开票吸存。即将贷款资金作为保证金循环开立银行承兑汇票并贴现，虚增存贷款。

⑥通过理财产品倒存。即理财产品期限结构设计不合理，发行和到期时间集中于每月下旬，于月末、季末等关键时点将理财资金转为存款。

⑦通过同业业务倒存。即将同业存款纳入一般性存款科目核算；将财务公司等同业存放资金于月末、季末等关键时点临时调作一般对公存款，虚假增加存款。

3.存款的定价

银行的存款定价指确定存款的利率、附加收费和相关条款。

存款定价原则

商业银行应在明确自身阶段经营目标前提下，综合分析价格对存款人的吸引力、自身承受能力、资金用途、盈利能力、资金价格走势等因素后，制定适宜的价格标准。存款定价时，要与市场价格保持均衡、区别确定差别价格。

存款价格的调整

（1）根据利率走势调整存款价格。

（2）根据经营需要调整存款价格。

（3）根据资金头寸调整价格。

存款利率的自律与规范管理

　　商业银行和农村合作金融机构等不再设置存款利率浮动上限,人民银行和银行业监督管理机构对存款利率的管理,由行政管理模式逐步调整为监管引导,以及通过银行业协会、市场利率定价自律机制进行规范管理。

💡 **真题精练**

　　【例2·多项选择题】办理储蓄业务,应当遵守(　　)原则。
　　A. 存款自愿　　　　　　　　　B. 取款自由
　　C. 存款有息　　　　　　　　　D. 为存款人保密
　　E. 永不冻结

　　A B C D　《中华人民共和国商业银行法》规定,办理储蓄业务,应当遵守"存款自愿、取款自由、存款有息、为存款人保密"的原则。

二、储蓄存款业务 ★★★

　　1. 分类

　　储蓄存款又叫个人存款、住户存款,即商业银行吸收的个人存款。按存款的支取方式不同,储蓄存款一般分为以下类型,见表5-1。

表5-1　储蓄存款的分类

要点	内容
活期存款	活期存款通常1元起存,以存折或银行卡作为存取凭证,部分银行的客户可凭存折或银行卡在全国各网点通存通兑。 从2005年9月21日起,我国对活期存款实行按季度结息,每季度末月的20日为结息日,次日付息。 《中国人民银行关于人民币存贷款计结息问题的通知》中提供了两种计息方式选择: (1)积数计息法。 积数计息法是指按实际天数每日累计账户余额,以累计积数乘以日利率计算利息。 (2)逐笔计息法。 逐笔计息法是按预先确定的计息公式逐笔计算利息。 目前,各家银行多使用积数计息法计算活期存款利息,使用逐笔计息法计算整存整取定期存款利息
定期存款	根据不同的存款方式,定期存款分为整存整取、零存整取、整存零取和存本取息。 其中,整存整取最常见,是定期存款的典型代表。 (1)整存整取。 整存整取的特点:整笔存入,到期一次支取本息。 起存金额为50元,存取期类别有3个月、6个月、1年、2年、3年、5年。 (2)零存整取。 零存整取的特点:每月存入固定金额,到期一次支取本息。 起存金额为5元,存取期类别有1年、3年和5年。 (3)整存零取。 整存零取的特点:整笔存入,固定期限、分期支取。 起存金额为1 000元,存款期分为1年、3年、5年,支取期分为1个月、3个月或半年一次。 (4)存本取息。 存本取息的特点:整笔存入,约定取息期,到期一次性支取本金、分期支取利息。 起存金额为5 000元,存期分为1年、3年、5年,可以1个月或几个月取息一次。 提前支取的定期存款,支取部分按活期存款利率计付利息,提前支取部分的利息同本金一并支取。 定期存款存期内遇有利率调整,仍按存单开户日挂牌公告的相应定期存款利率计提

表 5-1（续）

要点	内容
其他种类的储蓄存款	其他种类的储蓄存款包括定活两便储蓄存款、个人通知存款和教育储蓄存款。 （1）定活两便储蓄存款。其特点有： ①**存期灵活**。开户时不约定存期，一次存入本金，随时可以支取，银行根据客户存款的实际存期按约定计息。 ②**利率优惠**。利息高于活期储蓄。 （2）个人通知存款。其特点有：开户时不约定存期，预先确定品种，支取时只要提前一定时间通知银行，约定支取日期及金额。目前，银行提供 1 天、7 天通知储蓄存款两个品种。一般 5 万元起存。 （3）教育储蓄存款。其特点有： ①利息免税。 ②利率优惠。1 年期、3 年期教育储蓄按开户日同期同档次整存整取定期储蓄存款利率计息；6 年期按开户日 5 年期整存整取定期储蓄存款利率计息。 ③总额控制。教育储蓄起存金额为 50 元，本金合计最高限额为 2 万元。 ④储户特定。在校小学四年级（含四年级）以上学生。如果需要申请助学贷款，金融机构优先解决。 ⑤存期灵活。教育储蓄属于零存整取定期储蓄存款。存期分为 1 年、3 年和 6 年。提前支取时必须全额支取

2. 主要风险点

从商业银行的经营情况看，其主要有以下风险点：**内控不完善、业务不合规、核算不真实和其他风险**。

3. 监管要求

商业银行在经营中应重视落实如下风险管理和合规要求：

（1）建立、健全覆盖储蓄存款业务的内部控制制度，包括业务操作流程、业务管理办法、财务核算办法、储蓄存款业务授权制度和岗位责任制。

（2）办理储蓄存款业务中严格遵循"存款自愿，取款自由，存款有息，为储户保密"原则。

（3）办理储蓄存款业务的经营网点设立合法，并按公告的时间营业。

（4）储蓄存款账户开立、使用、销户手续规范，大额现金支取风险防范措施严密。

（5）严格执行存款利率和计息管理有关规定，应付利息计提准确，定期存款提前支取不得采取靠档计息等不规范"创新"。

（6）储蓄存款业务发展的中、长期发展规划符合当地经济及商业银行自身发展的实际，促进储蓄存款业务发展的措施和激励机制科学完善等。

三、单位存款业务 ★★★

1. 概述

按存款的支取方式不同，单位存款一般分为单位活期存款、单位定期存款、单位通知存款、单位协定存款和协议存款等。

（1）单位活期存款。人民币单位活期存款结息日为每季度末月 20 日，存款利息自动转入相应的活期存款账户。**单位活期存款账户又叫单位结算账户，包括基本存款账户、一般存款账户、专用存款账户和临时存款账户**。

（2）单位定期存款。单位定期存款的存期分 3 个月、6 个月、1 年、2 年、3 年、5 年 6 个档次。

（3）单位通知存款。**不论实际存期多长，按存款人提前通知的期限长短，可再分为一天通知存款和七天通知存款两个品种。**

（4）单位协定存款。协定存款账户下设结算户（A 户）和协定户（B 户）两部分。

（5）协议存款。

📖 **教你一招**

> 协定存款账户中基本存款额度以内（A 户）的存款按结息日或者支取日人民币单位活期存款利率计息，超过基本存款额度的存款（B 户）按结息日或支取日中国人民银行公布的协定存款利率计息。计息期间如遇利率调整，分段计息。

2. 主要风险点

单位存款业务是商业银行负债业务的主体之一，承受的操作风险和流动性风险较为集中，易发生诈骗、洗钱、贪污、挪用等经济案件。从商业银行的经营情况看，主要有以下风险点：**内控不完善；业务不合规；核算不真实；其他风险。**

3. 监管要求

根据《商业银行内部控制指引》等有关规定，商业银行在完善内控制度的基础上符合以下经营管理要求：

（1）办理单位存款的经营网点设立合法。

（2）单位存款账户开立、使用、撤销手续规范，对休眠账户有单独管理办法。

（3）存款结息、付息符合国家利率规定，存款应付利息计提准确。

（4）单位存款业务发展的中、长期发展规划符合当地经济发展状况及商业银行自身发展的实际，促进存款业务发展的措施和激励机制科学完善。

（5）单位存款科目设置合理，科目使用规范，科目余额与报表反映一致。

（6）建立银行与客户、银行与银行以及银行内部业务台账与会计账之间的适时对账制度，对于对账频率、对账对象、可参与对账人员等作出明确规定。

（7）加强对可能发生的账外经营的监控。

四、大额存单业务 ★★★

大额存单是由银行业存款类金融机构面向非金融机构投资人发行的、以人民币计价的记账式大额存款凭证，具有利率通过市场化方式确定、到期兑付前可以自由转让等特点，属于一般性存款。

大额存单采用标准期限的产品形式。大额存单期限包括 1 个月、3 个月、6 个月、9 个月、1 年、18 个月、2 年、3 年和 5 年共 9 个品种。**个人投资人认购大额存单起点金额不低于 20 万元，机构投资人认购大额存单起点金额不低于 1 000 万元。**

大额存单发行利率以市场化方式确定。固定利率存单采用票面年化收益率的形式计息，浮动利率存单以上海银行间同业拆借利率（Shibor）为浮动利率基准计息。大额存单自认购之日起计息，付息方式分为到期一次还本付息和定期付息、到期还本两种。

大额存单的发行主体为银行业存款类金融机构，包括商业银行、政策性银行、农村合作金融机构以及中国人民银行认可的其他金融机构等。

大额存单发行采用电子化的方式，既可以在发行人的营业网点、电子银行发行，也可以在第三方平台以及经中国人民银行认可的其他渠道发行。

大额存单可以转让、提前支取和赎回，还可以用于办理质押。大额存单作为一般性存款，纳入存款保险的保障范围。

知识加油站

　　大额存单的投资人包括个人、非金融企业、机关团体等非金融机构投资人；鉴于保险公司、社保基金在商业银行的存款具有一般存款属性，且需缴纳准备金，这两类机构也可以投资大额存单。

五、保证金存款 ★★★

1. 概述

　　保证金存款是商业银行为客户出具具有结算功能的信用工具，或提供资金融通后按约履行相关义务，而与其约定将一定数量的资金存入特定账户所形成的存款类别。按照保证金担保的对象不同，保证金存款可分为以下五种：

　　（1）银行承兑汇票保证金。银行承兑汇票保证金一般不低于承兑汇票金额的20%。

　　（2）信用证保证金。对于商业银行的非授信客户，一般要缴存100%的保证金，优质授信客户可在签订《减免保证金开证合同》后减缴或免缴保证金。

　　（3）黄金交易保证金。

　　（4）个人购汇保证金。

　　（5）远期结售汇保证金。

2. 主要风险点

　　由于保证金存款具有担保属性，其风险点与普通存款不同，主要体现在三个方面：业务不合规；内部控制薄弱；操作风险。

3. 监管要求

　　金融机构经中国人民银行批准收取的保证金，按单位存款结息、计息。属于个人性质的保证金存款，比照储蓄存款利率执行。

六、外币存款业务 ★★★

　　目前，我国银行开办的外币存款业务币种主要有：美元、欧元、日元、港元、英镑、澳大利亚元、加拿大元、瑞士法郎、新加坡元等。

　　（1）外汇储蓄存款。个人外汇账户按主体类别区分为境内个人外汇账户和境外个人外汇账户；按账户性质区分为外汇结算账户、资本项目账户及外汇储蓄账户。外汇结算账户用于转账汇款等资金清算支付，外汇储蓄账户只能用于外汇存取，不能进行转账。

　　（2）单位外汇存款。单位外汇存款主要分为：

　　①单位经常项目外汇账户。境内机构原则上只能开立一个经常项目外汇账户。境内机构经常项目外汇账户的限额统一采用美元核定。

　　②单位资本项目外汇账户。包括贷款（外债及转贷款）专户、还贷专户、发行外币股票专户、B股交易专户等。

真题精练

【例3·单项选择题】外汇储蓄账户（　　）。

A. 只能用于外汇存取，不能进行转账　　B. 既能用于外汇存取，也能进行转账

C. 只能用于本币存取，不能进行转账　　D. 只能用于外汇转账，不能进行存取

　　A　外汇结算账户用于转账汇款等资金清算支付，外汇储蓄账户只能用于外汇存取，不能进行转账。

第三节　其他负债业务

一、同业存放 ★★★

1. 概念及分类

同业存放是指因支付清算、提取及解缴现金款项等需要,由其他金融机构存放于商业银行款项的业务。

按存放单位不同,分为**境外同业存放、国有商业银行存放、其他商业银行存放、农村信用社存放、政策性银行存放、金融性公司存放**等业务。按存放目的不同,分为结算性存放和合作性存放。

2. 主要风险点

商业银行同业存放业务的风险点主要表现在以下五个方面:业务不合规、内部控制薄弱、风险管理欠缺、核算不真实和内部审计监督不到位。

3. 监管要求

针对商业银行同业存放业务所存在的主要风险点,监管部门重点加强对其内部控制制度建设及执行、经营合规性、会计核算、监督检查等方面的监管。

📖 知识加油站

结算性存放是指金融机构之间由于正常业务往来引起资金结算而发生的同业间存放业务;合作性存放是指由于金融机构之间的业务合作原因发生的存放业务。

二、同业拆入 ★★★

1. 概念及分类

同业拆借是指金融机构之间相互融通的短期资金融通业务。同业拆入是其中的一种,拆入资金用于弥补因同城票据清算头寸不足和解决临时性周转资金不足的需要。

同业拆入业务种类按**组织形式**可分为从网上市场拆入和从网下市场拆入。按有无担保可分为有担保拆入和无担保拆入。按**交易方式**可分为通过中介交易拆入和不通过中介交易拆入;按**期限**可分为半日期、日期、指定日拆入。按**拆借单位**可分为国有商业银行拆入、其他商业银行拆入、城市信用社拆入、农村信用社拆入、政策性银行拆入、外资金融机构拆入、金融性公司拆入等。

2. 主要风险点

商业银行同业拆入业务的风险点主要表现在以下五个方面:业务不合规、内部控制薄弱、风险管理欠缺、核算不真实和内部审计监督不到位。

3. 监管要求

针对商业银行同业拆入业务所存在的主要风险点,商业银行要加强对其内部控制制度建设及执行、经营合规性、核算真实性、手续完善性及监督检查等方面的监管。

三、债券融资 ★★★

1. 金融债券发行

金融债券是指依法在我国境内设立的金融机构法人在境内外债券市场发行的、按约定还本付息的有价证券。

按**发行主体**划分，可以将金融债券分为政策性银行金融债券、商业银行金融债券、财务公司金融债券以及其他金融机构发行的金融债券，目前，政策性银行金融债券占有较大的比重；按**债券偿还期限**划分，可以将金融债券分为长期金融债券、中期金融债券和短期金融债券；按**是否附有选择权**划分，金融债券可以分为普通债券和含权债券，含权债券又分为发行人选择权债券和投资人选择权债券。

金融债券的发行方式主要有私募发行和公募发行，直接发行和间接发行。其中，公募发行又可分为直接公募和间接公募。

金融债券的特点包括：发行者有较大的主动权，筹资对象范围广泛，筹资效率较高；债券的盈利性、流动性较好，有较强的吸引力；债券到期还本付息，因此筹集的资金稳定，并且不必向中央银行账户缴纳法定存款准备金。

商业银行发行金融债券应具备如下条件：

（1）具有良好的公司治理机制。

（2）核心资本充足率不低于4%。

（3）最近三年连续盈利。

（4）贷款损失准备计提充足。

（5）风险监管指标符合监管机构的有关规定。

（6）最近三年没有重大违法、违规行为。

（7）中国人民银行要求的其他条件等。

对商业银行而言，发行金融债券主要有以下一些风险点：业务不合规；核算不真实；内控不完善；利率风险；资产和负债期限错配风险。

🔍 要点点拨

中国金融债券发行的特殊性主要包括：

（1）发行的金融债券大多是筹集专项资金的债券，即发债资金的用途常常有特别限制。

（2）发行的金融债券数量大、时间集中、期次少。

（3）发行方式大多采取直接私募或间接公募，认购者以商业银行为主。

（4）金融债券的发行须经特别审批。

2. 债券回购

债券回购是指债券交易的双方在进行债券交易的同时，以契约方式约定在将来某一日期以约定价格（本金和按约定回购利率计算的利息），由债券的"卖方"（正回购方）向"买方"（逆回购方）再次购回该笔债券的交易行为。债券回购的最长期限为1年，利率由双方协商确定。其特点包括：回购交易是现货交易与远期交易的结合；回购交易要发生两次券款交割。

债券回购交易方式按照期限不同可以分为：

（1）**隔日回购**。隔日回购是指最初售出者在卖出债券次日即将该债券购回。

（2）**定期回购**。定期回购是指最初出售者在卖出债券至少两天以后再将同一债券买回。

在上海证券交易所，回购业务收取的手续费为成交金额的0.1%。上海证券交易所规定回购期限为7天、1个月、3个月和6个月四个品种。

真题精练

【例4·多项选择题】商业银行发行金融债券应具备的条件包括(　　)。

A. 具有良好的公司治理机制　　　　B. 核心资本充足率不低于8%

C. 最近三年连续盈利　　　　　　　D. 贷款损失准备计提充足

E. 最近三年没有重大违法、违规行为

ACDE　按照监管规定,商业银行发行金融债券应具备的条件有:(1)具有良好的公司治理机制。(2)核心资本充足率不低于4%。(3)最近三年连续盈利。(4)贷款损失准备计提充足。(5)风险监管指标符合监管机构的有关规定。(6)最近三年没有重大违法、违规行为。(7)中国人民银行要求的其他条件等。

【例5·判断题】债券回购的最长期限为1年,利率由市场确定。(　　)

A. 正确　　　　　　　　　　B. 错误

B　债券回购的最长期限为1年,利率由双方协商确定。

四、向中央银行借款　★★★

1. 概念

商业银行一般把向中央银行借款作为融资的最后选择,只有在通过其他方式难以借到足够的资金时,才会求助于中央银行,这也是中央银行被称为"最后贷款人"的原因。向中央银行借款包括再贴现、再贷款、常备借贷便利、中期借贷便利、定向中期借贷便利等。

2. 主要风险点

(1)向中央银行借款业务的风险点。主要表现在如下几个方面:内控不完善、业务不合规、还款不及时、核算不真实、内部审计不到位和清算损失风险。

(2)办理再贴现业务的风险点。主要表现在如下几个方面:内控不完善、业务不合规、核算不真实、风险管理薄弱和内部审计不到位。

3. 监管要求

针对商业银行向中央银行借款业务存在的主要风险点,监管部门加强对其内部控制制度建设、业务合规性、还款及时性、会计核算、内部审计及防范清算损失风险等方面的监管。

针对商业银行再贴现业务存在的主要风险点,监管部门对其内部控制制度建设、业务合规性、核算真实性、风险管理及内部审计等方面加强监管。

↓ 码上看总结 ↓

👤➕ 章节自测

一、单项选择题(在以下各小题所给出的四个选项中,只有一个选项符合题目要求,请将正确选项的代码填入括号内)

1. 下列关于负债业务的基本特征,说法错误的是( )。
   A. 将来要发生的交易可能产生的债务可以当作负债
   B. 具有偿还性
   C. 具有潜在效益性
   D. 能用货币准确计量和估价

2. 下列关于教育储蓄存款的特点,表述正确的是( )。
   A. 适用于在校小学五年级(含五年级)以上学生
   B. 教育储蓄起存金额为 30 元
   C. 属于零存整取定期储蓄存款
   D. 提前支取时可部分支取

3. 按存款的支取方式不同,单位存款一般分为单位活期存款、单位定期存款、单位通知存款、( )和协议存款等。
   A. 单位协定存款　　　　　　B. 单位临时存款
   C. 单位基本存款　　　　　　D. 单位议定存款

4. 不论实际存期多长,单位通知存款按存款人提前通知的期限长短,可分为( )和七天通知存款两个品种。
   A. 一天通知存款　　　　　　B. 三天通知存款
   C. 十天通知存款　　　　　　D. 三十天通知存款

5. 大额存单是银行存款类金融产品,属于( )存款。
   A. 代理性　　　　　　　　　B. 附属性
   C. 一般性　　　　　　　　　D. 专项性

6. ( )是指依法在我国境内设立的金融机构法人在境内外债券市场发行的、按约定还本付息的有价证券。
   A. 公司债券　　　　　　　　B. 金融债券
   C. 政府债券　　　　　　　　D. 信用债券

二、多项选择题(在以下各小题所给出的选项中,至少有两个选项符合题目要求,请将正确选项的代码填入括号内)

1. 教育储蓄存款的存期分为( )。
   A. 1 年　　　　　　　　　　B. 2 年
   C. 3 年　　　　　　　　　　D. 5 年
   E. 6 年

2. 单位结算账户包括( )。
   A. 基本存款账户　　　　　　B. 一般存款账户
   C. 专用存款账户　　　　　　D. 临时存款账户
   E. 长期存款账户

三、判断题(请判断以下各小题的正误,正确的选 A,错误的选 B)

1. 银行承兑汇票保证金一般不低于承兑汇票金额的20%。 ( )

    A. 正确   B. 错误

2. 回购交易交割共发生两次,而且第二次交割的信用风险相对较大。 ( )

    A. 正确   B. 错误

3. Shibor 作为货币市场基准利率,具有基准性高、公信力强等优点。 ( )

    A. 正确   B. 错误

答案详解

一、单项选择题

1. A。【解析】负债的基本特征包括:(1)负债是以往或目前已经完成的交易而形成的当前债务,凡不属于以往或目前已经完成的交易,而是将来要发生的交易可能产生的债务,不能当作负债。(2)负债具有偿还性,必须在未来某个时间以转让资产或提供劳务的方式来偿还。(3)负债具有潜在效益性。(4)负债是能用货币准确计量和估价的,因此,负债都有确定的偿还金额,同时,负债有确切的债权人和到期日。

2. C。【解析】教育储蓄存款的特点包括:(1)利息免税。(2)利率优惠。(3)总额控制。教育储蓄起存金额为50元,本金合计最高限额为2万元。(4)储户特定。在校小学四年级(含四年级)以上学生。如果需要申请助学贷款,金融机构优先解决。(5)存期灵活。教育储蓄属于零存整取定期储蓄存款。存期分为1年、3年和6年。提前支取时必须全额支取。

3. A。【解析】按存款的支取方式不同,单位存款一般分为单位活期存款、单位定期存款、单位通知存款、单位协定存款和协议存款等。

4. A。【解析】单位通知存款是指单位类客户在存入款项时不约定存期,支取时需提前通知商业银行,并约定支取存款日期和金额方能支取的存款类型。不论实际存期多长,按存款人提前通知的期限长短,可分为一天通知存款和七天通知存款两个品种。

5. C。【解析】大额存单是由银行业存款类金融机构面向非金融机构投资人发行的、以人民币计价的记账式大额存款凭证,具有利率通过市场化方式确定、到期兑付前可以自由转让等特点,属于一般性存款。

6. B。【解析】金融债券是指依法在我国境内设立的金融机构法人在境内外债券市场发行的、按约定还本付息的有价证券。

二、多项选择题

1. ACE。【解析】教育储蓄存款存期分为1年、3年和6年。

2. ABCD。【解析】单位活期存款账户又称为单位结算账户,包括基本存款账户、一般存款账户、专用存款账户和临时存款账户。

三、判断题

1. A。【解析】银行承兑汇票保证金一般不低于承兑汇票金额的20%。

2. B。【解析】回购交易在签订回购合同当时就有一次券款的交割,待回购合同到期时,还有一次相反方向的券款交割,交割共发生两次,而且第二次交割已经有第一次券款交割为基础,其信用风险相对较小。

3. A。【解析】Shibor 作为货币市场基准利率,具有基准性高、公信力强等优点。

第六章
资产业务

◈ 考情直击

　　本章的主要内容是商业银行资产业务的概述及主要类别。分析近几年的考试情况,本章的常考点有资产业务的内涵,贷款业务的种类、基本要素、业务流程、主要风险及监管要求,投资业务的基本概念、主要风险及监管要求等。

考纲要求

资产业务

考试内容	能力等级
资产业务的内涵	掌握
贷款业务的内涵、主要风险点与监管要求	掌握
债券投资业务的内涵、主要风险点与监管要求	掌握

知识解读

第一节　资产业务概述

一、资产业务概念 ★★★

　　商业银行的资产业务是指商业银行运用其吸收的资金从事各种信用活动,以获取利润的业务。

　　商业银行的资产业务大体可分为现金资产、贷款、证券投资、固定资产和其他资产等。其中,贷款是商业银行最主要的资产,也是其最主要的资金运用。

二、贷款业务概述 ★★★

　　1. 贷款的基本要素

　　贷款的基本要素主要包括借款主体、贷款产品、贷款金额、贷款期限、贷款利率和费率、还款方式、担保方式和提款条件等。

　　借款主体包括公司客户和个人客户。公司客户具体可分为三类:企业法人、事业法人和国家规定可以作为借款人的其他组织。《中华人民共和国民法典》把民事主体分为自然人、法人与非法人组织,把法人划分为营利法人、非营利法人和特别法人。

　　贷款期限通常分为提款期、宽限期和还款期。提款期是指从借款合同生效之日开始,至合同规定贷款金额全部提取完毕之日为止,或最后一次提款之日为止,期间借款人可按照合同约定分次提款。宽限期是指从贷款提款完毕之日开始,或最后一次提款之日开始,至第一个还本付息之日为止,介于提款期和还款期之间。还款期是指从借款合同规定的第一次还款日起至全部本息清偿日止的期间。

贷款利率是借款期限内利息金额与本金额的比率,即借款人使用贷款时支付的价格。

费率是指商业银行在贷款利率以外对提供贷款服务要求的收益报酬,一般以贷款产品金额为基数按一定比率计算。**费率的类型较多,主要包括担保费、承诺费、承兑费、开证费以及银团贷款安排费、代理费等**。

还款方式一般分为一次性还款和分次还款,分次还款又分为定额还款和不定额还款。定额还款包括等额还款和约定还款,其中,等额还款中通常包括等额本金还款和等额本息还款等方式。

贷款中各类担保方式可以以单一担保、组合担保、追加担保等形式使用。

提款条件主要包括合法授权、政府批准、资本金要求、监管条件落实等。

👍 教你一招

> 关于贷款金额,表内贷款有明确的金额,表外业务是指合同名义金额。

2. 贷款管理流程

(1)受理与调查。

(2)风险评价与审批。商业银行应按"**审贷分离、分级授权、按权限审批**"原则明确贷款审批权限、规范贷款审批流程。

(3)合同签订。在合同中,商业银行应与借款人约定具体的借款种类、币种、用途、数额、期限、利率、还款方式、还贷保障及风险处置等要素和有关细节。

(4)贷款发放。商业银行应设立独立的责任部门或岗位,负责贷款发放审核,另外应设立独立的责任部门或岗位,负责贷款支付审核和支付操作。

(5)贷后管理。商业银行应加强贷款资金发放后的管理,针对借款人所属行业及经营特点,通过定期与不定期现场检查与非现场监测,分析借款人经营、财务、信用、支付、担保及融资数量和渠道变化等状况,掌握各种影响借款人偿债能力的风险因素。

(6)不良贷款管理。

3. 贷款分类

(1)信用贷款和担保贷款。

①**信用贷款是指以借款人信誉发放的贷款**,其最大特点是不需要保证、抵押或质押,仅凭借款人的信用就可以取得贷款。

②**担保贷款是指由借款人或第三方依法提供担保而发放的贷款,包括保证贷款、抵押贷款、质押贷款**。保证贷款是指保证人和银行约定,当借款人不履行到期债务或者发生当事人约定的情形时,保证人履行债务或者承担责任的贷款;抵押贷款是指为担保债务的履行,债务人或者第三人不转移财产的占有,将该财产抵押给银行,借款人不履行到期债务或者发生当事人约定的实现抵押权的情形,银行有权就该财产优先受偿的贷款;质押贷款是指以借款人或者第三人的动产、权利出质给银行,借款人不履行到期债务或者发生当事人约定的实现质权的情形,银行有权就该动产、权利优先受偿的贷款。

(2)按照贷款期限不同,贷款可分为:

①**短期贷款**。短期贷款一般是指贷款期限在 1 年以内(含 1 年)的贷款。

②**中期贷款**。中期贷款是指贷款期限在 1 年以上(不含 1 年)5 年以下(含 5 年)的贷款。

③**长期贷款**。长期贷款是指贷款期限在 5 年(不含 5 年)以上的贷款。

（3）按照借款人性质不同，贷款可分为：

①公司贷款。公司贷款一般也称为法人贷款，根据借款人具体性质不同，细分为一般企业法人贷款、事业法人贷款和小企业贷款等。按照贷款用途和风险特征不同，公司贷款还可细分为流动资金贷款、固定资产贷款、项目融资、贸易融资、贴现、透支、保理等。

②个人贷款。个人贷款还可细分为个人住房贷款、个人消费贷款、个人经营贷款等。

（4）按照是否在商业银行资产负债表上反映，贷款业务可分为表内贷款和表外业务。

（5）按照贷款利率是否变化，贷款可分为固定利率贷款和浮动利率贷款。

（6）按照贷款资金来源和经营模式不同，商业银行贷款可分为自营贷款、委托贷款和特定贷款。自营贷款的风险由银行承担，并由银行收回本金和利息。

（7）按照贷款币种不同，贷款可分为人民币贷款和外币贷款。

（8）按照偿还方式不同，贷款可分为一次还清贷款和分期偿还贷款。

4. 监管要求

为督促商业银行加强信用业务风险管理，防范风险累积，监管部门通常从**授信管理、风险评估、审批流程、集中度风险、国别风险、风险分类、风险缓释**等方面加强监管。

（1）加强统一授信管理。商业银行应将贷款（含贸易融资）、票据承兑和贴现、透支、债券投资、特定目的载体投资、开立信用证、保理、担保、贷款承诺，以及其他实质上由商业银行承担信用风险的业务纳入统一授信管理，其中，**特定目的载体投资应按照穿透原则对应至最终债务人。**

（2）加强授信客户风险评估。

（3）规范授信审批流程。

（4）完善集中度风险的管理框架。

（5）加强国别风险管理。

（6）提高贷款风险分类的准确性。商业银行应明确上调贷款风险分类的标准和程序，审慎实施不良贷款上调为非不良贷款的操作。不良贷款分类的上调应由**总行或由总行授权一级分行**审批。

（7）提升风险缓释的有效性。

💡 真题精练

【例1·单项选择题】商业银行应按照（　　　）的原则明确贷款审批权限、规范贷款审批流程。

A. 审贷分离、分级授权、按权限审批　　B. 审贷分离、联合授权、按权限审批

C. 审贷结合、联合授权、按权限审批　　D. 审贷结合、分级授权、按权限审批

　A　商业银行应按"审贷分离、分级授权、按权限审批"原则明确贷款审批权限、规范贷款审批流程。

三、投资业务概述 ★★★

商业银行的投资业务主要是指商业银行购买证券的业务活动，是商业银行一项重要的资产业务，也是其收入的主要来源之一。

标准化债权类资产

标准化债权类资产是指依法发行的债券、资产支持证券等固定收益证券，主要包括国债、中央银行票据、地方政府债券、政府支持机构债券、金融债券、非金融企业债务融资工具、公司债券、企业债券、国际机构债券、同业存单、贷款资产支持证券、资产支持票据、证券交易所挂牌交易的资产支持证券，以及固定收益类公开募集证券投资基金等。

非标债权类资产

　　根据监管规定,非标债权类资产主要是指未在银行间市场及证券交易所市场交易的债权性资产,包括但不限于信贷资产、信托贷款、委托贷款、承兑汇票、信用证、应收账款、各类受(收)益权、带回购条款的股权融资等。国内银行的非标债权类投资,占主导地位的是信托受益权和券商、保险、基金管理子公司的资产管理计划投资。非标债权投资在给银行带来显著收益的同时,其风险也不容忽视,主要包括信用风险和流动性风险。

其他类投资资产

　　商业银行的其他类投资主要是权益类投资和基金投资等。权益类投资包括长期股权投资和股票投资,基金投资范围包括债券基金、股票基金、混合基金、货币市场基金、基金的基金及其他公募基金。

第二节　贷款业务

一、个人贷款 ★★★

　　个人贷款指商业银行向符合条件的自然人发放的用于个人消费、生产经营等用途的本外币贷款。

　　根据个人贷款用途的不同,个人贷款产品可以分为个人住房贷款、个人消费贷款和个人经营贷款等。中国人民银行的金融统计制度及银行业监督管理机构的非现场监管报表,将信用卡透支归入个人贷款统计项目,个人贷款的分类见表6-1。

表6-1　个人贷款的分类

分类	概述	主要风险点	主要监管要求
个人住房贷款	个人住房贷款包括自营性个人住房贷款(商业性个人住房贷款)、公积金个人住房贷款(委托性住房公积金贷款)和个人住房组合贷款。其中,公积金个人住房贷款不以营利为目的,实行"低进低出"的利率政策,带有较强的政策性,贷款额度受到限制。故它是一种政策性个人住房贷款	包括虚假按揭风险、虚假权证风险、抵押担保不落实风险、借款人信用风险、个人一手房住房贷款还应重视楼盘竣工风险及后续风险,以及个人二手房住房贷款还应重视中介机构风险	商业银行应结合各省级市场利率定价自律机制确定的最低首付款比例要求以及本机构商业性个人住房贷款投放政策、风险防控等因素,并根据借款人的信用状况、还款能力等合理确定具体首付款比例和利率水平
个人消费贷款	各商业银行根据客户和自身经营特点对个人消费贷款进行细化分类,市场上常见的个人消费贷款包括个人汽车贷款、个人教育贷款、个人耐用消费品贷款、个人消费额度贷款、个人旅游消费贷款和个人医疗贷款等	都存在资金用途风险,个人经营贷款还需关注客户经营风险	商业银行不得发放无指定用途的个人贷款;商业银行应建立借款人合理的收入偿债比例控制机制;商业银行应建立健全贷款调查机制
个人经营贷款	个人经营贷款指银行向从事合法生产经营的个人发放的,用于定向购买或租赁商用房、机械设备,以及用于满足个人控制的企业(包括个体工商户)生产经营流动资金需求和其他合理资金需求的贷款		

知识加油站

个人消费贷款及经营贷款资金应当采用商业银行受托支付方式向借款人交易对象支付，但有下列情形之一的个人贷款，经商业银行同意可以采取借款人自主支付方式：借款人无法事先确定具体交易对象且单次提款金额不超过 30 万元人民币的；借款人交易对象不具备条件有效使用非现金结算方式的；贷款资金用于生产经营且单次提款金额不超过 50 万元人民币的；法律法规规定的其他情形的。

二、流动资金贷款 ★★★

1. 概念

流动资金贷款是指商业银行向法人或非法人组织（按照国家有关规定不得办理银行贷款的主体除外）发放的，用于日常生产经营周转的本外币贷款。

流动资金贷款作为一种高效实用的融资手段，具有贷款期限短、手续便捷、周转性较强、融资成本低的特点。

2. 主要风险点

（1）过度放贷风险。影响流动资金贷款额度测算的主要因素有经营规模、营运资产的周转效率、流动资产、流动负债的规模和结构、合理预期的可偿债资金的额度和时间分布等。

（2）贷款挪用风险。流动资金贷款也是企业使用较为频繁、出现问题较多，且易于挪用的贷款品种。应判断贷款需求是否与企业的生产经营相匹配，注意监控资金流向，防止贷款投向固定资产领域、流向高风险领域和短贷长用。

3. 主要监管要求

（1）严格贷款用途。商业银行应与借款人约定明确、合法的贷款用途，流动资金贷款不得用于金融资产、固定资产、股权等投资，不得用于国家禁止生产、经营的领域和用途。流动资金贷款禁止挪用，商业银行应按照合同约定检查、监督流动资金贷款的使用情况。

（2）合理测算贷款额度。

（3）强化合同管理。

（4）加强支付管理。

（5）贷后管理。

（6）明确法律责任。

真题精练

【例 2·多项选择题】下列关于流动资金贷款的特点，说法正确的有（　　　）。

A. 贷款期限短　　　　　　　　　B. 手续便捷

C. 效率低下　　　　　　　　　　D. 融资成本高

E. 周转性较强

　A B E　流动资金贷款作为一种高效实用的融资手段，具有贷款期限短、手续便捷、周转性较强、融资成本低的特点。

三、固定资产贷款 ★★★

1. 概念

固定资产贷款指商业银行向法人或非法人组织（按照国家有关规定不得办理银行贷款的主体除外）发放的,用于借款人固定资产投资的本外币贷款。固定资产投资是指借款人在经营过程中对于固定资产的建设、购置、改造等行为。

根据国家统计局的定义和口径,"固定资产投资"是指建造和购置固定资产的活动,是社会固定资产再生产的主要手段。全社会固定资产投资总额可分为: **基本建设投资、更新改造投资、房地产开发投资和其他固定资产投资**。

要点点拨

基本建设投资的综合范围为总投资 50 万元以上（含 50 万元）的基本建设项目;更新改造投资的综合范围为总投资 50 万元以上的更新改造项目;房地产开发投资不包括单纯的土地交易活动。

2. 主要风险点

（1）固定资产贷款应重点关注政策性风险及合法性风险,关注过度融资和资金挪用风险。

（2）在项目建设期,要防止因政策变化、建设工期延长、设计偏差出现超概算风险;防止因客户自身资金实力较差,项目资本金不足或不能及时到位的风险;要统筹考虑企业的融资能力,防止项目后续现金流出现缺口风险。项目建成后,要充分考虑项目的发展前景,防止项目建成后市场环境发生变化,不能实现预期经济效益的风险,还要防止项目投入运营后不能达到规定的技术经济指标,对贷款资金偿还造成影响的技术风险。

3. 主要监管要求

（1）全流程管理。

（2）加强风险评价。

（3）强化合同管理。

（4）加强贷款发放和支付审核。《固定资产贷款管理办法》明确向借款人某一交易对象单笔支付金额超过 1 000 万元人民币的,应采用受托支付方式,另外,将固定资产贷款受托支付时限最长放宽至 10 个工作日,并明确在不可抗力情况下可由借贷双方协商确定具体的支付时限。

（5）贷后管理。项目实际投资超过原定投资金额,商业银行经重新风险评价和审批决定追加贷款的,应要求项目发起人配套不低于项目资本金比例的追加投资和相应担保。

（6）强化法律责任。

真题精练

【例 3·单项选择题】对于固定资产贷款项下向借款人某一交易对象单笔支付金额超过（　　）的,应采用受托支付方式。

A. 1 000 万元人民币　　　　　　B. 3% 或超过 500 万元人民币

C. 15% 或超过 400 万元人民币　　D. 5% 或超过 100 万元人民币

A　《固定资产贷款管理办法》明确向借款人某一交易对象单笔支付金额超过 1 000 万元人民币的,应采用受托支付方式,另外,将固定资产贷款受托支付时限最长放宽至 10 个工作日,并明确在不可抗力情况下可由借贷双方协商确定具体的支付时限。

四、项目融资 ★★★

1. 概念

在国内外商业实践中，对于投资大、回收期长的大型能源开发、资源开发和基础设施建设类项目，通常都采取项目融资的方式筹措资金。

项目融资指符合以下特征的贷款：贷款用途通常是用于建造一个或一组大型生产装置、基础设施、房地产项目或其他项目，包括对在建或已建项目的再融资；借款人通常是为建设、经营该项目或为该项目融资而专门组建的企事业法人，包括主要从事该项目建设、经营或融资的既有企事业法人；还款资金来源主要依赖该项目产生的销售收入、补贴收入或其他收入，一般不具备其他还款来源。

> 🔵 **要点点拨**
>
> 项目融资一般应用于发电设施、高等级公路、桥梁、隧道、铁路、机场、城市供水以及污水处理厂等大型基础设施建设项目，以及其他投资规模大，且具有长期稳定预期收入的建设项目。

2. 主要风险点

项目融资属于**特殊的固定资产贷款**，具有不同于一般固定资产投资项目的风险特征，如贷款偿还主要依赖项目未来的现金流或者项目自身资产价值；通常融资比例较高、金额较大、期限较长、成本较高和参与者较多，从而风险较大，往往需要多家银行参与，并通过复杂的融资和担保结构以分散和降低风险等。这些风险特征使得项目融资不同于一般的固定资产贷款，需要采取一些有针对性的措施对其风险加以控制和防范。

3. 主要监管要求

（1）风险识别和管理能力。

（2）做好项目评估。

（3）合理确定贷款要素。

（4）落实担保措施。商业银行应当要求成为项目所投保商业保险的第一顺位保险金请求权人，或采取其他措施有效控制保险赔款权益。

（5）加强贷款资金发放管理。

（6）加强项目收入账户管理。

（7）加强贷后管理。

（8）强调银团贷款原则。

五、并购贷款 ★★★

1. 概念

并购贷款指商业银行向并购方或其子公司发放的，用于支付并购交易价款和费用的贷款。并购贷款的特点主要表现在**技术含量高、风险评估要求高、并购整合难度高以及高风险高收益**等方面。

2. 主要风险点

商业银行开展并购贷款业务，要在全面分析战略风险、法律与合规风险、整合风险、经营及财务风险等与并购有关的各项风险的基础上评估并购贷款的风险，涉及跨境并购的，还应分析国别风险、汇率风险和资金过境风险等。

3. 主要监管要求

开办并购贷款业务的商业银行法人机构应当符合以下条件：

（1）有健全的风险管理和有效的内控机制。

（2）**资本充足率不低于 10%**。

（3）其他各项监管指标符合监管要求。

（4）有并购贷款尽职调查和风险评估的专业团队。

商业银行全部并购贷款余额占同期本行一级资本净额的比例不应超过 50%。商业银行对单一借款人的并购贷款余额占同期本行一级资本净额的比例不应超过 5%。并购交易价款中并购贷款所占比例不应高于 60%，对符合并购贷款条件、能产生整合效应的钢铁煤炭兼并重组项目并购交易价款中并购贷款所占比例上限可提高至 70%。**并购贷款期限一般不超过 7 年**。

💡 **真题精练**

【例 4·多项选择题】下列关于并购贷款业务的监管要求，说法正确的是（　　　）。

A. 开办并购贷款业务的商业银行法人机构应有健全的风险管理和有效的内控机制

B. 并购交易价款中并购贷款所占比例不应高于 70%

C. 商业银行全部并购贷款余额占同期本行一级资本净额的比例不应超过 50%

D. 商业银行对单一借款人的并购贷款余额占同期本行一级资本净额的比例不应超过 5%

E. 并购贷款期限一般不超过 7 年

　　A C D E　并购交易价款中并购贷款所占比例不应高于 60%，对符合并购贷款条件、能产生整合效应的钢铁煤炭兼并重组项目并购交易价款中并购贷款所占比例上限可提高至 70%。

六、银团贷款 ★★★

1. 概念

银团贷款是指由两家或两家以上银行依据同一贷款合同，按约定时间和比例，通过代理行向借款人提供的本外币贷款或授信业务。银团贷款筹资金额大、贷款期限长，可减轻单个银行的资金压力、分散贷款风险，避免过度竞争。

银团成员应按照"**信息共享、独立审批、自主决策、风险自担**"的原则自主确定各自授信行为，并按实际承担份额享有银团贷款项下相应的权利，履行相应的义务。

按照在银团贷款中的职能和分工，银团成员通常分为**牵头行、代理行及参加行**等角色，也可根据实际规模和需要在银团内部增设副牵头行、联合牵头行等，并按照银团贷款合同履行相应职责。

银团贷款由借款人或银行发起。银团贷款信息备忘录由牵头行分发给潜在参加行，作为潜在参加行审贷和提出修改建议的重要依据。

银团贷款协议是约定银团贷款成员与借款人、担保人之间的权利义务关系的法律文本。

银团贷款的日常管理工作主要由代理行负责。

银团贷款存续期间，银团会议由代理行负责定期召集，或者根据银团贷款合同的约定由一定比例的银团成员提议召开。银团会议的主要职能是讨论、协商银团贷款管理中的重大事项。

要点点拨

按照牵头行对贷款最终安排额所承担的责任，银团牵头行分销银团贷款可以分为全额包销、部分包销和尽最大努力推销三种类型。

2. 主要风险点

银团贷款是一种组织形式特殊的贷款，除具有一般贷款的主要风险之外，在办理时还应注意防范以下风险：牵头行风险；代理行风险；参加行风险。

3. 主要监管要求

有下列情形之一的大额贷款，鼓励采取银团贷款方式：

（1）大型集团客户、大型项目融资和大额流动资金融资。

（2）单一客户或一组关联客户的风险暴露超过贷款行一级资本净额 2.5% 的大额风险暴露。

（3）单一集团客户授信总额超过贷款行资本净额 15% 的。

（4）借款人以竞争性谈判选择银行业金融机构进行项目融资的。

单家银行担任牵头行时，其承贷份额原则上不少于银团融资总金额的 15%；分销给其他银团贷款成员的份额原则上不低于 30%。

银团贷款收费应当按照"自愿协商、公平合理、质价相符"的原则由银团成员和借款人协商确定，并在银团贷款合同或费用函中载明。银团收费的具体项目可包括安排费、承诺费、代理费等。银团贷款的收费应遵循"谁借款、谁付费"的原则，由借款人支付。

真题精练

【例5·判断题】单家银行担任牵头行时，其承贷份额原则上不少于银团融资总金额的 20%；分销给其他银团贷款成员的份额原则上不低于 30%。（　　　）

　　A. 正确　　　　　　　　　　　B. 错误

B　　单家银行担任牵头行时，其承贷份额原则上不少于银团融资总金额的 15%；分销给其他银团贷款成员的份额原则上不低于 30%。

七、贸易融资 ★★★

1. 贸易融资概述

贸易融资指银行对进口商或出口商提供的与进出口贸易结算相关的短期融资或信用便利，是企业在贸易过程中运用各种贸易手段和金融工具增信和加快资金周转的融资方式。贸易融资方式主要有：保理、信用证、福费廷、打包放款、出口押汇、进口押汇。

知识加油站

信用证是一种银行开立的有条件的承诺付款的书面文件。福费廷是基于信用证等基础结算工具的贸易金融业务，具有贸易结算和融资的特点，是银行信用介入贸易融资链条的间接融资，属于贸易金融产品。对客户来说如为即期收汇，可申请出口押汇；如为远期收汇，则在国外银行承兑可申请贴现。

2. 保理业务的分类

保理又称"托收保付"，核心是应收账款转让。

根据不同的分类标准，保理合同可以划分为不同的种类。

按照基础交易的性质和债权人、债务人所在地，分为国际保理和国内保理。

按照商业银行在债务人破产、无理拖欠或无法偿付应收账款时,是否可以向债权人反转让应收账款、要求债权人回购应收账款或归还融资,分为**有追索权保理**和**无追索权保理**。

按照参与保理服务的保理机构个数,分为**单保理**和**双保理**。

3.保理业务的主要监管要求

商业银行应将保理业务纳入统一授信管理,明确各类保险业务涉及的风险类别,对卖方融资风险、买方付款风险、保理机构风险分别进行专项管理。

商业银行应当将保理业务的风险管理纳入全面风险管理体系,动态关注卖方、买方经营管理、财务及资金流向等信息,定期与卖方、买方对账,有效管控风险。

商业银行不得基于不合法基础交易合同、寄售合同、未来应收账款、权属不清的应收账款、因票据或其他有价证券而产生的付款请求权等开展保理融资业务。

第三节 债券投资业务

一、概念 ★★★

我国实行"**分业经营、分业监管**"的金融体制,在现行体制下,商业银行在人、财、物等方面要与证券业、保险业相隔离。因此,我国商业银行证券投资以各类债券为主。

二、债券投资的目标 ★★★

商业银行债券投资的目标,主要是平衡流动性和盈利性,并降低资产组合的风险、提高资本充足率。

三、债券投资对象 ★★★

商业银行债券投资的对象,与债券市场的发展密切相关。我国商业银行可用于投资的证券种类也在不断丰富,主要包括国债、地方政府债券、中央银行票据、金融债券、信贷资产支持证券、企业债券和公司债券、境外债券等。

1.国债

国债是国家为筹措资金而向投资者出具的书面借款凭证,承诺在一定的时期内按约定的条件,按期支付利息和到期归还本金。国债分为记账式国债和储蓄国债两种。记账式国债有交易所、银行间债券市场、商业银行柜台市场三个发行及流通渠道,二级市场非常发达,交易方便,是商业银行证券投资的主要对象。储蓄国债具有凭证式国债和储蓄国债(电子式)两个品种。

2.地方政府债券

地方政府债券是指省、自治区、直辖市和经省级人民政府批准自办债券发行的计划单列市人民政府发行的、约定一定期限内还本付息的政府债券。地方政府债券包括一般债券和专项债券。

3.中央银行票据

中央银行票据简称央行票据或央票,是指中国人民银行面向全国银行间债券市场成员发行的、期限从3个月到3年不等、以1年期以下的短期票据为主的中短期债券。央行票据具有无风险、流动性高等特点,是商业银行债券投资的重要对象。

4.金融债券

金融债券指依法在中华人民共和国境内设立的金融机构法人在全国银行间债券市场发行的、按约定还本付息的有价证券。金融债券主要包括政策性金融债券、商业银行债券和其他金融债券。

5. 信贷资产支持证券

信贷资产支持证券是信贷资产证券化产生的资产。资产证券化指把缺乏流动性，但具有未来现金流的资产汇集起来，通过结构性重组，将其转变为可以在金融市场上出售和流通的证券，据以融通资金的机制和过程。信贷资产证券化是指商业银行发起，将信贷资产信托给受托机构，由受托机构以资产支持证券的形式向投资机构发行收益凭证，以该财产所产生的现金支付资产支持证券收益的结构性融资活动。

6. 企业债券和公司债券

在我国，企业债券过去长期是按照《企业债券管理条例》规定发行与交易、由国家发展和改革委员会监督管理的债券。在实践中，其发债主体为中央政府部门所属机构、国有独资企业或国有控股企业，因此，它在很大程度上体现了政府信用。公司债券的信用保障是发债公司的资产质量、经营状况、盈利水平和持续盈利能力等。公司债券在证券登记结算公司统一登记托管，可申请在证券交易所上市交易，其信用风险一般高于企业债券。

> **🕐 要点点拨**
>
> 公司债券主要分为抵押债券和信用债券。

7. 境外债券

境外债券一般包括政府债券、金融债券和公司债券，唯一不同的是发行方与购买方属于两个不同的国家，境外债券发行量越来越大，渐渐成为商业银行的债券投资标的物。

💡 真题精练

【例 6·单项选择题】资产证券化是指把（　　　　）的资产汇集起来，通过结构性重组，将其转变为可以在金融市场上出售和流通的证券，据以融通资金的机制和过程。

A. 缺乏盈利性，但具有未来现金流

B. 具有流动性和未来现金流

C. 缺乏流动性，且不具有未来现金流

D. 缺乏流动性，但具有未来现金流

D　资产证券化是指把缺乏流动性，但具有未来现金流的资产汇集起来，通过结构性重组，将其转变为可以在金融市场上出售和流通的证券，据以融通资金的机制和过程。

四、债券投资的收益 ★★★

债券投资的收益一般通过债券收益率进行衡量和比较。债券收益率指在一定时期内，一定数量的债券投资收益与投资额的比率，通常用年利率来表示，债券投资的收益见表 6-2。

表 6-2　债券投资的收益

要点	内容
名义收益率	名义收益率又称为票面收益率，是票面利息与面值的比率，其计算公式是： 名义收益率＝票面利息／面值×100% 名义收益率无法准确衡量债券投资的实际收益
即期收益率	即期收益率是债券票面利率与购买价格之间的比率，其计算公式是： 即期收益率＝票面利息／购买价格×100% 即期收益率不能全面反映债券投资的收益

表 6-2（续）

要点	内容
持有期收益率	持有期收益率是债券买卖价格差价加上利息收入后与购买价格之间的比率，其计算公式是： **持有期收益率 =（出售价格 − 购买价格 + 利息）/购买价格 × 100%** 持有期收益率比较充分地反映了实际收益率。 但是，它是一个事后衡量指标，在作为投资决策的参考时具有很强的主观性
到期收益率	到期收益率是投资购买债券的内部收益率。 债券到期收益率的计算取决于债券当前的价格、期限、息票利率、付息频率以及税负

五、债券投资的风险　★★★

商业银行债券投资的风险，主要包括信用风险（又称违约风险）、价格风险、利率风险、购买力风险（又称通货膨胀风险）、流动性风险（即变现能力风险）、政治风险、操作风险等。

> **⊙ 要点点拨**
>
> 投资者购买的债券离到期日越长，则利率变动的可能性越大，其利率风险也相对越大。 由于债券价格会随利率变动，所以即便是没有违约风险的国债也会存在利率风险。

六、债券投资的风险管理　★★★

债券投资风险管理基本原则包括统一授信的原则，防范风险的原则，期限匹配和结构管理相结合的原则，保持流动性和效益性的平衡。

在债券投资业务的风险管理中，债券投资的券种选择必须考虑久期、付息方式、发行规模、债券选择权安排、持有比例等因素，避免单一债券的流动性问题和收益稳定性问题对于整个投资组合流动性风险和收益稳定性风险的不利作用。

七、债券投资的监管要求　★★★

商业银行应按照风险程度对债券投资组合进行分类管理，重点关注高风险债券。高风险债券包括但不限于：信用评级在投资级别以下；债券结构复杂或杠杆率较高；发行人经营杠杆率过高；有关发行人的经营状况和财务状况等信息披露不够充分、完整、及时。

商业银行应加强债券投资业务的市场风险管理，对交易账户债券头寸进行每日估值；对银行账户债券头寸应在每年至少进行一次估值的基础上，根据券种风险程度和市场波动情况适当提高估值频率，并采取必要的手段保证估值结果的公允合理。

交易账户头寸高于表内外资产总额的 10% 或者超过 85 亿元人民币的商业银行必须计提市场风险资本。

↓ 码上看总结 ↓

👤+ 章节自测

一、单项选择题（在以下各小题所给出的四个选项中，只有一个选项符合题目要求，请将正确选项的代码填入括号内）

1. 公司贷款一般也称为（   ）。
   A. 法人贷款   B. 单位贷款
   C. 企业贷款   D. 个人贷款

2. 个人贷款用途应符合法律法规规定和国家有关政策，商业银行不得发放（   ）的个人贷款。
   A. 无指定用途   B. 指定用途
   C. 单一用途   D. 综合用途

3. （   ）可用于满足个人控制的企业（包括个体工商户）生产经营流动资金的需求和其他合理资金的需求。
   A. 个人住房贷款   B. 个人消费贷款
   C. 公司贷款   D. 个人经营贷款

4. 银团贷款的日常管理工作主要由（   ）负责。
   A. 代理行   B. 经办行
   C. 发起行   D. 牵头行

5. 福费廷是指包买商从（   ）那里无追索地购买已经承兑的，并通常由进口商所在地银行担保的远期汇票或本票的业务。
   A. 商业银行   B. 代理商
   C. 出口商   D. 进口商

6. 下列关于国债的说法，错误的是（   ）。
   A. 分为记账式国债和储蓄国债两种   B. 利息收入需要缴纳所得税
   C. 二级市场非常发达   D. 通常被认为没有信用风险

二、多项选择题（在以下各小题所给出的选项中，至少有两个选项符合题目要求，请将正确选项的代码填入括号内）

1. 按照贷款资金来源和经营模式不同，商业银行贷款可分为（   ）。
   A. 自营贷款   B. 公司贷款
   C. 委托贷款   D. 特定贷款
   E. 个人贷款

2. 非标债权投资在给银行带来显著收益的同时，其风险也不容忽视，主要包括（   ）。
   A. 操作风险   B. 信用风险
   C. 流动性风险   D. 市场风险
   E. 声誉风险

3. 下列关于流动资金贷款的主要监管要求，说法正确的是（   ）。
   A. 流动资金贷款应合理测算贷款额度
   B. 流动资金贷款可以用于固定资产、股权等投资
   C. 流动资金贷款不得用于国家禁止生产、经营的领域和用途
   D. 流动资金贷款应强化合同管理
   E. 流动资金贷款应加强支付管理

4. 债券投资风险管理基本原则包括（　　）。
  A. 效益性优先、兼顾流动性的原则   B. 防范风险的原则
  C. 统一授信的原则   D. 加强质量管理原则
  E. 期限匹配和结构管理相结合的原则

三、判断题（请判断以下各小题的正误，正确的选 A，错误的选 B）
1. 银团成员应按照"信息共享、独立审批、自主决策、风险自担"的原则自主确定各自授信行为，并按约定承担份额享有银团贷款项下相应的权利，履行相应的义务。 （　　）
  A. 正确   B. 错误
2. 保理又称"托收保付"，核心是应收账款转让。 （　　）
  A. 正确   B. 错误

🔖 答案详解

一、单项选择题

1. **A。**【解析】公司贷款一般也称为法人贷款，根据借款人具体性质不同，细分为一般企业法人贷款、事业法人贷款和小企业贷款等。

2. **A。**【解析】个人贷款是指商业银行向符合条件的自然人发放的用于个人消费、生产经营等用途的本外币贷款。个人贷款用途应符合法律法规规定和国家有关政策，商业银行不得发放无指定用途的个人贷款。

3. **D。**【解析】个人经营贷款是指银行向从事合法生产经营的个人发放的，用于定向购买或租赁商用房、机械设备，以及用于满足个人控制的企业（包括个体工商户）生产经营流动资金需求和其他合理资金需求的贷款。

4. **A。**【解析】银团贷款的日常管理工作主要由代理行负责。代理行应在银团贷款存续期内跟踪了解项目的进展情况，及时发现银团贷款可能出现的问题，并以书面形式尽快通报银团成员。

5. **C。**【解析】包买商从出口商那里无追索地购买已经承兑的，并通常由进口商所在地银行担保的远期汇票或本票的业务就叫包买票据，音译为福费廷。

6. **B。**【解析】国债以国家信用为后盾，通常被认为是没有信用风险，而且国债的二级市场非常发达，交易方便，其利息收入不用缴纳所得税。

二、多项选择题

1. **ACD。**【解析】按照贷款资金来源和经营模式不同，商业银行贷款可分为自营贷款、委托贷款和特定贷款。按照借款人性质不同，贷款可分为公司贷款和个人贷款。

2. **BC。**【解析】非标债权投资在给银行带来显著收益的同时，其风险也不容忽视，主要包括信用风险和流动性风险。

3. **ACDE。**【解析】商业银行应与借款人约定明确、合法的贷款用途，流动资金贷款不得用于金融资产、固定资产、股权等投资，不得用于国家禁止生产、经营的领域和用途。流动资金贷款禁止挪用，商业银行应按照合同约定检查、监督流动资金贷款的使用情况。

4. **BCE。**【解析】债券投资风险管理基本原则包括统一授信的原则，防范风险的原则，期限匹配和结构管理相结合的原则，保持流动性和效益性的平衡。

三、判断题

1. **B。**【解析】银团成员应按照"信息共享、独立审批、自主决策、风险自担"的原则自主确定各自授信行为，并按实际承担份额享有银团贷款项下相应的权利，履行相应的义务。

2. **A。**【解析】保理又称"托收保付"，核心是应收账款转让。

第七章
其他业务

⊕ 考情直击

　　本章的主要内容是商业银行表外业务、结算业务、信用卡业务、理财业务以及同业业务等银行业其他业务的相关知识。分析近几年的考试情况，本章的常考点有各项业务的内涵、种类、主要风险点、监管要求等。

🔍 考纲要求

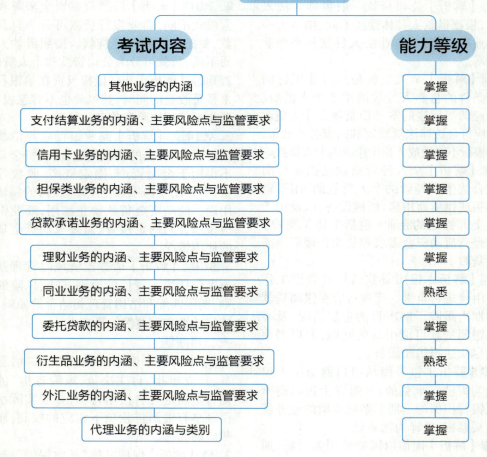

考试内容	能力等级
其他业务的内涵	掌握
支付结算业务的内涵、主要风险点与监管要求	掌握
信用卡业务的内涵、主要风险点与监管要求	掌握
担保类业务的内涵、主要风险点与监管要求	掌握
贷款承诺业务的内涵、主要风险点与监管要求	掌握
理财业务的内涵、主要风险点与监管要求	掌握
同业业务的内涵、主要风险点与监管要求	熟悉
委托贷款的内涵、主要风险点与监管要求	掌握
衍生品业务的内涵、主要风险点与监管要求	熟悉
外汇业务的内涵、主要风险点与监管要求	掌握
代理业务的内涵与类别	掌握

知识解读

第一节　其他业务概述

一、表外业务的概念 ★★★

除资产业务、负债业务外,商业银行不反映在资产负债表内的其他业务,即通常所指的表外业务,也是银行业务的重要组成部分。表外业务是指商业银行从事的,按照会计准则不计入资产负债表内,不形成现实资产负债,但有可能引起损益变动的业务。

二、表外业务的分类及特点 ★★★

根据表外业务特征和法律关系,表外业务分为担保承诺类、代理投融资服务类、中介服务类、其他类等。

与传统业务相比,表外业务具有以下特点:

(1)不运用或不直接运用商业银行自有资金。

(2)接受客户委托办理业务。

(3)不承担或不直接承担经营风险。

(4)绝大部分表外业务以收取手续费的方式获得收益。

(5)种类多,范围广。

⊙ 要点点拨

大多数情况下,表外业务都属于委托业务,而非自营业务。

第二节　其他各项业务的内涵、主要风险点与监管要求

一、支付结算业务 ★★★

1. 支付结算的概念

支付结算指结算客户之间由于商品交易、劳务供应等经济活动而产生的债权债务关系,通过银行实现资金转移而完成的结算过程。支付结算遵循恪守信用、履约付款;谁的钱进谁的账,由谁支配;银行不垫款的原则。

2. 国内支付结算业务

按照非现金支付工具种类来划分,非现金支付工具分为票据、银行卡、贷记转账、直接借记等。

(1)票据结算业务,票据结算业务的要点见表7-1。

表 7-1　票据结算业务的要点

要点	内容
银行汇票	银行汇票是由出票银行签发的,由其在见票时按照实际结算金额无条件支付给收款人或持票人的票据。 银行汇票是一种见票即付、无须提示承兑的票据,票随人走,人到款到,凭票取款,可以背书转让。 银行汇票的特点是方便、灵活,具有较强的流通性和兑现性,是异地结算中备受欢迎、广为应用的结算工具。 银行汇票可以用于转账,填明"现金"字样的银行汇票也可以用于支取现金。 银行汇票提示付款期限为一个月

表 7-1（续）

要点	内容
银行本票	银行本票是银行签发的，承诺自己在见票时无条件支付确定的金额给收款人或者持票人的票据。银行本票一律记名，允许背书转让。 银行本票见票即付，信誉很高。银行本票的提示付款期限为 2 个月。银行本票的通用性强，灵活方便，限于在同一票据交换区域内使用
银行支票	支票是出票人签发的、委托办理支票存款业务的银行在见票时无条件支付确定的金额给收款人或者持票人的票据。支票分为： ①现金支票。现金支票只能用于支付现金。 ②转账支票。转账支票只能用于转账。 ③普通支票。普通支票既可以用于支取现金，也可以用于转账。 支票不受金额起点限制，提示付款期限自出票日起 10 日。 支票的出票人是银行存款客户，付款人是银行。支票是即期付款，是替代现金的一种支付工具。使用支票结算具有手续方便、使用灵活、结算及时、可以转让等特点。 支票结算适用于单位和个人在同一票据交换区的各种款项的结算
商业汇票	商业汇票是出票人签发的，委托付款人在指定付款日期无条件支付确定金额给收款人或持票人的票据。商业汇票按照承兑人的不同，分为商业承兑汇票和银行承兑汇票。商业承兑汇票由银行以外的付款人承兑，银行承兑汇票由银行承兑。 商业汇票的付款期限，最长不得超过 6 个月，提示付款期限自汇票到期日起 10 日。 银行承兑汇票的出票人必须具备的条件有： ①在承兑银行开立存款账户的法人以及其他组织。 ②与承兑银行具有真实的委托付款关系。 ③资信状况良好，具有支付汇票金额的可靠资金来源

（2）非票据结算业务。

①银行卡。银行卡是指商业银行向社会发行的具有消费信用、转账结算、存取现金等全部或部分功能的信用支付工具，包括信用卡和借记卡。个人银行账户分类管理制度将个人银行结算账户分为Ⅰ、Ⅱ、Ⅲ类银行结算账户。银行不得通过Ⅱ类户和Ⅲ类户为存款人提供存取现金服务，不得为Ⅲ类户发放实体介质。

②贷记转账。贷记转账是指付款人向收款人主动发起的贷记银行业金融机构收款人账户的付款业务。包括定期贷记业务和普通贷记业务。

③直接借记。直接借记包括定期借记和普通借记。

④托收承付。托收承付是根据购销合同由收款人发货后委托银行向异地付款人收取款项，由付款人向银行承认付款的结算方式。

⑤国内信用证。国内信用证是指为满足国内贸易资金结算的需要，由开证行依照申请人的申请开出的，凭符合信用证条款的单据支付的付款承诺。

（3）关于现代化支付体系的问题。支付体系是我国的核心金融基础设施。根据《支付指标体系框架》，按照非现金支付工具的提供主体分为银行业金融机构提供的非现金支付工具和非金融机构支付服务组织提供的非现金支付工具。按照非现金支付指令载体划分，非现金支付工具指标分为纸基支付工具指标和电子支付工具指标。按非现金支付工具业务种类划分，支付工具分为票据、银行卡、贷记转账、直接借记、托收承付和国内信用证六类。

（4）主要风险点。国内支付结算业务的风险点主要涉及银行汇票、商业汇票、银行支票、银行卡及个人账户结算等方面。

3. 国际结算业务

国际结算方式指资金在国际间从付款一方转移到收款一方的方式。国际贸易结算方式主要有信用证、托收、汇款、保函等。其中,汇款和托收属于商业信用,银行不承担付款义务;信用证、保函是要求银行提供信用的一种结算方式,银行承担付款义务。

（1）主要分类,见表7-2。

表7-2　国际结算方式的主要分类

要点	内容
汇款	汇款是银行(汇出行)应汇款人(债务人)的要求,以一定的方式将一定的金额,以其国外联行或代理行作为付款银行(汇入行),付给收款人(债权人)的一种结算方式。 汇款业务中的四个基本当事人是汇款人、收款人、汇出行和汇入行。 按汇款支付授权的投递方式划分,**汇款业务分为电汇、信汇、票汇**
托收	托收意指银行按照从出口商那里收到的指示办理: ①获得金融单据的付款及/或承兑。 ②凭付款及/或承兑交出单据。 ③以其他条款和条件交出单据。 委托人、托收行、代收行和付款人是托收方式的基本当事人。 除此之外,还可以有提示行和需要时的代理两个其他当事人。 **托收结算方式分为光票托收、跟单托收和直接托收**
信用证	信用证是银行应进口商请求,开出一项凭证给出口商的,在一定条件下保证付款,或者承兑并付款,或者议付的一种结算方式。 根据是否附有商业单据分为跟单信用证和光票信用证,根据受益人使用信用证的权利能否转让分为不可转让信用证和可转让信用证。 一项约定如果具备了以下三个要素就是信用证: ①信用证应当是开证行开出的确定承诺文件。 ②开证行承付的前提条件是相符交单。 ③开证行的承付承诺不可撤销。 跟单信用证应贯彻独立和分离的原则,即: ①**开证行负第一性付款责任**。 ②**信用证是独立文件,与销售合同分离**。 ③**信用证是单据化业务**。 信用证业务是单据买卖。 在信用证业务中的所有各方,包括银行和商人所处理的都是单据,而非货物。 开证申请人、开证行和受益人是信用证业务所涉及的基本当事人。 除此以外,还可能出现保兑行、通知行、被指定银行、转让行和偿付行等。 在国际贸易中,开证申请人通常是进口商。 开证申请人(买方)的权利和义务是:开立信用证的义务、付款责任、得到合格单据的权利

（2）主要风险点。国际结算业务风险点主要涉及信用证业务、托收业务和汇款业务。其中,信用证业务主要包括开证行开证前的主要风险点、开证行审单时的主要风险点和出口来证中开证银行的主要风险点。

4. 支付结算的主要监管要求

（1）强化票据业务内控管理。

①按照业务实质建立审慎性考核机制。

②强化风险防控。

③严格规范同业账户管理。

④加强实物票据保管。

（2）坚持交易背景真实性要求。

①严格交易背景真实性审查，严禁资金空转。

②加强客户授信调查和统一授信管理。

③加强承兑保证金管理。

④不得掩盖信用风险。

（3）规范票据交易行为。

①严格执行同业业务的统一管理要求。

②加强交易对手资质管理。

③规范票据背书要求。

④严格资金划付要求。

（4）加强账户结算风险防范。

银行为个人开立Ⅲ类户时，应当按照账户实名制原则通过绑定账户验证开户人身份，当同一个人在本银行所有Ⅲ类户资金双边收付金额累计达到 5 万元（含）以上时，应当要求个人在 7 日内提供有效身份证件，并留存身份证件复印件、影印件或影像，登记个人职业、住所地或者工作单位地址、证件有效期等其他身份基本信息。个人在 7 日内未按要求提供有效身份证件、登记身份信息的，银行应当中止该账户所有业务。

📖 知识加油站

非面对面线上开立的Ⅱ类、Ⅲ类户可以向支付账户出金，未用完余额可从支付账户退回，但Ⅱ类、Ⅲ类户不能直接从支付账户入金。

💡 真题精练

【例 1 · 单项选择题】下列关于信用证的说法中，错误的是（ 　　 ）。

A. 应当是开证行开出的确定承诺文件

B. 承付承诺不可撤销

C. 是货物买卖

D. 开证行负第一性付款责任

C 信用证业务是单据买卖。在信用证业务中的所有各方，包括银行和商人所处理的都是单据，而非货物。

二、代理业务 ★★★

1. 代收代付业务

代收代付业务是商业银行利用自身的结算便利，接受客户委托代为办理指定款项收付事宜的业务。

代收代付业务主要有代理各项公用事业收费、代理行政事业性收费和财政性收费、代发工资、代扣住房按揭贷款等。目前主要是委托收款和托收承付两类。

2.代理银行业务

代理中央银行业务

代理中央银行业务是指根据政策、法规应由中央银行承担,但由于机构设置、专业优势等方面的原因,由中央银行指定或委托商业银行承担的业务。代理中央银行业务主要有:代理财政性存款、代理国库、代理金银等业务。

代理政策性银行业务

代理政策性银行业务是指商业银行受政策性银行的委托,对其自主发放的贷款代理结算,并对其账户资金进行监管的一种中间业务。其主要解决政策性银行因服务网点设置的限制而无法办理业务的问题。目前主要代理中国进出口银行和国家开发银行业务。代理政策性银行业务主要有:代理资金结算、代理现金支付、代理专项资金管理、代理贷款项目管理等业务。根据政策性银行的需求,现主要提供代理资金结算业务和代理专项资金管理业务。

代理商业银行业务

代理商业银行业务是商业银行之间相互代理的业务。代理商业银行业务有:代理结算业务、代理外币清算业务、代理外币现钞业务等。其中代理结算业务具体包括代理银行汇票业务和汇兑、委托收款、托收承付业务等其他结算业务。代理银行汇票业务最具典型性,其又可分为代理签发银行汇票和代理兑付银行汇票业务。

3.代理证券资金清算业务

代理证券资金清算业务是指商业银行利用其电子汇兑系统、营业机构以及人力资源为证券公司总部及其下属营业部代理证券资金的清算、汇划等结算业务。代理证券资金清算业务主要包括一级清算业务和二级清算业务。

4.代理保险业务

商业银行代理保险业务是指商业银行接受保险公司委托,在保险公司授权的范围内,代理保险公司销售保险产品及提供相关服务,并依法向保险公司收取佣金的经营活动。

5.其他代理业务

(1)委托贷款业务。

(2)代销开放式基金。开放式基金代销业务指银行利用其网点柜台或电话银行、网上银行等销售渠道代理销售开放式基金产品的经营活动。银行向基金公司收取基金代销费用。

(3)代理国债买卖。银行客户可以通过银行营业网点购买、兑付、查询凭证式国债、储蓄国债(电子式)以及柜台记账式国债。

🔆 真题精练

【例2·单项选择题】下列不属于代理政策性银行业务的是(　　)。

A.代理资金结算　　　　　　　B.代理现金支付

C.代理财政性存款　　　　　　D.代理专项资金管理

　　C　代理政策性银行业务主要包括代理资金结算、代理现金支付、代理专项资金管理、代理贷款项目管理等业务。代理中央银行业务主要包括代理财政性存款、代理国库、代理金银等业务。

三、信用卡业务 ★★★

信用卡业务指商业银行利用具有授信额度和透支功能的银行卡提供的银行服务。信用卡业务主要包括发卡业务和收单业务。

按照发行对象不同，商业银行发行的信用卡分为个人卡和单位卡。其中，单位卡按照用途分为商务差旅卡和商务采购卡。

按照发行机构不同，目前世界上主要的信用卡分为维萨卡、万事达卡、大莱卡、JCB卡、运通卡和中国银联卡。

1. 业务准入

（1）信用卡发卡业务准入。根据银行业监督管理机构的规定，境内商业银行开办信用卡发卡业务应当符合的条件有：

①注册资本为实缴资本，且不低于人民币5亿元或等值可兑换货币。

②具备办理零售业务的良好基础，最近3年个人存贷款业务规模和业务结构稳定，个人存贷款业务客户规模和客户结构良好，银行卡业务运行情况良好，身份证件验证系统和征信系统的连接和使用情况良好。

③具备办理信用卡业务的专业系统，在境内建有发卡业务主机、信用卡业务申请管理系统、信用卡账户管理系统、信用卡交易授权系统、信用评估管理系统、信用卡交易监测和伪冒交易预警系统、信用卡客户服务中心系统、催收业务管理系统等专业化运营基础设施，相关设施通过了必要的安全检测和业务测试，能够保障客户资料和业务数据的完整性和安全性。

（2）信用卡收单业务准入。根据银行业监督管理机构的规定，境内商业银行开办信用卡收单业务应当符合的条件有：

①注册资本为实缴资本，且不低于人民币1亿元或等值可兑换货币。

②具备开办收单业务的良好业务基础。最近3年企业贷款业务规模和业务结构稳定，企业贷款业务客户规模和客户结构较为稳定，身份证件验证系统和征信系统连接和使用情况良好。

③具备办理收单业务的专业系统支持，在境内建有收单业务主机、特约商户申请管理系统、商户结算账户管理系统、账务管理系统、特约商户信用评估管理系统、收单交易监测和伪冒交易预警系统、交易授权系统等专业化运营基础设施，相关设施通过了必要的安全检测和业务测试，能够保障客户资料和业务数据的完整性和安全性。

2. 业务管理

（1）发卡业务管理。

①发卡管理。对首次申请发卡行信用卡的客户，不得采取全程系统自动发卡方式核发信用卡。发卡银行不得将信用卡发卡营销、领用合同（协议）签约、授信审批、交易授权、交易监测、资金结算等核心业务外包给发卡业务服务机构。

②信用卡授信管理。商务采购卡的现金提取授信额度应当设置为零。经持卡人申请开通超授信额度用卡服务后，发卡银行在一个账单周期内只能提供一次超授信额度用卡服务，在一个账单周期内只能收取一次超限费。个性化分期还款协议的最长期限不得超过5年。

③信用卡透支额计息方式。传统上，我国商业银行采用的信用卡透支计息方式主要有全额罚息、余额计息和容差全额罚息三种。信用卡透支的计结息方式，以及对信用卡溢

缴款是否计付利息及其利率标准,由发卡机构自主确定。**自 2021 年 1 月 1 日起,信用卡透支利率由发卡机构与持卡人自主协商确定,取消信用卡透支利率上限和下限管理。**

(2)收单业务管理。收单银行应当明确收单业务的牵头管理部门,承担协调处理特约商户资质审核、登记管理、机具管理、垫付资金管理、风险管理、应急处置等的职责。

收单银行应当加强对特约商户资质的审核,实行商户实名制,不得设定虚假商户。

收单银行应当根据特约商户的业务性质、业务特征、营业情况,对特约商户设定动态营业额上限。

收单银行不得将特约商户审核和签约、资金结算、后续检查和抽查、受理终端密钥管理和密钥下载工作外包给收单业务服务机构。

3. 主要风险点

信用卡业务的风险点主要包括发卡业务中的风险及收单业务中的风险。其中,发卡业务中的风险包括银行卡审查和发卡中的风险,银行卡用户使用管理中的风险。

4. 监管要求

信用卡业务的主要监管要求有:

(1)强化信用卡业务经营管理。

(2)严格规范发卡营销行为。

(3)严格授信管理和风险管控。

(4)严格管控资金流向。

(5)全面加强信用卡分期业务规范管理。

(6)严格合作机构管理。

(7)加强消费者合法权益保护。

> 💡 **真题精练**
>
> 【例 3 · 判断题】按照发行机构不同,目前世界上主要的信用卡包括维萨卡、万事达卡、大莱卡、JCB 卡、运通卡和中国银联卡。(　　　)
> A. 正确　　　　　　　　B. 错误
>
> ------
>
> **A**　按照发行机构不同,目前世界上主要的信用卡包括维萨卡、万事达卡、大莱卡、JCB 卡、运通卡和中国银联卡。

四、担保类业务 ★★★

1. 概念

担保类业务是指商业银行接受客户的委托对第三方承担责任的业务,包括担保(保函)、备用信用证、跟单信用证、承兑等。

(1)银行保函。保函是银行应申请人的要求,向受益人作出的书面付款保证承诺,银行将凭受益人提交的与保函条款相符的书面索赔履行担保支付或赔偿责任。银行保函具有以下特点:**独立性**,源于基础交易,但一旦出具,即与基础交易相分离,本身具有独立性。**单据化**,银行凭保函中规定的单据付款,而不问基础交易的实际履行情况。

根据担保银行承担风险不同及管理的需要,分为**融资类保函**和**非融资类保函**两大类。根据保函是否独立,保函又分为**独立保函**和**非独立保函**。

(2)备用信用证。备用信用证通常涉及三个主要当事人,即开证申请人(借款人)、开证行和受益人(放款人或其他投资者)。

我国的保函业务一般采用**银行担保形式**,备用信用证是在法律限制开立保函的情况下出现的保函业务替代品,其实质也是银行对借款人的一种担保行为。

备用信用证主要分为**可撤销的备用信用证**和**不可撤销的备用信用证**两类。

> **⊙ 要点点拨**
>
> 银行对单据真伪及索赔是否合理概不负责,因此只存在有效索赔,而不存在索赔是否合理的问题。

2. 主要风险点

(1)银行保函。银行保函主要包括以下风险点:

①未建立完整有效的保函业务管理办法、操作规程和财务核算办法,存在明显的制度缺陷。

②未将保函纳入全行统一授权授信管理,保函业务风险管理基础薄弱,违规出具保函。

③未能关注到履约项目的可行性风险,未能合理评估申请人的履约风险、信用风险以及受益所有人的资信情况,为不具备条件的申请人出具银行保函。

④落实保函的风险补偿措施不力,未执行保证及反担保制度。

⑤对外出具的保函文本存在明显缺陷,要素不全、权责不清或不符合国际惯例,容易引发经济法律纠纷。

(2)备用信用证。备用信用证主要有以下风险点:

①开证申请人因受各种因素影响,导致不履行或无力履行到期付款义务或发生其他违反执行主债务合同条款的行为,债权人提供符合合同规定的赔偿文件,商业银行存在由担保人变成主债务人的风险。

②备用信用证受利率及汇率波动影响遭受损失的风险。

③如商业银行提供过多的备用信用证或保函,一旦发生意外情况大量对外偿付,存在可能无法满足客户随时提用资金要求的流动性风险。

④由于商业银行执行内部管理制度不力、监督不力、管理失控和工作人员工作疏忽等操作失误,也会造成资金损失。

3. 监管要求

(1)银行保函。银行加强对银行保函业务内控管理,能够综合评价银行对保函业务的风险控制能力和水平。银行应建立包括银行保函业务等表外业务在内的统一的审慎的授权授信管理制度。**未经有效授权,不得擅自对外出具保函**。

(2)备用信用证。银行应建立包括备用信用证业务等表外业务在内统一审慎的授权授信管理制度,**未经授权不得擅自开证、超权开证、超越授信额度开证**等。

五、贷款承诺业务 ★★★

1. 概念

贷款承诺业务是指应客户申请,银行对项目进行评估论证,在项目符合银行信贷投向和贷款条件的前提下,对客户承诺在一定的有效期内,提供一定额度和期限的贷款,用于指定项目建设或企业经营周转。

按照目前国内银行的普遍做法,贷款承诺可以分为:**项目贷款承诺、开立信贷证明、客户授信额度和票据发行便利**四大类。

> 💡 **要点点拨**
>
> 票据发行便利是一种具有法律约束力的中期周转性票据发行融资的承诺。

2. 主要风险点

贷款承诺业务的风险点主要包括政策性风险、不正当竞争风险、项目评估风险和操作性风险。

3. 监管要求

银行要建立完整有效的贷款承诺业务管理规定和操作办法,不得存在明显的制度缺陷。

银行出具的不可撤销贷款承诺应已纳入到该银行对相关客户的整体授信管理体系。

如果是项目贷款承诺,则审查建设项目的依法合规性。对于项目贷款承诺,商业银行需审查建设项目的经济性及偿还能力。

六、理财业务 ★★★

1. 资产管理业务与理财业务

资产管理业务是指银行、信托、证券、基金、期货、保险资产管理机构、金融资产投资公司等金融机构接受投资者委托,对受托的投资者财产进行投资和管理的金融服务。

理财业务是指商业银行接受投资者委托,按照与投资者事先约定的投资策略、风险承担和收益分配方式,对受托的投资者财产进行投资和管理的金融服务。理财业务具有以下几个特点:

（1）理财业务是代理业务，不是银行的自营业务。

（2）理财业务的盈利方式是收取投资管理费或业绩报酬。

（3）客户是理财业务风险的主要承担者。

（4）理财业务是"轻资本"业务。

（5）理财业务是一项知识技术密集型业务。

2. 理财产品分类

（1）根据投资者类型的不同,将资产管理产品的投资者分为不特定社会公众和合格投资者两大类。合格投资者是指具备相应风险识别能力和风险承担能力,投资于单只资产管理产品不低于一定金额且符合下列条件的自然人、法人或者其他组织:

①具有 2 年以上投资经历,且满足以下条件之一:家庭金融净资产不低于 300 万元,家庭金融资产不低于 500 万元,或者近 3 年本人年均收入不低于 40 万元。

②最近 1 年末净资产不低于 1 000 万元的法人单位。

③金融管理部门视为合格投资者的其他情形。

合格投资者投资于单只固定收益类产品的金额不低于 30 万元,投资于单只混合类产品的金额不低于 40 万元,投资于单只权益类产品、单只商品及金融衍生品类产品的金额不低于 100 万元。

（2）根据募集方式的不同,将理财产品分为公募理财产品和私募理财产品。

（3）根据投资性质的不同,将理财产品分为固定收益类理财产品、权益类理财产品、商品及金融衍生品类理财产品和混合类理财产品。

（4）根据运作方式的不同,将理财产品分为封闭式理财产品和开放式理财产品。

3. 理财业务管理

（1）理财产品销售管理。商业银行销售理财产品,应当加强投资者适当性管理,向投资者充分披露信息和揭示风险，**不得宣传或承诺保本保收益**，不得误导投资者购买与其风险承受能力不相匹配的理财产品。

商业银行发行理财产品，**不得宣传理财产品预期收益率**，在理财产品宣传销售文本中只能登载该理财产品或者本行同类理财产品的过往平均业绩和最好、最差业绩，并以醒目文字提醒投资者"理财产品过往业绩不代表其未来表现，不等于理财产品实际收益，投资需谨慎"。

理财产品风险评级结果应当以风险等级体现，由低到高至少包括一级至五级，并可以根据实际情况进一步细分。

商业银行发行公募理财产品的，**单一投资者销售起点金额不得低于 1 万元人民币**。商业银行发行私募理财产品的，合格投资者投资于单只固定收益类理财产品的金额不得低于30 万元人民币，投资于单只混合类理财产品的金额不得低于 40 万元人民币，投资于单只权益类理财产品、单只商品及金融衍生品类理财产品的金额不得低于 100 万元人民币。

（2）理财产品投资管理。商业银行理财产品可以投资于国债、地方政府债券、中央银行票据、政府机构债券、金融债券、银行存款、大额存单、同业存单、公司信用类债券、在银行间市场和证券交易所市场发行的资产支持证券、公募证券投资基金、其他债权类资产、权益类资产以及国务院银行业监督管理机构认可的其他资产。

商业银行理财产品不得直接投资于信贷资产，不得直接或间接投资于本行信贷资产，不得直接或间接投资于本行或其他银行业金融机构发行的理财产品，不得直接或间接投资于本行发行的次级档信贷资产支持证券。

商业银行发行的**封闭式理财产品的期限不得低于 90 天**。开放式公募理财产品应当持有不低于该理财产品资产净值5%的现金或者到期日在 1 年以内的国债、中央银行票据和政策性金融债券。

（3）理财产品估值管理。金融资产坚持公允价值计量原则，鼓励使用市值计量。符合以下条件之一的，可按照企业会计准则以摊余成本进行计量：

①资产管理产品为封闭式产品，且所投金融资产以收取合同现金流量为目的并持有到期。

②资产管理产品为封闭式产品，且所投金融资产暂不具备活跃交易市场，或者在活跃市场中没有报价，也不能采用估值技术可靠计量公允价值。

金融机构前期以摊余成本计量的金融资产的加权平均价格与资产管理产品实际兑付时金融资产的价值的偏离度不得达到5%或以上，如果偏离5%或以上的产品数超过所发行产品总数的5%，金融机构不得再发行以摊余成本计量金融资产的资产管理产品。

4. 银行理财子公司及产品

《关于规范金融机构资产管理业务的指导意见》明确要求"主营业务不包括资产管理业务的金融机构应当设立具有独立法人地位的资产管理子公司开展资产管理业务，强化法人风险隔离"；《商业银行理财业务监督管理办法》进一步规定"商业银行应当通过具有独立法人地位的子公司开展理财业务"。

商业银行设立理财子公司开展资管业务，将有利于强化银行理财业务风险隔离，推动银行理财回归资管业务本源，逐步有序打破刚性兑付，更好地保护投资者合法权益；有利于优化组织管理体系，建立符合资管业务特点的风控制度和激励机制，促进理财业务规范转型；同时，也有助于培育和壮大机构投资者队伍，引导理财资金以合法、规范形式进入金融市场和支持实体经济发展。

5. 主要风险点

理财业务的主要风险涉及信用风险、法律风险、操作风险、声誉风险、市场风险和流动性风险。

6. 监管要求

（1）发行和销售理财产品，应当按照规定进行风险揭示和信息披露，禁止欺诈或者误导投资者购买与其风险承担能力不匹配的资产管理产品。

（2）不得有刚性兑付行为。

（3）发行的结构性存款应当纳入表内核算，按照存款管理，纳入存款准备金和存款保险保费的缴纳范围，相关资产应当按照国务院银行业监督管理机构的相关规定计提资本和拨备。

（4）从事理财业务活动，应按照规定向银行业监督管理机构报告或者报送有关文件、资料的，否则将遭受监管处罚。

💡 真题精练

【例4·判断题】理财业务是一项劳动密集型业务。（　　　）

A. 正确　　　　　　　　　　　　B. 错误

B　　理财业务是一项知识技术密集型业务。

七、同业业务 ★★

1. 同业业务的定义

同业业务指在中华人民共和国境内依法设立的金融机构之间开展的以投融资为核心的各项业务，主要业务类型包括同业拆借、同业存款、同业借款、同业代付、买入返售（卖出回购）等同业融资业务和同业投资业务。

（1）同业拆借相关款项在拆出和拆入资金会计科目核算，并在上述会计科目下单独设立二级科目进行管理核算。

（2）按照期限、业务关系和用途，同业存款业务分为结算性同业存款和非结算性同业存款。同业存款相关款项在同业存放和存放同业会计科目核算。

（3）同业借款相关款项在拆出和拆入资金会计科目核算。

（4）受托方同业代付款项在拆出资金会计科目核算，委托方同业代付相关款项在贷款会计科目核算。

（5）买入返售（卖出回购）相关款项在买入返售（卖出回购）金融资产会计科目核算。三方或以上交易对手之间的类似交易不得纳入买入返售或卖出回购业务管理和核算。

📖 知识加油站

从性质上区分，同业拆借中的同业拆入、同业存款中的同业存入、同业借款中的同业借入以及卖出回购等业务实际上是负债业务，同业拆借中的同业拆出、同业存款中的同业存出、同业借款中的同业借出以及同业代付、买入返售、同业投资等业务实际上是资产业务。

2.同业业务的治理

商业银行应具备与所开展同业业务规模和复杂程度相适应的同业业务治理体系,由法人总部对同业业务进行统一管理,将同业业务纳入全面风险管理,建立健全前中后台分设的内部控制机制,加强内部监督检查和责任追究,确保同业业务经营活动依法合规,风险得到有效控制。

商业银行开展同业业务实行专营部门制,**由法人总部建立或指定专营部门**负责经营。商业银行应建立健全同业业务授权管理体系,由法人总部对同业业务专营部门进行集中统一授权,同业业务专营部门不得进行转授权,不得办理未经授权或超授权的同业业务。

3.主要同业业务管理

（1）**存放同业**。本、外币资金存放同业业务（以下简称存放同业）指金融机构与国内同业按约定的利率、期限及金额,以协议的方式将本外币资金存放至同业客户的业务。存放同业业务范围分为信用存放同业业务和存单质押存放同业业务。

（2）**同业拆借**。同业拆借又称"银行同业拆借",简称"拆放"或"拆借",是银行同业间短期的按日计息的借贷。

同业拆借市场包括银行同业拆借市场,以及商业银行与非商业银行金融机构之间的短期资金拆借市场。

按是否有担保划分,同业拆借有信用拆借和抵押拆借;按期限长短划分,同业拆借有隔夜（1天）、7天、1个月、4个月等;按品种交易方式划分,同业拆借有定点交易和无形交易等。

加强对同业拆借的管理,主要应从以下几点着手:

①同业拆借应遵守相互自愿、恪守信用的原则,利率和期限均由拆借双方在协商一致的基础上签订合同确定,但期限最长不得超过4个月。

②参加同业拆借的金融机构,其拆出资金限于当日资金多余的头寸和在人民银行的存款,其拆入资金只能用于弥补清算票据交换和联行汇差的头寸不足及解决临时性、季节性周转资金的不足,不得用于发放固定资产贷款。

③要加强对同业拆借市场的检查,对违反规定的,要坚决加以纠正,并给予必要的处罚。

（3）**同业借款**。同业借款业务期限按照监管部门对金融机构借款期限的有关规定执行,由双方共同协商确定,但最长期限自提款之日起不得超过三年。借款业务不进入全国银行间同业拆借中心的电子交易系统（或人民银行认可的其他同业拆借交易系统）,同业借款的要点见表7-3。

表7-3　同业借款的要点

要点	内容
非银借款的目的	为适应金融产业细分的要求,加强银行机构与非银行金融机构的业务合作,进一步拓宽银行机构资金运用渠道,丰富金融机构资产业务品种
非银借款的期限	非银借款业务最长期限为3年（含3年）,业务到期后不得展期。 根据业务期限,非银借款业务可细分为短期非银借款[不超过1年（含1年）]和中长期非银借款[大于1年且不超过3年（含3年）]
非银机构的种类	非银行金融机构包括汽车金融公司、金融租赁公司、资产管理公司、消费金融公司及其他可开展此项业务的金融机构

（4）同业代付。同业代付分为境内同业代付和海外同业代付，业务实质均属贸易融资方式，银行办理同业代付业务应具有真实贸易背景。

办理同业代付业务时，委托行与代付行均应采取有效措施加强贸易背景真实性的审核，其中，委托行承担主要审查责任，确保融资款项为国内外贸易结算服务，真正支持实体经济发展。银行开展同业代付业务应加强风险管理。

（5）同业投资。同业投资业务是指金融机构购买或委托其他金融机构购买特殊目的载体的投资行为。

开展同业投资业务，应坚持依法合规原则、风险收益匹配原则、集中管理及总量控制原则和实质重于形式原则。

同业投资业务不得接受和提供任何直接或间接、显性或隐性的第三方金融机构信用担保，国家另有规定的除外。

4. 主要风险点

同业业务主要有以下风险点：系统性风险、信用风险、流动性风险、市场风险和操作性风险。

5. 监管要求

同业业务的监管要求包括管理体系要求、业务专营与授权管理要求、授信管理要求、资金投向监管、担保管理要求、期限要求、会计处理要求和资本管理要求。

金融机构办理同业业务，应当合理审慎确定融资期限。其中，同业借款业务最长期限不得超过 3 年，其他同业融资业务最长期限不得超过 1 年，业务到期后不得展期。

单家商业银行对单一金融机构法人的不含结算性同业存款的同业融出资金，扣除风险权重为零的资产后的净额，不得超过该银行一级资本的 50%。

真题精练

【例5·多项选择题】同业拆借按期限长短可以分为（　　　）。

A.1 天　　　　　　　　　B.7 天
C.15 天　　　　　　　　　D.1 个月
E.4 个月

A B D E 同业拆借交易多种多样：按是否有担保划分，同业拆借有信用拆借和抵押拆借；按期限长短划分，同业拆借有隔夜（1 天）、7 天、1 个月、4 个月等；按品种交易方式划分，同业拆借有定点交易和无形交易等。

八、委托贷款 ★★★

1. 基本概念

委托贷款业务是商业银行的委托代理业务。商业银行与委托贷款业务相关主体通过合同约定各方权利义务，履行相应职责，收取代理手续费，不承担信用风险。商业银行应按照"谁委托谁付费"的原则向委托人收取代理手续费。

商业银行受理委托贷款业务申请，应具备以下前提：委托人与借款人就委托贷款条件达成一致；委托人或借款人为非自然人的，应出具其有权机构同意办理委托贷款业务的决议、文件或具有同等法律效力的证明。

2. 主要风险点

（1）信用风险。商业银行应综合考虑借款人取得委托贷款后，信用风险敞口扩大对本行授信业务带来的风险影响，并采取相应风险管控措施。

（2）操作风险。商业银行应对委托贷款业务实行分级授权管理，商业银行分支机构不得未经授权或超授权办理委托贷款业务。

3. 监管要求

商业银行作为受托人，按照权责利匹配原则提供服务；委托贷款资金来源应合法合规；委托资金用途应符合法律法规、国家宏观调控和产业政策；商业银行将委托贷款业务与自营业务严格区分。

👍 **教你一招**

> 委托人应自行确定委托贷款的借款人，对借款人资质、贷款项目等进行审查，并承担委托贷款的信用风险。

九、衍生产品交易业务 ★★

1. 概念

金融衍生品是一种金融合约，其价值取决于一种或多种基础资产或指数，合约的基本种类包括远期、期货、掉期（互换）和期权。衍生产品还包括具有远期、期货、掉期（互换）和期权中一种或多种特征的混合金融工具。

商业银行衍生产品交易业务按照交易目的分为以下两类：套期保值类衍生产品交易和非套期保值类衍生产品交易。

以衍生产品交易价格变动主导因素划分，国内商业银行参与的衍生产品交易活动可以划分为以下三类：

（1）利率衍生产品。国内商业银行主要参与的利率衍生产品交易有利率掉期、远期利率协议和利率期权等。

（2）外汇衍生产品。国内商业银行主要参与的外汇衍生产品交易有远期外汇买卖、外汇掉期、外汇期权和货币掉期等。

（3）其他衍生产品。国内商业银行参与的主要有债券期权和信用违约掉期等。

2. 主要风险点

衍生产品交易业务的风险点主要涉及市场风险、信用风险、操作风险和流动性风险。

3. 监管要求

衍生产品交易业务的监管要求主要包括内部管理制度、业务范围、内部管理结构、风险敞口控制、授权管理、交易人员管理、业务监督检查、风险控制及其他要求。

商业银行开办衍生产品交易业务，应当根据"制度先行"的原则，制定内部管理规章制度。

在进行衍生产品交易时，必须严格执行分级授权和敞口风险管理制度，任何重大交易或新的衍生产品业务都应当经由董事会或其授权的专业委员会或高级管理层审批。在因市场变化或决策失误出现账面浮亏时，应当严格执行止损制度。

商业银行从事非套期保值类衍生产品交易，其标准法下市场风险资本不得超过商业银行核心资本的3%。监管部门可根据商业银行的经营情况在该资本比例上限要求内实施动态差异化管理。

真题精练

【例6·判断题】金融衍生品的价值取决于一种或多种基础资产或指数,合约的基本种类包括远期、期货、掉期(互换)和期权。(　　　)
A.正确　　　　　　　　　　B.错误

A　金融衍生品是一种金融合约,其价值取决于一种或多种基础资产或指数,合约的基本种类包括远期、期货、掉期(互换)和期权。

十、外汇业务 ★★★

1.外汇基本概念

外汇是指外币表示的可以用作国际清偿的支付手段和资产,主要有外币现钞,包括纸币、铸币;外币支付凭证或者支付工具,包括票据、银行存款凭证、银行卡等;外币有价证券,包括债券、股票等;特别提款权;其他外汇资产。

人民币汇率实行以市场供求为基础的、有管理的浮动汇率制度。外汇管理主要包括经常项目外汇管理和资本项目外汇管理。

2.银行主要外汇业务

银行的主要外汇业务包括结售汇、贸易融资、国际结算、外汇理财等。

3.主要风险点

在外汇经营活动中,银行除了面临与前述业务相同的风险外,例如信用风险、流动性风险和利率风险等,还会面临外汇风险,这是**外汇业务中较独特的风险类型**。外汇风险是指由于汇率的变动而导致银行收益的不确定性。

4.监管要求

(1)经国务院银行业监督管理机构批准,商业银行可以经营买卖、代理买卖外汇业务,经中国人民银行批准,商业银行可以经营结汇、售汇业务。

(2)银行应提高业务创新和管理水平,积极支持客户做好外汇风险管理,同时加强客户风险教育,引导树立风险中性理念,合理、审慎开展外汇衍生品业务。

(3)银行应高度重视、全面评估人民币汇率形成机制改革与银行间外汇市场发展对本行外汇业务和外汇风险可能带来的影响。

(4)银行应准确计算本行的外汇风险敞口头寸。

(5)银行应加强对外汇交易的限额管理。

(6)银行应提高价格管理水平和外汇交易报价能力。

(7)银行应制定并完善交易对手信用风险管理机制。

(8)银行应有效防范外汇交易中的操作风险。银行办理结售汇业务,应当遵循"了解业务、了解客户、尽职审查"的原则。

(9)银行应严格控制外汇衍生产品风险。

↓ 码上看总结 ↓

章节自测

一、单项选择题(在以下各小题所给出的四个选项中,只有一个选项符合题目要求,请将正确选项的代码填入括号内)

1. 下列关于表外业务的特点,说法错误的是(　　)。
   A. 不运用或不直接运用商业银行自有资金
   B. 接受客户委托办理业务
   C. 不承担或不直接承担风险
   D. 绝大部分表外业务以收取手续费的方式获得收益

2. 根据银行业监督管理机构的规定,境内商业银行开办信用卡发卡业务应当符合的条件之一是:注册资本为实缴资本,且不低于人民币(　　)亿元或等值可兑换货币。
   A. 3
   B. 5
   C. 1
   D. 2

3. 商业银行将理财产品分为封闭式理财产品和开放式理财产品的依据是(　　)。
   A. 投资者类型
   B. 募集方式
   C. 投资性质
   D. 运作方式

4. 同业拆借业务是通过全国统一的同业拆借网络进行的(　　)资金融通行为。
   A. 无担保
   B. 无抵押
   C. 有担保
   D. 有抵押

5. 同业投资应严格风险审查和资金投向合规性审查,按照(　　)的原则,根据所投资基础资产的性质,准确计量风险并计提相应资本与拨备。
   A. 投资人利益优先
   B. 实质重于形式
   C. 风险自担
   D. 诚实信用

二、多项选择题(在以下各小题所给出的选项中,至少有两个选项符合题目要求,请将正确选项的代码填入括号内)

1. 商业银行代理中央银行业务主要包括(　　)。
   A. 代理财政性存款
   B. 代理国库
   C. 代理金银
   D. 代理专项资金管理
   E. 代理贷款项目管理

2. 根据担保银行承担风险不同及管理的需要,分为(　　)。
   A. 独立保函
   B. 非独立保函
   C. 承诺保函
   D. 融资类保函
   E. 非融资类保函

3. 《关于规范金融机构同业业务的通知》规定,同业业务的主要业务类型包括(　　)。
   A. 同业拆借
   B. 同业存款
   C. 同业借款
   D. 同业代付
   E. 卖出回购

4. 衍生品交易业务的主要风险点包括(　　)。
   A. 国别风险
   B. 市场风险
   C. 信用风险
   D. 操作风险
   E. 流动性风险

三、判断题(请判断以下各小题的正误,正确的选 A,错误的选 B)

1. 按非现金支付工具业务种类划分,支付工具分为票据、银行卡、委托收款、托收承付和国内信用证五类。　　　　　　　　　　　　　　　　　　　　(　　)
   A. 正确　　　　　　　　　　　　　　B. 错误

2. 理财业务是银行的自营业务。　　　　　　　　　　　　　　　　　　(　　)
   A. 正确　　　　　　　　　　　　　　B. 错误

3. 人民币汇率实行以市场供求为基础的、有管理的浮动汇率制度。　　(　　)
   A. 正确　　　　　　　　　　　　　　B. 错误

答案详解

一、单项选择题

1. C。【解析】与传统业务相比,表外业务具有以下特点:(1)不运用或不直接运用商业银行自有资金。(2)接受客户委托办理业务。(3)不承担或不直接承担经营风险。(4)绝大部分表外业务以收取手续费的方式获得收益。(5)种类多,范围广。

2. B。【解析】根据银行业监督管理机构的规定,境内商业银行开办信用卡发卡业务应当符合的条件之一是:注册资本为实缴资本,且不低于人民币 5 亿元或等值可兑换货币。

3. D。【解析】商业银行应当根据运作方式的不同,将理财产品分为封闭式理财产品和开放式理财产品。

4. A。【解析】同业拆借业务是指经中国人民银行批准,进入全国银行间同业拆借市场的金融机构之间通过全国统一的同业拆借网络进行的无担保资金融通行为。

5. B。【解析】同业投资应严格风险审查和资金投向合规性审查,按照"实质重于形式"的原则,根据所投资基础资产的性质,准确计量风险并计提相应资本与拨备。

二、多项选择题

1. ABC。【解析】商业银行代理中央银行业务主要包括代理财政性存款、代理国库、代理金银等业务。D、E 项属于代理政策性银行业务的内容。

2. DE。【解析】根据担保银行承担风险不同及管理的需要,分为融资类保函和非融资类保函两大类。根据保函是否独立,保函又分为独立保函和非独立保函。

3. ABCDE。【解析】根据《关于规范金融机构同业业务的通知》规定,同业业务是指中华人民共和国境内依法设立的金融机构之间开展的以投融资为核心的各项业务,主要业务类型包括同业拆借、同业存款、同业借款、同业代付、买入返售(卖出回购)等同业融资业务和同业投资业务。

4. BCDE。【解析】衍生产品交易业务的风险点主要包括市场风险、信用风险、操作风险和流动性风险。

三、判断题

1. B。【解析】按非现金支付工具业务种类划分,支付工具分为票据、银行卡、贷记转账、直接借记、托收承付和国内信用证六类。

2. B。【解析】理财业务是代理业务,不是银行的自营业务。

3. A。【解析】人民币汇率实行以市场供求为基础的、有管理的浮动汇率制度。

第八章
公司治理（中级考试内容）

⊕ 考情直击

本章的主要内容是商业银行公司治理的内涵、组织架构以及董事、监事和高级管理人员职责等。分析近几年的考试情况，本章的常考点有商业银行董事、监事、高级管理人员的职责，商业银行股权管理的最新要求，商业银行关联方的认定、商业银行关联交易类别等。

📖 考纲要求

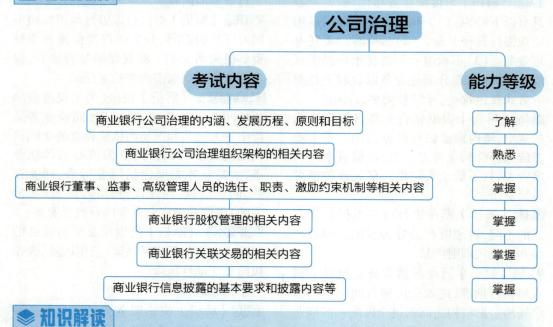

考试内容	能力等级
商业银行公司治理的内涵、发展历程、原则和目标	了解
商业银行公司治理组织架构的相关内容	熟悉
商业银行董事、监事、高级管理人员的选任、职责、激励约束机制等相关内容	掌握
商业银行股权管理的相关内容	掌握
商业银行关联交易的相关内容	掌握
商业银行信息披露的基本要求和披露内容等	掌握

📑 知识解读

第一节　商业银行公司治理概述

一、商业银行公司治理概念 ★

商业银行公司治理是指股东大会、董事会、监事会、高级管理层、股东及其他利益相关者之间的相互关系，包括组织架构、职责边界、履职要求等治理制衡机制，以及决策、执行、监督、激励约束等治理运行机制。

商业银行良好公司治理应当包括以下内容：清晰的股权结构，健全的组织架构，明确的职责边界，科学的发展战略，高标准的职业道德准则，有效的风险管理与内部控制，健全的信息披露机制，合理的激励约束机制，良好的利益相关者保护机制，较强的社会责任意识。

> **◎ 要点点拨**
>
> 　　商业银行公司治理的特殊性：商业银行公司治理更加注重对债权人利益的保护；商业银行公司治理对风险管理和内部控制的要求更高；商业银行公司治理应受到更严格的监管。

二、国内外商业银行公司治理的发展 ★

　　2008 年国际金融危机暴露出银行公司治理方面的缺陷，公司治理再次受到国际银行业监管机构及世界各国监管当局的普遍重视。巴塞尔委员会于 2015 年 7 月再次修改发布《银行公司治理原则》，明确要求加强风险管理，扩大了董事会在风险管理中的职权，强调董事会及董事会成员的勤勉义务，为监管当局评价银行选举的董事会成员及高管人员提供了指引。

　　为从根本上解决制约国有商业银行发展的机制体制问题，2004 年 1 月，国务院决定对中国银行和中国建设银行进行股份制改造试点，标志着国有商业银行公司治理改革的开始。

　　2022 年 11 月，原银保监会修订出台《银行保险机构公司治理监管评估办法》，持续完善公司治理监管制度体系和加强监管评估。

三、商业银行公司治理原则和目标 ★★

　　巴塞尔委员会发布的《银行公司治理原则》共包括 13 条原则，其中，原则 1：董事会的整体职责；原则 2：董事会质量和构成；原则 3：董事会自身结构和实践；原则 4：高级管理层；原则 5：集团架构的治理；原则 6：风险管理职能；原则 7：风险识别、监督和控制；原则 8：风险沟通；原则 9：合规；原则 10：内部审计；原则 11：薪酬；原则 12：披露和透明度；原则 13：监管者的角色。

　　《银行公司治理原则》强调，**公司治理的主要目标是持续维护利益相关者的利益，并将其与公众利益结合起来**。在利益相关者当中，零售银行的股东利益要劣后于存款者的利益。

第二节　商业银行公司治理组织架构

一、股东和股东大会 ★★

　　1. 股东的权利

　　股东的权利包括资产收益权、参与重大决策权、选择管理者的权利、知情权和诉讼权。知情权是股东最基本的权利。股东参与重大决策最重要的方式就是行使提案权和表决权。

　　2. 股东的义务

　　股东的主要义务是出资义务。商业银行的股东应重点关注的义务，一是诚信义务，二是资本补充义务，三是交易行为的限制。

　　3. 股东大会

　　（1）股东大会的召开。股东大会会议分为**年度股东大会**和**临时股东大会**。商业银行应当于每一会计年度结束后 6 个月内召开年度股东大会。二分之一以上且不少于两名独立董事提议召开临时股东大会的，商业银行应当在两个月内召开临时股东大会。股东大会由董事会召集，董事长主持。

（2）股东大会的职责。股东大会行使下列职权：决定公司的经营方针和投资计划；选举和更换非由职工代表担任的董事、监事，决定有关董事、监事的报酬事项；审议批准董事会的报告；审议批准监事会或者监事的报告；审议批准公司的年度财务预算方案、决算方案；审议批准公司的利润分配方案和弥补亏损方案；对公司增加或者减少注册资本作出决议；对发行公司债券作出决议；对公司合并、分立、解散、清算或者变更公司形式作出决议；修改公司章程。法律允许和鼓励公司章程基于公司自治的原则，赋予股东大会更多的职权。

除上述职权外，银行机构股东大会职权还应当包括：对公司上市作出决议；审议批准股东大会、董事会和监事会议事规则；审议批准股权激励计划方案；依照法律规定对收购本公司股份作出决议；对聘用或解聘为公司财务报告进行定期法定审计的会计师事务所作出决议。

（3）股东大会的投票机制。股东大会决议的表决实行股东平等、资本多数决的民主决策规则。**股东大会作出决议，必须经出席会议的股东所持表决权过半数通过。**

> **🔵 要点点拨**
>
> 下列事项必须经出席会议股东所持表决权三分之二以上通过：公司增加或者减少注册资本；发行公司债券或者公司上市；公司合并、分立、解散、清算或者变更公司形式；修改公司章程；罢免独立董事；审议批准股权激励计划方案；法律法规、监管规定或者公司章程规定的，需要经出席会议股东所持表决权三分之二以上通过的其他事项。

二、董事会 ★★

董事会位于股东会与高级管理层的中间层，处于承上启下的地位。商业银行董事会人数至少为5人。董事会由董事长召集和主持。董事长不能履行职务或者不履行职务的，由副董事长召集和主持；副董事长不能履行职务或者不履行职务的，由半数以上董事共同推举一名董事召集和主持。

董事会会议分为定期会议和临时会议。定期会议每年度至少召开4次，每次会议应当至少于会议召开十日前通知全体董事和监事。代表十分之一以上表决权的股东、三分之一以上董事或者监事会，两名以上独立董事，可以提议召开董事会临时会议。

商业银行的董事会应当重点关注以下事项：召集股东会会议，并向股东会报告工作；执行股东会的决议；决定公司的经营计划和投资方案；制订公司的年度财务预算方案、决算方案；制订公司的利润分配方案和弥补亏损方案；制订公司增加或者减少注册资本以及发行公司债券的方案；制订公司合并、分立、解散或者变更公司形式的方案；决定公司内部管理机构的设置；决定聘任或者解聘公司经理及其报酬事项，并根据经理的提名决定聘任或者解聘公司副经理、财务负责人及其报酬事项；制定公司的基本管理制度。

除上述职权外，商业银行董事会职权至少应当包括：制订公司增加或者减少注册资本、发行债券或者其他证券及上市的方案；制订公司重大收购、收购本公司股份或者合并、分立、解散及变更公司形式的方案；按照监管规定，聘任或者解聘高级管理人员，并决定其报酬、奖惩事项，监督高级管理层履行职责；依照法律法规、监管规定及公司章程，审议批准公司对外投资、资产购置、资产处置与核销、资产抵押、关联交易、数据治理等事项；制定公司发展战略并监督战略实施；制定公司资本规划，承担资本或偿付能力管理最终责任。

三、监事会 ★★

监事会是对公司的财务及业务进行监督的法定、常设监督机构,对股东大会负责。监事会由职工代表出任的监事、股东大会选举的外部监事和股东监事组成,监事会成员不得少于三人,其中,职工代表的比例不得低于三分之一,外部监事的比例不得低于三分之一。

监事会会议每年度至少召开 4 次,监事可以提议召开监事会临时会议。监事会决议可以采用现场会议表决和书面传签表决两种方式作出。监事会作出决议,必须经全体监事过半数通过。

> **💡 真题精练**
>
> 【例 1·多项选择题】下列事项中,必须经出席会议股东所持表决权三分之二以上通过的有(　　)。
> A. 公司增加或者减少注册资本　　B. 修改公司章程
> C. 审议批准股权激励计划方案　　D. 公司分立
> E. 公司解散
> ------
> Ⓐ Ⓑ Ⓒ Ⓓ Ⓔ　上述事项均必须经出席会议股东所持表决权三分之二以上通过。

第三节　董事、监事、高级管理人员

一、董事 ★★★

董事是由股东大会选举并作为董事会成员参与公司经营决策的自然人。目前,国内商业银行董事大体上可以分为两类:执行董事、非执行董事。国务院银行业监督管理机构对银行业金融机构的董事和高级管理人员实行任职资格管理。董事的要点见表 8-1。

表 8-1　董事的要点

要点	内容
董事的提名程序	在商业银行章程规定的董事会人数范围内,按照拟选任人数,可以由董事会提名委员会提出董事候选人名单;单独或者合计持有商业银行发行的有表决权股份总数 3% 以上股东亦可以向董事会提出董事候选人。同一股东及其关联方提名的董事原则上不得超过董事会成员总数的三分之一
董事的义务与责任	商业银行董事有权了解商业银行的各项业务经营情况和财务状况,并对其他董事和高级管理层成员履行职责情况实施监督。更重要的是,董事应当按照相关法律法规及商业银行章程的要求,认真履行职责。董事对商业银行负有忠实和勤勉义务。 董事应当每年至少亲自出席三分之二以上的董事会现场会议;因故不能亲自出席的,可以书面委托其他董事代为出席,但独立董事不得委托非独立董事代为出席。一名董事原则上最多接受两名未亲自出席会议董事的委托。在审议关联交易事项时,非关联董事不得委托关联董事代为出席
独立董事	独立董事的主要角色是中小股东的代言人,具有独立性。独立董事人数原则上不低于董事会成员总数的三分之一。单独或者合计持有商业银行有表决权股份总数 1% 以上股东、董事会提名委员会、监事会可以提出独立董事候选人。独立董事在同一家商业银行任职时间累计不得超过 6 年

真题精练

【例2·单项选择题】商业银行的组织架构中,独立董事人数原则上不低于董事会成员总数的(   )。

A. 二分之一

B. 三分之一

C. 四分之一

D. 三分之二

B   独立董事人数原则上不低于董事会成员总数的三分之一。

二、监事 ★★★

监事是由股东大会选举并作为监事会成员参与公司经营监督活动的自然人。监事包括股东监事、外部监事和职工监事。

非职工监事由股东或监事会提名,职工监事由监事会、商业银行工会提名。监事任期每届3年,任期届满,连选可以连任。外部监事在同一家商业银行的任职时间累计不得超过6年。

商业银行监事有权依法进行独立调查、取证,实事求是提出问题和监督意见。监事可以列席董事会会议,对董事会决议事项提出质询或者建议。监事对商业银行负有忠实和勤勉义务。尽职、审慎履行职责,并保证有足够的时间和精力履职。监事不得利用职权收受贿赂或者其他非法收入,不得侵占公司的财产。监事应当每年至少亲自出席三分之二以上的监事会现场会议,因故不能亲自出席的,可以书面委托其他监事代为出席。

◎ 要点点拨

董事、高级管理人员不得兼任监事。

三、高级管理人员 ★★★

高级管理层由商业银行总行行长、副行长、财务负责人及监管部门认定的其他高级管理人员组成。高级管理层对董事会负责,同时接受监事会监督。高级管理人员是指公司的经理、副经理、财务负责人,上市公司董事会秘书和公司章程规定的其他人员。

鼓励商业银行采用市场化选聘机制,以公开、透明的方式选聘高级管理人员,持续提升高级管理人员的专业素养和业务水平。行长对董事会负责,由董事会决定聘任或解聘。商业银行董事长不得兼任行长(总经理)。

📖 知识加油站

商业银行董事长和行长应当分设。这样规定一是为了避免商业银行经营者的独断专行,完善商业银行内部民主与制衡机制。二是因为董事长和行长的定位、职责各有不同。董事长重在对商业银行的重大事项作出决策和建议。行长的职责是将董事会决策付诸实施。

四、激励约束机制 ★★★

1.董事和监事履职评价

商业银行监事会对本机构董事监事履职评价工作承担最终责任。董事会、高级管理层应当支持和配合董事监事履职评价相关工作。履职评价应当至少包括履行忠实义务、履行勤勉义务、履职专业性、履职独立性与道德水准、履职合规性五个维度。

董事履职评价可以包括董事自评、董事互评、董事会评价、外部评价、监事会最终评价等环节。监事履职评价可以包括监事自评、监事互评、外部评价、监事会最终评价等环节。评价方法可以包括资料分析、行为观察、问卷调查、履职测评、座谈访谈等。

商业银行应当按年度开展履职评价工作。董事、监事的年度履职评价结果分为称职、基本称职和不称职三类。

2. 高管人员激励约束机制

商业银行应当按照收益与风险兼顾、长期与短期激励并重的原则,建立指标科学完备、流程清晰规范的绩效考核机制。商业银行绩效考核指标应当包括合规经营指标、风险管理指标、经济效益指标和社会责任指标等,且合规经营指标和风险管理指标权重应当高于其他指标。商业银行应当建立绩效薪酬延期支付和追索扣回制度。商业银行执行董事、高级管理人员和其他对经营风险有直接或重要影响的人员的绩效薪酬应当实行延期支付。商业银行绩效薪酬支付期限应当充分考虑相应业务的风险持续时期,且不得少于三年,并定期根据业绩实现和风险变化情况对延期支付制度进行调整。

> 💡 **真题精练**
>
> 【例3·单项选择题】商业银行绩效考核指标应当包括合规经营指标、风险管理指标、经济效益指标和社会责任指标等,且(　　)权重应当高于其他指标。
>
> A. 经济效益指标和社会责任指标　　B. 经济效益指标和合规经营指标
> C. 社会责任指标和风险管理指标　　D. 合规经营指标和风险管理指标
>
> ----
>
> **D**　商业银行绩效考核指标应当包括合规经营指标、风险管理指标、经济效益指标和社会责任指标等,且合规经营指标和风险管理指标权重应当高于其他指标。
>
> 【例4·多项选择题】董事和监事履职评价的方法有(　　)。
>
> A. 履职测评　　　　　　　　B. 资料分析
> C. 问卷调查　　　　　　　　D. 行为观察
> E. 敏感性分析
>
> ----
>
> **A B C D**　董事和监事履职评价的方法可以包括资料分析、行为观察、问卷调查、履职测评、座谈访谈等。

第四节　股权管理

一、股权管理的意义 ★★★

加强商业银行股权管理的意义包括:

(1)有利于增强商业银行风险抵御能力。商业银行是高负债经营的行业,资本管理是商业银行风险管理的核心,资本充足率水平决定了商业银行抵御风险能力的高低。加强股权管理,做实做足股东出资,有利于商业银行提高资本充足率水平,增强商业银行抵御风险能力。

(2)有利于商业银行保持稳健发展。

(3)有利于商业银行提高内部管理水平。

(4)有利于维护商业银行中小投资者利益。

教你一招

近年来的实践表明，良好的股权结构是商业银行公司治理的基石。

二、股权管理的国际监管要求 ★★★

加强商业银行股权管理，是国际上银行监管的通行做法。

在美国，持有银行股份在25%以上，肯定会认为是"控制"；持股在5%以下，基本上不会认为是控制。在德国，直接或间接持有商业银行股权或投票权达到10%的，要报监管部门批准，如果股东违反监管规定，不得行使投票权，并且需要监管部门同意才可以处分获得的股权。在日本，持有商业银行股权达到5%的，要向监管部门报告，违反监管规定的，将面临监禁或罚款。在英国，股东持有商业银行股权或投票权达到10%的，也要向监管部门提交材料，由监管部门进行审批。在新加坡，持有商业银行股权或投票权达到5%的，要报监管部门部长核准，违反规定的，将面临监禁或罚款。

三、我国关于商业银行股权管理的法规体系 ★★★

我国关于商业银行股权管理的法规体系见表8-2。

表8-2　我国关于商业银行股权管理的法规体系

要点	内容
《中华人民共和国商业银行法》的规定	任何单位和个人购买商业银行股份总额5%以上的，应当事先经国务院银行业监督管理机构批准；未经批准购买商业银行股份总额5%以上的，由国务院银行业监督管理机构责令改正，有违法所得的，没收违法所得，违法所得5万元以上的，并处违法所得1倍以上5倍以下罚款；没有违法所得或者违法所得不足5万元的，处5万元以上50万元以下罚款
《中华人民共和国银行业监督管理法》的规定	申请设立银行业金融机构，或者银行业金融机构变更持有资本总额或股份总额达到规定比例以上的股东的，国务院银行业监督管理机构应当对股东的资金来源、财务状况、资本补充能力和诚信状况进行审查

四、股权管理的主要内容 ★★★

1. 股权管理原则

商业银行股权管理有五大原则，即"分类管理""资质优良""关系清晰""权责明确"和"公开透明"。

2. 股权变动的审批与报告

（1）投资人及其关联方、一致行动人单独或合计拟首次持有或累计增持商业银行资本总额或股份总额5%以上的，应当事先报国务院银行业监督管理机构或其派出机构核准。

（2）对通过境内外证券市场拟持有商业银行股份总额5%以上的行政许可批复，有效期为6个月。

（3）商业银行股东及其关联方、一致行动人单独或合计持有商业银行资本总额或股份总额1%（含）以上、5%（不含）以下的，应当在取得相应股权后10个工作日内通过商业银行向银行业监督管理机构报告。上市商业银行股东应当在知道或应知道单独或合计持有商业银行股份总额1%（含）以上、5%（不含）以下之日起10个工作日内通过商业银行向银行业监督管理机构报告。

3. 主要股东

商业银行主要股东是指持有或控制商业银行5%以上股份或表决权，或持有资本总额或股份总额不足5%但对商业银行经营管理有重大影响的股东。所谓"重大影响"，包括但不限于向商业银行派驻董事、监事或高级管理人员，通过协议或其他方式影响商业银行的财务和经营管理决策以及银行业监督管理机构认定的其他情形。

4. 大股东

一般来说,大股东是主要股东中更具有控制性影响力的一部分股东。大股东主要根据机构类型从持股比例、对金融机构的影响等角度进行认定,包括持有国有控股大型商业银行、全国性股份制商业银行、外资法人银行、民营银行、金融资产管理公司、金融租赁公司、消费金融公司和汽车金融公司等机构15%以上股权,**持有城市商业银行、农村商业银行等机构10%以上股权股东**,实际持有商业银行股权最多且持股比例不低于5%的股东,提名董事两名以上的股东,以及机构董事会认为对银行业金融机构经营管理有控制性影响的股东。

5. 股东责任

(1)出资义务。

(2)股东承诺。

(3)股东穿透。商业银行股东不得委托他人或接受他人委托持有商业银行股权。主要股东应当逐层说明其股权结构直至实际控制人、最终受益人,以及其与其他股东的关联关系或者一致行动关系。

(4)告知义务。商业银行股东转让所持有的商业银行股权,应当告知受让方需符合法律法规和国务院银行业监督管理机构规定的条件。

(5)入股数量。**同一投资人及其关联方、一致行动人作为主要股东参股商业银行的数量不得超过2家,或控股商业银行的数量不得超过1家**。

(6)持股比例。

(7)负面情形。商业银行主要股东及其控股股东、实际控制人不得存在下列情形:被列为相关部门失信联合惩戒对象;存在严重逃废银行债务行为;提供虚假材料或者作不实声明;对商业银行经营失败或重大违法违规行为负有重大责任;拒绝或阻碍银行业监督管理机构依法实施监管;因违法违规行为被金融监管部门或政府有关部门查处,造成恶劣影响以及其他可能对商业银行经营管理产生不利影响的情形。

(8)禁售期限。**商业银行主要股东自取得股权之日起5年内不得转让所持有的股权**。

(9)依法行权。

(10)补充资本。

(11)风险隔离。

(12)人员隔离。

(13)关联交易。

(14)股权质押。拥有本行董事、监事席位的股东,或直接、间接、共同持有或控制本行2%以上股份或表决权的股东出质本行股份,事前须向本行董事会申请备案,说明出质的原因、股权数额、质押期限、质押权人等基本情况;股东在本行借款余额超过其持有经审计的本行上一年度股权净值的,不得将本行股权进行质押;股东质押本行股权数量达到或超过其持有本行股权的50%时,应当对其在股东大会和派出董事在董事会上的表决权进行限制;大股东质押商业银行股权数量超过其所持股权数量的50%时,大股东及其所提名董事不得行使在股东(大)会和董事会上的表决权。

(15)配合处置。

(16)金融产品。**同一投资人、发行人或管理人及其关联方、一致行动人控制的金融产品合计持有1家商业银行股份比例不得超过5%**。

6. 商业银行的股权管理职责

(1)商业银行董事会应当勤勉尽责,并承担股权事务管理的最终责任。**商业银行董**

事长是处理商业银行股权事务的第一责任人。董事会秘书协助董事长工作,是处理股权事务的直接责任人。

(2)商业银行应当建立和完善股权信息管理系统和股权管理制度,做好股权信息登记、关联交易管理和信息披露等工作。

(3)为提高股权信息透明度,增强股权登记的规范性,商业银行应当建立股权托管制度,将股权在符合要求的托管机构进行集中托管。

(4)商业银行对主要股东或其控股股东、实际控制人、关联方、一致行动人、最终受益人等单个主体的授信余额不得超过商业银行资本净额的10%。商业银行对单个主要股东及其控股股东、实际控制人、关联方、一致行动人、最终受益人的合计授信余额不得超过商业银行资本净额的15%。

7. 监督管理

银行业监督管理机构主要职责和措施包括:穿透监管;监管承诺;影响评估;交易限制;处分限制;动态监测;监管联动;对机构的监管措施;限制股权;调整评级;不良记录。

💡 真题精练

【例5·多项选择题】商业银行股权管理的原则有( )。

A.分类管理原则 　　　　B.资质优良原则
C.关系清晰原则 　　　　D.权责明确原则
E.公开透明原则

A B C D E 商业银行股权管理有五大原则,即"分类管理""资质优良""关系清晰""权责明确"和"公开透明"。

【例6·判断题】商业银行主要股东是指持有或控制商业银行10%以上股份或表决权的股东。( )

A.正确 　　　　B.错误

B 商业银行主要股东是指持有或控制商业银行5%以上股份或表决权,或持有资本总额或股份总额不足5%但对商业银行经营管理有重大影响的股东。

五、非金融企业投资金融机构的特别规定 ★★★

1. 基本原则
(1)立足主业,服务实体经济。
(2)审慎经营,避免盲目扩张。
(3)严格准入,强化股东资质、股权结构和资金来源审查。
(4)隔离风险,严禁不当干预金融机构经营。
(5)强化监管,有效防范风险。
(6)规范市场秩序与激发市场活力并重。

2. 主要内容
(1)实施严格的市场准入管理。
(2)限制企业过度投资金融机构。
(3)强化企业投资控股金融机构的资质要求。
(4)加强金融机构股权质押、转让和拍卖管理。

（5）企业应当具有良好的财务状况。

（6）强化投资资金来源的真实性合规性监管。

（7）完善股权结构和公司治理。

（8）建立全面风险管理体系。

（9）规范关联交易。

（10）防止滥用控制权。

（11）建立健全风险隔离机制。

（12）构建有效风险处置机制。

（13）加强对企业和金融机构的穿透监管。

控股股东原则上需符合最近 **3** 个会计年度连续盈利、年终分配后净资产达到全部资产的 **40%**、权益性投资余额不超过本企业净资产的 **40%** 等。

📖 知识加油站

企业成为控股股东时,应当符合下列条件:一是核心主业突出,业务发展具有可持续性。二是资本实力雄厚,具有持续出资能力。原则上需符合最近3个会计年度连续盈利、年终分配后净资产达到全部资产的40%、权益性投资余额不超过本企业净资产的40%等相关行业监管要求。三是公司治理规范,组织架构简洁清晰,股东、受益所有人结构透明。出资企业为企业集团或处于企业集团、控股公司结构之中的,须全面完整报告或披露集团的股权结构、实际控制人、受益所有人及其变动情况,包括匿名、代持等相关情况。四是管理能力达标,拥有金融专业人才。

企业具有以下情形之一的,不得成为金融机构控股股东:脱离主业需要盲目向金融业扩张;风险管控薄弱;进行高杠杆投资;关联企业众多、股权关系复杂不透明;关联交易频繁且异常;滥用市场垄断地位或技术优势开展不正当竞争,操纵市场,扰乱金融秩序。对所投资金融机构经营失败或重大违规行为负有重大责任的企业,5年内不得再投资成为金融机构控股股东。

第五节　关联交易

一、关联方认定　★★★

商业银行的关联方是指与商业银行存在一方控制另一方,或对另一方施加重大影响,以及与商业银行同受一方控制或重大影响的自然人、法人或非法人组织。

> **关联自然人**
>
> 关联自然人包括商业银行的自然人控股股东、实际控制人及其一致行动人、最终受益人;持有或控制商业银行5%以上股权的,或持股不足5%但对商业银行经营管理有重大影响的自然人;商业银行的董事、监事、总行(总公司)和重要分行(分公司)的高级管理人员,以及具有大额授信、资产转移、保险资金运用等核心业务审批或决策权的人员。上述关联方的配偶、父母、成年子女及兄弟姐妹是关联方。
>
> 关联自然人还包括商业银行法人控股股东、主要股东,实际控制人的董事、监事、高级管理人员,商业银行法人控股股东、主要股东,实际控制人的一致行动人,最终受益人的董事、监事、高级管理人员。

关联法人或非法人组织

关联法人或非法人组织包括：商业银行的法人控股股东、实际控制人及其一致行动人、最终受益人；持有或控制商业银行5%以上股权的，或者持股不足5%但对商业银行经营管理有重大影响的法人或非法人组织及其控股股东、实际控制人、一致行动人、最终受益人；商业银行控制或施加重大影响的法人或非法人组织。

此外，商业银行的控股股东、实际控制人控制或施加重大影响的法人或非法人组织，主要股东控制的法人或非法人组织等也是关联方。

其他关联方

商业银行按照实质重于形式和穿透的原则，还可以主动认定关联方，一是关联方的认定考虑时间维度，在过去12个月内或者根据相关协议安排在未来12个月内构成关联方的，都可以认定为关联方。二是近亲属的范围可以扩展，不仅包括配偶、父母、成年子女及兄弟姐妹，还可以是其他关系密切的家庭成员。三是内部工作人员及其控制的法人或其他组织等。

二、关联交易认定 ★★★

1. 关联交易类别

商业银行关联交易是指商业银行与关联方之间发生的利益转移事项。主要包括以下类型：

（1）授信类关联交易，指银行机构向关联方提供资金支持，或者对关联方在有关经济活动中可能产生的赔偿、支付责任作出保证，包括贷款（含贸易融资）、票据承兑和贴现、透支、债券投资、特定目的载体投资、开立信用证、保理、担保、保函、贷款承诺、证券回购、拆借以及其他实质上由银行机构承担信用风险的表内外业务等。

（2）资产转移类关联交易，包括银行机构与关联方之间发生的自用动产与不动产买卖，信贷资产及其收（受）益权买卖，抵债资产的接收和处置等。

（3）服务类关联交易，包括信用评估、资产评估、法律服务、咨询服务、信息服务、审计服务、技术和基础设施服务、财产租赁以及委托或受托销售等。

（4）存款和其他类型关联交易，以及根据实质重于形式原则认定的可能引致银行机构利益转移的事项。

2. 关联交易金额计算

授信类关联交易原则上以签订协议的金额计算交易金额；资产转移类关联交易以交易价格或公允价值计算交易金额；服务类关联交易以业务收入或支出金额计算交易金额。

💡 **真题精练**

【例7·单项选择题】下列选项中，不属于商业银行授信类关联交易的是（   ）。

A. 票据承兑　　　　　　　　　　B. 票据贴现

C. 信用评估　　　　　　　　　　D. 开立信用证

C　信用评估属于商业银行服务类关联交易。

三、关联交易管理 ★★★

商业银行应当制定关联交易管理制度并设立关联交易控制委员会。

1. 关联交易的审批程序

一般关联交易按照公司内部管理制度和授权程序审查，报关联交易控制委员会备案。

重大关联交易经由关联交易控制委员会审查后,提交董事会批准。董事会会议所作决议须经非关联董事 2/3 以上通过。出席董事会会议的非关联董事人数不足 3 人的,应当提交股东(大)会审议。

2. 关联交易禁止性规定

(1)不得通过掩盖关联关系、拆分交易等各种隐蔽方式规避重大关联交易审批或监管要求。

(2)不得利用各种嵌套交易拉长融资链条、模糊业务实质、规避监管规定,不得为股东及其关联方违规融资、腾挪资产、空转套利、隐匿风险等。

(3)不得直接通过或借道同业、理财、表外等业务,突破比例限制或违反规定向关联方提供资金。

(4)不得接受本行的股权作为质押提供授信。银行机构不得为关联方的融资行为提供担保(含等同于担保的或有事项),但关联方以银行存单、国债提供足额反担保的除外。

(5)关联方提供授信发生损失的,自发现损失之日起 2 年内不得再向该关联方提供授信,但为减少该授信的损失,经银行机构董事会批准的除外。

(6)股东在本行借款余额超过其持有经审计的上一年度股权净值,不得将本行股票进行质押;股东特别是主要股东在本行授信逾期时,应当对其在股东大会和派出董事在董事会上的表决权进行限制。

3. 关联交易集中度

银行机构对单个关联方的授信余额不得超过银行机构上季末资本净额的 10%。银行机构对单个关联法人或非法人组织所在集团客户的合计授信余额不得超过银行机构上季末资本净额的 15%。**银行机构对全部关联方的授信余额不得超过银行机构上季末资本净额的 50%**。

> **📘 知识加油站**
>
> 商业银行的关联交易按照单笔和余额的相对数划分为一般关联交易和重大关联交易。银行机构重大关联交易是指银行机构与单个关联方之间单笔交易金额达到银行机构上季末资本净额 1% 以上,或累计达到银行机构上季末资本净额 5% 以上的交易。一般关联交易是指除重大关联交易以外的其他关联交易。

第六节 信息披露

一、基本要求 ★★★

商业银行应当建立本行的信息披露管理制度。商业银行应当遵循真实性、准确性、完整性和及时性原则,规范披露信息,不得存在虚假报告、误导和重大遗漏等。**商业银行应将信息披露的内容以中文编制成年度报告,于每个会计年度终了后的 4 个月内披露。**

> **🕐 要点点拨**
>
> 商业银行的信息披露由董事会负责。

二、披露内容 ★★★

商业银行年度披露的信息应当包括:基本信息、财务会计报告、风险管理信息、公司治理信息、年度重大事项等。

（1）基本信息应当包括但不限于以下内容：法定名称、注册资本、注册地、成立时间、经营范围、法定代表人、主要股东及其持股情况、客服和投诉电话、各分支机构营业场所等。

（2）商业银行披露的年度财务会计报告须经具有相应资质的会计师事务所审计。

（3）年度重大事项应当包括：最大十名股东及报告期内变动情况；增加或减少注册资本、分立或合并事项。

（4）商业银行发生一些事项的，应当自事项发生之日起 10 个工作日内编制临时信息披露报告，并通过公开渠道发布，包括：控股股东或者实际控制人发生变更的；更换董事长或者行长的；当年董事会累计变更人数超过董事会成员人数三分之一的；商业银行名称、注册资本或者注册地发生变更的；经营范围发生重大变化的；合并、分立、解散或者申请破产的；重大投资、对被投资企业实施控制的重大股权投资、重大资产处置事项；重大诉讼或者重大仲裁事项；撤销一级分行（省级分公司）；公司或者董事长、行长（总经理）受到刑事处罚；公司或者一级分行（省级分公司）受到监管机构行政处罚；更换或者提前解聘为公司财务报告进行定期法定审计的会计师事务所。

三、股权信息披露要求 ★★★

表 8-3　股权信息披露的要点

要点	内容
主要股东报告内容	商业银行主要股东应当及时、准确、完整地向商业银行报告以下信息：自身经营状况、财务信息、股权结构；入股商业银行的资金来源；控股股东、实际控制人、关联方、一致行动人、最终受益人及其变动情况；所持商业银行股权被采取诉讼保全措施或者被强制执行；所持商业银行股权被质押或者解押；名称变更；合并、分立；被采取责令停业整顿、指定托管、接管或撤销等监管措施，或者进入解散、破产、清算程序；其他可能影响股东资质条件变化或导致所持商业银行股权发生变化的情况
定期披露内容	商业银行应当通过半年报或年报在官方网站等渠道真实、准确、完整地披露商业银行股权信息，披露内容包括：报告期末股票、股东总数及报告期间股票变动情况；报告期末公司前十大股东持股情况；报告期末主要股东及其控股股东、实际控制人、关联方、一致行动人、最终受益人情况；报告期内与主要股东及其控股股东、实际控制人、关联方、一致行动人、最终受益人关联交易情况；主要股东出质银行股权情况；股东提名董事、监事情况；银行业监督管理机构规定的其他信息
临时披露要求	主要股东相关信息可能影响股东资质条件发生重大变化或导致所持商业银行股权发生重大变化的，商业银行应及时进行信息披露
监管要求公示	对于应当报请银行业监督管理机构或其派出机构批准但尚未获得批准的股权事项，商业银行在信息披露时应当作出说明

↓ 码上看总结 ↓

章节自测

一、单项选择题（在以下各小题所给出的四个选项中,只有一个选项符合题目要求, 请将正确选项的代码填入括号内）

1.《中华人民共和国商业银行法》规定,任何单位和个人购买商业银行股份总额（　　）以上的,应当事先经国务院银行业监督管理机构批准。
   A. 2%
   B. 3%
   C. 4%
   D. 5%

2. 商业银行应当于每一会计年度结束后（　　）个月内召开年度股东大会。
   A. 3
   B. 6
   C. 9
   D. 1

3. 下列关于商业银行董事会的说法中,错误的是（　　）。
   A. 董事会由董事长召集和主持
   B. 董事长不能履行职务或者不履行职务的,由副董事长召集和主持
   C. 商业银行董事会人数至少为 3 人
   D. 董事会位于股东会与高级管理层的中间层,处于承上启下的地位

4. 商业银行行长由（　　）决定聘任或解聘。
   A. 股东大会
   B. 董事会
   C. 监事会
   D. 专门委员会

5. 在德国,直接或间接持有商业银行股权或投票权达到（　　）的,要报监管部门批准,如果股东违反监管规定,不得行使投票权,并且需要监管部门同意才可以处分获得的股权。
   A. 10%
   B. 3%
   C. 8%
   D. 5%

6. 银行机构对单个关联方的授信余额不得超过银行机构上季末资本净额的（　　）,银行机构对全部关联方的授信余额不得超过银行机构上季末资本净额的（　　）。
   A. 10% ;15%
   B. 15% ;50%
   C. 10% ;50%
   D. 10% ;30%

7. 企业成为控股股东应符合的条件不包括（　　）。
   A. 核心主业突出,业务发展具有可持续性
   B. 最近 3 个会计年度连续盈利、年终分配后净资产达到全部资产的 40%
   C. 管理能力达标,拥有金融专业人才
   D. 进行高杠杆投资

8. 下列关于商业银行关联交易管理的说法中,错误的是（　　）。
   A. 可以接受本行的股权作为质押提供授信
   B. 不得通过掩盖关联关系、拆分交易等各种隐蔽方式规避重大关联交易审批或监管要求
   C. 不得利用各种嵌套交易拉长融资链条、模糊业务实质、规避监管规定
   D. 不得为股东及其关联方违规融资、腾挪资产、空转套利、隐匿风险

二、多项选择题（在以下各小题所给出的选项中,至少有两个选项符合题目要求,请将正确选项的代码填入括号内）

1. 商业银行良好公司治理应当包括（　　）。
   A. 合理的激励约束机制
   B. 健全的组织架构
   C. 科学的发展战略
   D. 良好的利益相关者保护机制
   E. 有效的风险管理与内部控制

2. 下列关于独立董事的说法中,正确的有( )。
   A. 独立董事的主要角色是中小股东的代言人
   B. 独立董事具有独立性
   C. 独立董事因故不能亲自出席董事会的,可以委托非独立董事代为出席
   D. 单独或者合计持有商业银行有表决权股份总数 1% 以上股东、董事会提名委员会、监事会可以提出独立董事候选人
   E. 独立董事在同一家商业银行任职时间累计不得超过 6 年
3. 商业银行高级管理层包括( )。
   A. 独立董事   B. 总行行长
   C. 副行长   D. 财务负责人
   E. 监事
4. 董事会、高级管理层应当支持和配合董事监事履职评价相关工作。履职评价的维度至少应包括( )。
   A. 履行忠实义务   B. 履行勤勉义务
   C. 履职专业性   D. 履职独立性与道德水准
   E. 履职合规性
5. 加强商业银行股权管理的意义包括( )。
   A. 有利于增强商业银行风险抵御能力   B. 有利于优先保证零售银行客户的利益
   C. 有利于商业银行保持稳健发展   D. 有利于商业银行提高内部管理水平
   E. 有利于维护商业银行中小投资者利益
6. 下列事项发生时,商业银行需要编制临时信息披露报告的有( )。
   A. 控股股东或者实际控制人发生变更的
   B. 商业银行名称、注册资本或者注册地发生变更的
   C. 更换董事长或者行长的
   D. 经营范围发生重大变化的
   E. 合并、分立、解散或者申请破产的

三、判断题(请判断以下各小题的正误,正确的选 A,错误的选 B)

1. 对于商业银行来说,在利益相关者当中,零售银行的股东利益要优先于存款者的利益。 (   )
   A. 正确   B. 错误
2. 资产收益权是股东最基本的权力。 (   )
   A. 正确   B. 错误
3. 根据相关规定,监事任期每届 3 年,任期届满,连选可以连任。 (   )
   A. 正确   B. 错误
4. 商业银行行长是处理商业银行股权事务的第一责任人。 (   )
   A. 正确   B. 错误
5. 关联方提供授信发生损失的,自发现损失之日起 5 年内不得再向该关联方提供授信。 (   )
   A. 正确   B. 错误

答案详解

一、单项选择题

1. D。【解析】《中华人民共和国商业银行法》规定,任何单位和个人购买商业银行股份总额 5% 以上的,应当事先经国务院银行业监督管理机构批准。

2. B。【解析】商业银行应当于每一会计年度结束后 6 个月内召开年度股东大会。

3. C。【解析】商业银行董事会人数至少为 5 人。

4. B。【解析】行长对董事会负责,由董事会决定聘任或解聘。

5. A。【解析】在德国,直接或间接持有商业银行股权或投票权达到 10% 的,要报监管部门批准,如果股东违反监管规定,不得行使投票权,并且需要监管部门同意才可以处分获得的股权。

6. C。【解析】银行机构对单个关联方的授信余额不得超过银行机构上季末资本净额的 10%。银行机构对单个关联法人或非法人组织所在集团客户的合计授信余额不得超过银行机构上季末资本净额的 15%。银行机构对全部关联方的授信余额不得超过银行机构上季末资本净额的 50%。

7. D。【解析】D 项属于企业不得成为金融机构控股股东的情形。

8. A。【解析】选项 A 应改为,不得接受本行的股权作为质押提供授信。

二、多项选择题

1. ABCDE。【解析】商业银行良好公司治理应当包括以下内容:清晰的股权结构,健全的组织架构,明确的职责边界,科学的发展战略,高标准的职业道德准则,有效的风险管理与内部控制,健全的信息披露机制,合理的激励约束机制,良好的利益相关者保护机制,较强的社会责任意识。

2. ABDE。【解析】董事应当每年至少亲自出席三分之二以上的董事会现场会议;因故不能亲自出席的,可以书面委托其他董事代为出席,但独立董事不得委托非独立董事代为出席。

3. BCD。【解析】高级管理层由商业银行总行行长、副行长、财务负责人及监管部门

认定的其他高级管理人员组成。

4. ABCDE。【解析】董事会、高级管理层应当支持和配合董事监事履职评价相关工作。履职评价应当至少包括履行忠实义务、履行勤勉义务、履职专业性、履职独立性与道德水准、履职合规性五个维度。

5. ACDE。【解析】加强商业银行股权管理的意义包括:(1)有利于增强商业银行风险抵御能力。(2)有利于商业银行保持稳健发展。(3)有利于商业银行提高内部管理水平。(4)有利于维护商业银行中小投资者利益。

6. ABCDE。【解析】商业银行发生一些事项的,应当自事项发生之日起 10 个工作日内编制临时信息披露报告,并通过公开渠道发布,包括:控股股东或者实际控制人发生变更的;更换董事长或者行长的;当年董事会累计变更人数超过董事会成员人数三分之一的;商业银行名称、注册资本或者注册地发生变更的;经营范围发生重大变化的;合并、分立、解散或者申请破产的;重大投资、对被投资企业实施控制的重大股权投资、重大资产处置事项;重大诉讼或者重大仲裁事项;撤销一级分行(省级分公司);公司或者董事长、行长(总经理)受到刑事处罚;公司或者一级分行(省级分公司)受到监管机构行政处罚;更换或者提前解聘为公司财务报告进行定期法定审计的会计师事务所。

三、判断题

1. B。【解析】在利益相关者当中,零售银行的股东利益要劣后于存款者的利益。

2. B。【解析】知情权是股东最基本的权利。

3. A。【解析】监事任期每届 3 年,任期届满,连选可以连任。

4. B。【解析】商业银行董事长是处理商业银行股权事务的第一责任人。

5. B。【解析】关联方提供授信发生损失的,自发现损失之日起 2 年内不得再向该关联方提供授信,但为减少该授信的损失,经银行机构董事会批准的除外。

第九章
全面风险管理

⊕ 考情直击

　　本章的主要内容是商业银行全面风险管理的基本概念,全面风险管理架构、策略、政策和程序,面临的主要风险类型和管控手段等。分析近几年的考试情况,本章的常考点有风险的定义,全面风险管理的要素、原则和组织架构,风险管理策略、管控手段等。

📖 考纲要求

全面风险管理

考试内容	能力等级
全面风险管理的内涵、组织架构、策略、政策和程序	熟悉
信用风险管理的内涵、计量,金融资产风险分类与不良资产处置管理的内容	掌握
操作风险的类型、内容以及主要业务的操作风险	掌握
市场风险、流动性风险、国别风险、声誉风险、法律风险、战略风险、信息科技风险等其他风险的相关内容	了解
突发事件与应急管理的内涵、分类、主要工作内容以及相关监管要求	熟悉

📘 知识解读

第一节　全面风险管理的框架

一、风险的定义和分类　★★

1.风险的定义

　　风险是银行在经营过程中,由于一系列不确定因素的影响,导致收益和价值损失的可能性。对银行风险的定义,可以从两个角度理解:一是**强调结果的不确定性**;二是**强调不确定性带来的不利后果**。

　　风险不等同于损失本身,风险是一个事前概念,损失是一个事后概念,风险的概念既涵盖了未来可能损失的大小,又涵盖了损失发生概率的高低。

2.风险的分类

（1）按照风险事故的来源，风险可以分为经济风险、政治风险、社会风险、自然风险和技术风险。

（2）按照风险发生的范围，可以分为系统性风险和非系统性风险。

（3）结合商业银行业务的特征及诱发风险的原因，巴塞尔委员会将商业银行面临的风险分为信用风险、市场风险、操作风险、流动性风险、国别风险、法律风险、声誉风险、战略风险八个主要类型。

⊘ 要点点拨

时间价值、资产定价和风险管理被认为是现代金融理论的三大支柱。商业银行从本质上来说就是经营风险的金融机构，以经营风险为其盈利的根本手段。

二、全面风险管理概述 ★★

从资产负债管理的角度，风险管理经历了四个阶段。第一阶段是资产风险管理。在这个阶段，利率受到管制，银行经营的重心在资产的质量和客户的信用状况。第二阶段是负债风险管理。利率已经市场化，负债和流动性成为银行风险管理的中心。第三阶段是资产负债风险管理。这个阶段，同时考虑资产负债两端的风险，重点强调两端的协同管理。第四阶段是全面风险管理。

商业银行的全面风险管理模式体现了以下风险管理理念和方法：全球的风险管理体系；全面的风险管理范围；全程的风险管理过程；全新的风险管理方法；全员的风险文化。

💡 真题精练

【例1·单项选择题】利率已经市场化，负债和流动性成为银行风险管理的中心。这是风险管理的(　　)阶段的特点。

A.资产风险管理　　　　　　　　B.资产负债风险管理

C.全面风险管理　　　　　　　　D.负债风险管理

D　在负债风险管理阶段，利率已经市场化，负债和流动性成为银行风险管理的中心。

三、全面风险管理的要素和原则 ★★

商业银行全面风险管理体系应当包括但不限于以下要素：风险治理架构，风险管理策略、风险偏好和风险限额，风险管理政策和程序，管理信息系统和数据质量控制机制，内部控制和审计体系等。

商业银行在全面风险管理中应当遵循的基本原则包括匹配性原则、全覆盖原则、独立性原则、有效性原则。

四、全面风险管理组织架构 ★★

商业银行风险管理组织架构一般由董事会及其专门委员会、监事会、高级管理层、风险管理部门及其他风险控制部门等组成，见表9-1。

表9-1　管理人员的职责

要点	内容
董事会的职责	董事会承担全面风险管理的最终责任，履行以下职责：建立风险文化；制定风险管理策略；设定风险偏好和风险限额；审批风险管理政策和程序；监督高级管理层开展全面风险管理；审议全面风险管理报告；审批全面风险和各类重要风险的信息披露；聘任风险总监（首席风险官）或其他高级管理人员，牵头负责全面风险管理；其他与风险管理有关的职责

表9-1（续）

要点	内容
监事会的职责	**监事会承担全面风险管理的监督责任**，负责监督检查董事会和高级管理层在风险管理方面的履职尽责情况并督促整改
高级管理层的职责	**高级管理层承担全面风险管理的实施责任，执行董事会的决议**，应当履行以下职责：建立适应全面风险管理的经营管理架构，明确全面风险管理职能部门、业务部门以及其他部门在风险管理中的职责分工，建立部门之间有效制衡、相互协调的运行机制；制定清晰的执行和问责机制，确保风险偏好、风险管理策略和风险限额得到充分传达和有效实施；对董事会设定的风险限额进行细化并执行，包括但不限于行业、区域、客户、产品等维度；制定风险管理政策和程序，定期评估，必要时调整；评估全面风险和各类重要风险管理状况并向董事会报告；建立完备的管理信息系统和数据质量控制机制；对突破风险偏好、风险限额以及违反风险管理政策和程序的情况进行监督，根据董事会的授权进行处理；风险管理的其他职责

五、风险管理策略、风险偏好和风险限额 ★★

1. 风险管理策略

风险分散

风险分散是指通过多样化的投资来分散和降低风险的策略性选择。"不要将所有的鸡蛋放在一个篮子里"的古老投资格言形象地说明了这一方法。马柯维茨的投资组合理论认为，只要两种资产收益率的相关系数不为1，即不完全正相关，分散投资于两种资产就具有降低风险的作用。

风险对冲

风险对冲是指通过投资或购买与标的资产收益波动负相关的某种资产或衍生产品，来冲销标的资产潜在损失的一种策略性选择。风险对冲对管理市场风险（利率风险、汇率风险、股票风险和商品风险）非常有效，可以分为自我对冲和市场对冲两种情况。自我对冲是指商业银行利用资产负债表或某些具有收益负相关性质的业务组合本身所具有的对冲特性进行风险对冲。市场对冲是指商业银行对于无法通过资产负债表和相关业务调整进行自我对冲的风险，通过衍生产品市场进行对冲。

风险转移

风险转移是指通过购买某种金融产品或采取其他合法的经济措施将风险转移给其他经济主体的一种策略性选择。风险转移可分为保险转移和非保险转移。保险转移是指商业银行购买保险，以缴纳保险费为代价，将风险转移给承保人。非保险转移是指商业银行通过担保、备用信用证等将信用风险转移给第三方。

风险规避

风险规避是指商业银行拒绝或退出某一业务或市场，以避免承担该业务或市场风险的策略性选择。

风险补偿

风险补偿是指商业银行在所从事的业务活动造成实质性损失之前，对所承担的风险进行价格补偿的策略性选择。

2. 风险偏好与限额

风险偏好是商业银行在追求实现战略目标的过程中，愿意且能够承担的风险类型和总量，它是统一全行经营管理和风险管理的认知标准，**是风险管理的基本前提**。商业银行在执行风险偏好机制时应做到：一是要明确职责分工；二是要加强风险偏好执行监测；三是要适时对风险偏好进行调整。

风险限额是银行风险管理的重要手段。商业银行应当制定风险限额管理的政策和程序，建立风险限额设定、限额调整、超限额报告和处理制度。**风险限额应当综合考虑资本、风险集中度、流动性、交易目的等。**

六、风险管理政策和程序 ★★

商业银行应当制定风险管理政策和程序，包括但不限于以下内容：

（1）全面风险管理的方法，包括各类风险的识别、计量、评估、监测、报告、控制或缓释，风险加总的方法和程序。

（2）商业银行全面风险管理中要坚持**定性与定量相结合**的原则。

（3）商业银行应当建立**全面风险管理报告制度**，明确报告的内容、频率、路线。

（4）商业银行应当建立压力测试体系，**定期开展压力测试**。

（5）对新产品、重大业务和机构变更要进行风险评估。

（6）商业银行应当根据风险偏好和风险状况及时评估资本和流动性的充足情况，确保资本、流动性能够抵御风险，与经营状况、风险变化趋势及长期发展战略相匹配。

（7）商业银行应当制定**应急计划**，确保能够及时应对和处理紧急或危机情况。应急计划应当说明可能出现的风险以及在压力情景（包括会严重威胁银行生存能力的压力情景）下应当采取的措施。商业银行应当按照相关监管规定的要求，根据自身的风险状况和系统重要性，制定并定期更新完善本机构的**恢复计划**，明确本机构在压力情况下能够继续提供持续稳定运营的各项关键性金融服务并恢复正常运营的行动方案。

第二节　信用风险管理

一、信用风险的概念 ★★★

信用风险是指债务人或交易对手未能履行合同所规定的义务或信用质量发生变化，影响金融产品价值，从而给债权人或金融产品持有人造成经济损失的风险，又被称为违约风险。信用风险既存在于传统的贷款、债券投资等表内业务中，也存在于信用担保、贷款承诺及衍生产品交易等表外业务中。

> **📖 知识加油站**
> 对商业银行来说，贷款是最大、最明显的信用风险来源，目前我国商业银行面临的信用风险主要与信贷资产相关。

二、信用风险控制 ★★★

1.授信工作尽职要求

（1）总体要求。商业银行应建立严格的授信风险垂直管理体制，对授信进行统一管理。

（2）客户调查和业务受理。客户调查应根据授信种类搜集客户基本资料，建立客户档案，应关注和搜集集团客户及关联客户的有关信息，有效识别授信集中风险及关联客户授信风险。对客户调查和客户资料的验证应以实地调查为主，间接调查为辅，还可通过外部征信机构、政府有关部门、社会中介对客户资料的真实性进行核实。

（3）分析与评价。商业银行应根据不同授信品种的特点，对客户申请的授信业务进行分析评价，重点关注可能影响授信安全的因素，有效识别各类风险。

商业银行应根据各环节授信分析评价的结果，形成书面的分析评价报告。在客户信用等级和客户评价报告的有效期内，对发生影响客户资信的重大事项，商业银行应重新进行授信分析评价。重大事项包括：外部政策变动；客户组织结构、股权或主要领导人发生变动；客户的担保超过所设定的担保警戒线；客户财务收支能力发生重大变化；客户涉及重大诉讼；客户在其他银行交叉违约的历史记录；其他。

（4）授信决策与实施。商业银行授信决策应在授权范围和规定程序内进行，不得超越权限或违反程序进行授信。商业银行不得对以下用途的业务进行授信：

①国家明令禁止的产品或项目。

②违反国家有关规定从事股本权益性投资，以授信作为注册资本金、注册验资和增资扩股。

③违反国家有关规定从事股票、期货、金融衍生产品等投资。

④其他违反国家法律法规和政策的项目。

商业银行实施有条件授信时需遵循"**先落实条件，后实施授信**"的原则，授信条件未落实或条件发生变更未重新决策的，不得实施授信。

（5）授信后管理和问题授信处理。商业银行授信实施后，应对所有可能影响还款的因素进行持续监测，重点监测以下内容：

①授信的偿还情况。

②授信项目是否正常进行。

③客户的法律地位是否发生变化。

④客户的财务状况是否发生变化。

⑤客户是否按约定用途使用授信，是否诚实地全面履行合同。

⑥抵押品可获得情况和质量、价值等情况。

商业银行应根据客户偿还能力和现金流量，对客户授信进行调整，包括展期、增加或缩减授信，要求借款人提前还款，并决定是否将该笔授信列入观察名单或划入问题授信。商业银行对问题授信应采取以下措施：

①确认实际授信余额。

②要求保证人履行保证责任，追加担保或行使担保权。

③重新审核所有授信文件，征求法律、审计和问题授信管理等方面专家的意见。

④书面通知所有可能受到影响的分支机构并要求承诺落实必要的措施。

⑤对于没有实施的授信额度，依照约定条件和规定予以终止。依法难以终止或因终止将造成客户经营困难的，应对未实施的授信额度专户管理，未经有权部门批准，不得使用。

⑥向所在地司法部门申请冻结问题授信客户的存款账户以减少损失。

⑦其他必要的处理措施。

（6）授信工作尽职调查。商业银行应根据授信工作尽职调查人员的调查结果，对具有以下情节的授信工作人员依法、依规追究责任：

①进行虚假记载、误导性陈述或重大疏漏的。

②未对客户资料进行认真和全面核实的。

③授信决策过程中超越权限、违反程序审批的。

④未按照规定时间和程序对授信和担保物进行授信后检查的。

⑤授信客户发生重大变化和突发事件时,未及时实地调查的。

⑥未根据预警信号及时采取必要保全措施的。

⑦故意隐瞒真实情况的。

⑧不配合授信尽职调查人员工作或提供虚假信息的。

⑨其他。

(7)小企业授信尽职要求与贷款管理。商业银行制定的小企业授信政策应体现小企业经营规律、小企业授信业务风险特点,并实行**差别化授信**管理。银行应创新小企业授信业务,完善业务流程、风险管理和内部控制,着重建立和完善小企业授信"**六项机制**",包括**利率的风险定价机制、独立核算机制、高效的审批机制、激励约束机制、专业化的人员培训机制、违约信息通报机制**。

2. 全流程管理

(1)实行审贷分离。审贷分离是指将信贷业务全过程分解为调查、审查、审批、用信、贷后管理、不良资产处置等环节,设立相应的部门或岗位承担其中各个环节的职责,以实现各环节和部门、岗位间的相互支持和相互制约。信贷审批岗位应当完全独立于贷款的营销和发放。贷款人应根据贷审分离、分级审批的原则,建立规范的贷款评审制度和流程,确保风险评价和信贷审批的独立性。

(2)实行贷款"三查"。**贷款"三查"是指贷前调查、贷时审查和贷后检查**,是银行信用风险控制的重要手段。

(3)严格信贷审批。信贷业务审批应按规定程序和权限进行,不得违反程序或超越权限审批信贷业务。对于情况较为简单、信用额度较小、风险判断相对容易的业务,可采用直接审批方式。

(4)执行受托支付管理。贷款受托支付是指贷款人根据借款人的提款申请和支付委托,将贷款资金支付给符合合同约定用途的借款人交易对象。

🔘 真题精练

【例2·多项选择题】贷款"三查"指的是(　　　　)。

A. 贷中追查　　　　　　　　B. 贷前调查

C. 提前检查　　　　　　　　D. 贷时审查

E. 贷后检查

B D E　　贷款"三查"指的是贷前调查、贷时审查和贷后检查。

3. 限额管理

授信限额是商业银行在客户的债务承受能力和银行自身的损失承受能力范围以内所愿意并允许提供的最高授信额。

(1)单一客户授信限额管理。《中华人民共和国商业银行法》规定,**对同一借款人的贷款余额与商业银行资本余额的比例不得超过10%**。商业银行制定客户授信限额通常可从以下两个方面考虑:

①**客户的债务承受能力**。商业银行对客户进行信用评级后,首要工作就是判断该客户的债务承受能力,即确定客户的最高债务承受额(MBC)。一般来说,决定客户债务承受能力的主要因素是客户信用等级和所有者权益。

②**银行的损失承受能力**。银行对某一客户的损失承受能力用客户损失限额(CMLQ)表

示，代表了商业银行愿意为某一具体客户所承担的损失限额。从理论上讲，客户损失限额是通过商业银行分配至各个业务部门或分支机构的经济资本在客户层面上继续分配的结果。

当客户的授信总额超过上述两个限额中的任一个限额时，商业银行都不能再向该客户提供任何形式的授信业务。

（2）集团客户授信限额管理。**商业银行对单一集团客户贷款不应超过其资本余额的15%**。商业银行对集团客户授信应遵循的原则包括**统一原则、适度原则、预警原则**。

（3）大额风险暴露管理。风险暴露是指商业银行对单一客户或一组关联客户的信用风险暴露，包括银行账簿和交易账簿内各类信用风险暴露。《商业银行大额风险暴露管理办法》规定，大额风险暴露是指商业银行对单一客户或一组关联客户超过其一级资本净额2.5%的风险暴露。对非同业单一客户的贷款余额不得超过资本净额的10%，对非同业单一客户的风险暴露不得超过一级资本净额的15%；对一组非同业关联客户的风险暴露不得超过一级资本净额的20%；对同业单一客户或集团客户的风险暴露不得超过一级资本净额的25%；全球系统重要性银行对另一家全球系统重要性银行的风险暴露不得超过一级资本净额的15%。

（4）国别风险与区域风险限额管理。

①国别风险限额管理。商业银行应当对国别风险实行限额管理，在综合考虑跨境业务发展战略、国别风险评级和自身风险偏好等因素的基础上，按国别合理设定覆盖表内外项目的国别风险限额。商业银行应当建立国别风险限额监测、超限报告和审批程序，至少每月监测国别风险限额遵守情况，持有较多交易资产的机构应当提高监测频率。超限额情况应当及时向相应级别的管理层报告，以获得批准或采取纠正措施。

②区域风险限额管理。区域风险限额管理与国别风险限额管理有所不同。国外银行一般不对一个国家内的某一区域设置区域风险限额，而只是对较大的跨国区域设置信用风险暴露的额度框架。

（5）组合限额管理。组合限额是信贷资产组合层面的限额，是组合信用风险控制的重要手段之一。通过设定组合限额，可以防止信贷风险过于集中在组合层面的某些方面，从而有效控制组合信用风险。组合限额可分为**授信集中度限额和总体组合限额**两类。

授信集中是指商业银行资本金、总资产或总体风险水平过于集中在下列某一类组合中：某一区域；某一类产品；同一类授信安排；同一类抵押担保；相同的授信期限；单一的交易对象；关联的交易对象团体；特定的产业或经济部门；某一国家或经济联系紧密的一组国家；同一类（高）风险/低信用质量级别的客户；某一类交易对方类型（如商业银行、教育机构或政府部门）。

授信集中度限额可以按上述不同维度进行设定。其中，**行业、产品、风险等级和担保是最常用的组合限额设定维度**。

💡 **真题精练**

【例3·判断题】《中华人民共和国商业银行法》规定，对同一借款人的贷款余额与商业银行资本余额的比例不得超过5%。（　　　）

　　A. 正确　　　　　　　　　　　B. 错误

　　B　《中华人民共和国商业银行法》规定，对同一借款人的贷款余额与商业银行资本余额的比例不得超过10%。

4. 贷款需求测算

贷款人应根据借款人经营规模、业务特征、资金循环周期等要素测算其营运资金需求，并合理确定贷款结构，包括金额、期限、利率、担保和还款方式等。贷款人可根据实际需要，制定针对不同类型借款人的测算方法，并适时对方法进行评估及调整。借款人为小微企业的，贷款人可通过其他方式分析判断借款人营运资金需求。

在实际测算中，借款人营运资金需求可参考如下公式：

营运资金量 = 上年度销售收入 × (1 − 上年度销售利润率) × (1 + 预计销售收入年增长率)/营运资金周转次数

上式中，营运资金周转次数的表达式为：

营运资金周转次数 = 360/(存货周转天数 + 应收账款周转天数 − 应付账款周转天数 + 预付账款周转天数 − 预收账款周转天数)

将估算出的借款人营运资金需求量扣除借款人自有资金、现有流动资金贷款以及其他融资，即可估算出新增流动资金贷款额度，即：

新增流动资金贷款额度 = 营运资金量 − 借款人自有资金 − 现有流动资金贷款 − 其他渠道提供的营运资金

5. 期限管理

商业银行要综合考虑项目预期现金流和投资回收期等情况，合理确定中长期贷款期限及还款方式。

6. 合同管理

商业银行应与借款人及其他相关当事人签订书面借款合同及其他相关协议，需担保的应同时签订担保合同。

商业银行应在借款合同中与借款人明确约定流动资金贷款的金额、期限、利率、用途、支付、还款方式等条款。其中，支付条款包括但不限于以下内容：

(1)支付方式变更及触发变更条件。

(2)贷款资金支付的限制、禁止行为。

(3)借款人应及时提供的贷款资金使用记录和资料。

(4)贷款资金的支付方式和贷款人受托支付的金额标准。

商业银行应与借款人在借款合同中约定，出现以下情形之一时，借款人应承担的违约责任和贷款人可采取的措施：未遵守承诺事项的；突破约定的财务指标约束等情形的；申贷文件信息失真的；未按约定用途使用贷款的；未按约定方式进行贷款资金支付的；违反借款合同约定的其他情形的。

7. 风险缓释

信用风险缓释是指商业银行运用合格的抵质押品、净额结算、保证和信用衍生工具等方式转移或降低信用风险。商业银行采用内部评级法计量信用风险监管资本，**信用风险缓释功能体现为违约概率、违约损失率或违约风险暴露的下降。**

信用风险缓释应遵循的原则有：有效性原则、独立性原则、审慎性原则、合法性原则、一致性原则。

初级内部评级法下的合格抵质押品包括金融质押品、应收账款、商用房地产和居住用房地产以及其他抵质押品。

8. 还款管理

通常情况下，对即将到期的业务，商业银行会提前通知借款人及时准备资金，按期足额偿还银行信用。根据合同约定或经商业银行同意，借款人可以提前偿还银行贷款。

对借款人确因暂时经营困难等原因不能按期归还贷款本息的，贷款人可与借款人协商采取展期、续贷、贷款重组等处理措施。

9. 联合授信

联合授信是指拟对或已对同一企业（含企业集团）提供债务融资的多家银行业金融机构，通过建立信息共享机制，改进银企合作模式，提升银行业金融服务质量和信用风险防控水平的运作机制。

联合授信机制的运作机制包括：一是协商确定联合授信额度；二是监测联合授信额度使用情况；三是建立预警机制。

10. 法律责任

为强化贷款管理责任，构建健康的信贷文化，《中华人民共和国商业银行法》《中华人民共和国银行业监督管理法》规定了贷款人违反规定应当承担的相应法律责任，国务院银行业监督管理机构在"三个办法"中明确了具体的情形和相应的法律责任。

三、信用风险计量 ★★★

信用风险计量是现代信用风险管理的基础和关键环节，经历了从专家判断法、信用评分模型到违约概率模型三个主要发展阶段。

违约是一个离散型变量，对手或者违约或者不违约，违约用违约概率来度量。违约风险暴露也被称为信用暴露，是指对手在违约时资产的经济价值或市值。

1. 违约

债务人出现以下任何一种情况应被视为违约：

（1）债务人对银行集团的实质性债务逾期90天以上。若债务人违反了规定的透支限额或者重新核定的透支限额小于目前的余额，各项透支应被视为逾期。

（2）商业银行认定，除非采取变现抵（质）押品等追索措施，债务人可能无法全额偿还对银行集团的债务。出现以下任何一种情况，商业银行应将债务人认定为"可能无法全额偿还对银行的债务"：

①商业银行对债务人任何一笔贷款停止计息或应计利息纳入表外核算。

②发生债务关系后，由于债务人财务状况恶化，商业银行核销了贷款或已计提一定比例的贷款损失准备。

③商业银行将贷款出售并承担一定比例的账面损失。

④由于债务人财务状况恶化，商业银行同意进行消极重组，对借款合同条款作出非商业性调整。具体包括但不限于以下情况：一是合同条款变更导致债务规模下降；二是因债务人无力偿还而借新还旧；三是债务人无力偿还而导致的展期。

⑤商业银行将债务人列为破产企业或类似状态。

⑥债务人申请破产，或者已经破产，或者处于类似保护状态，由此将不履行或延期履行偿付商业银行债务。

⑦商业银行认定的其他可能导致债务人不能全额偿还债务的情况。

真题精练

【例4·单项选择题】债务人对银行集团的实质性债务逾期（　　）天以上，债务人即被视为违约。

A. 30

B. 60

C. 90

D. 180

C　债务人对银行集团的实质性债务逾期90天以上，债务人即被视为违约。

2. 违约概率

债务人在未来一年时间内发生违约的可能性称为违约概率。根据《商业银行资本管理办法》，商业银行应按照以下方法确定违约概率：

（1）主权风险暴露的违约概率为商业银行内部估计的1年期违约概率。

（2）公司和金融机构风险暴露的违约概率为商业银行内部估计的1年期违约概率与0.05%中的较大值。由主权提供合格保证担保覆盖的风险暴露部分，违约概率不受0.05%底线约束。

（3）零售风险暴露的违约概率为商业银行内部估计的1年期违约概率与0.05%中的较大值，其中一般循环零售风险暴露的违约概率为商业银行内部估计的1年期违约概率与0.1%中的较大值。

（4）对于提供合格保证或信用衍生工具的风险暴露，商业银行可以使用保证人或信用保护提供方的违约概率替代债务人的违约概率。

违约概率的估计包括单一借款人的违约概率和某一信用等级所有借款人的违约概率两个层面。

3. 违约损失率

违约损失率（LGD）是指某一债项违约导致的损失金额占该违约债项风险暴露的比例，即损失占风险暴露总额的百分比。从贷款回收的角度看，违约损失率决定了贷款回收的程度，因为**违约损失率（LGD）＝1－回收率**。回收率是回收金额除以放款金额。此处的回收金额，是指该账户违约，宣告无法偿债后，因拍卖担保品，强制执行借款人存款或其他催收方式所得回之金额。因此，通常除非有担保品，回收率大部分非常低。也就是说，违约损失率的大小取决于担保品的特性。

违约损失率是针对交易项目——各笔贷款而言，它与关键的交易特征有关，是与贷款的信用保障挂钩的。

4. 信用评级

运用统一的方法和标准，通过定量分析与定性分析相结合的方法，对非零售客户的还款能力及还款意愿进行准确、客观的评价，并通过预先定义的信用等级符号，表示客户信用等级的风险计量方法称为信用评级。信用评级可以分为外部评级和内部评级两种。

《商业银行资本管理办法》采用标准普尔的评级符号，但对商业银行选用外部评级公司未作规定。商业银行使用外部评级公司的评级结果应当符合《商业银行资本管理办法》的规定，审慎使用，并保持连续稳定。外部信用评级结果不应直接作为商业银行的授信依据。

客户信用评级是商业银行对客户偿债能力和偿债意愿的计量和评价，反映客户违约风险的大小。**客户评级的评价目标是客户违约风险，评价主体是商业银行，评价结果是信用等级和违约概率，是商业银行的内部评级**。

符合《巴塞尔协议Ⅲ》要求的客户信用评级必须具有两大功能：

（1）能够有效区分违约客户，即不同信用等级的客户违约风险随信用等级的下降而呈加速上升的趋势。

（2）能够准确量化客户违约风险，即能够估计各信用等级的违约概率，并将估计的违约概率与实际违约频率的误差控制在一定范围内。

四、金融资产风险分类管理与不良资产管理 ★★★

1. 金融资产风险分类概念

《商业银行金融资产风险分类办法》规定，金融资产风险分类是指商业银行按照风险程度将金融资产划分为不同档次的行为。商业银行应至少将金融资产按照风险程度划分为五类，分别为正常类（P）、关注类（SM）、次级类（SS）、可疑类（DF）和损失类（LS），后三类合称为不良资产。

（1）**正常类**：债务人能够履行合同，没有客观证据表明本金、利息或收益不能按时足额偿付。

（2）**关注类**：虽然存在一些可能对履行合同产生不利影响的因素，但债务人目前有能力偿付本金、利息或收益。

（3）**次级类**：债务人无法足额偿付本金、利息或收益，或金融资产已经发生信用减值。

（4）**可疑类**：债务人已经无法足额偿付本金、利息或收益，金融资产已发生显著信用减值。

（5）**损失类**：在采取所有可能的措施后，只能收回极少部分金融资产，或损失全部金融资产。

2. 金融资产分类原则

金融资产分类应遵循以下原则：**真实性原则、及时性原则、审慎性原则、独立性原则**。

3. 金融资产风险分类的最低标准

（1）符合下列情况之一的金融资产应至少归为关注类：本金、利息或收益逾期，操作性或技术性原因导致的短期逾期除外（7天内）；未经商业银行同意，擅自改变资金用途；通过借新还旧或通过其他债务融资方式偿还，债券、符合条件的小微企业续贷业务除外；同一非零售债务人在本行或其他银行的债务出现不良。

（2）符合下列情况之一的金融资产应至少归为次级类：本金、利息或收益逾期超过90天；金融资产已发生信用减值；债务人或金融资产的外部评级大幅下调，导致债务人的履约能力显著下降；同一非零售债务人在所有银行的债务中，逾期超过90天的债务已经超过20%。

（3）符合下列情况之一的金融资产应至少归为可疑类：本金、利息或收益逾期超过270天；债务人逃废银行债务；金融资产已发生信用减值，且预期信用损失占其账面余额的50%以上。

（4）符合下列情况之一的金融资产应归为损失类：本金、利息或收益逾期超过360天；债务人已进入破产清算程序；金融资产已发生信用减值，且预期信用损失占其账面余额的90%以上。

4.重组资产风险分类

重组资产是指因债务人发生财务困难,为促使债务人偿还债务,商业银行对债务合同作出有利于债务人调整的金融资产,或对债务人现有债务提供再融资,包括借新还旧、新增债务融资等。同时,对于现有合同赋予债务人自主改变条款或再融资的权利,债务人因财务困难行使该权利的,相关资产也属于重组资产。

商业银行应对重组资产设置重组观察期。观察期自合同调整后约定的第一次还款日开始计算,应至少包含连续两个还款期,并不得低于 1 年。

5.商业银行风险分类管理

(1)**商业银行制定或修订金融资产风险分类制度后,应在 30 日内报监管机构备案。**

(2)商业银行应健全金融资产风险分类管理的治理架构,明确董事会、高级管理层和相关部门的风险分类职责。

(3)**董事会对金融资产风险分类结果承担最终责任**,监督高级管理层履行风险分类职责。

(4)高级管理层应制定金融资产风险分类制度,推进风险分类实施,确保分类结果真实有效,并定期向董事会报告。

6.贷款损失准备与拨备管理

金融企业承担风险和损失的资产应计提准备金,具体包括发放贷款和垫款、可供出售类金融资产、持有至到期投资、长期股权投资、存放同业、拆出资金、抵债资产、其他应收款项等。

《商业银行贷款损失准备管理办法》设置贷款拨备率和拨备覆盖率指标考核商业银行贷款损失准备的充足性。贷款拨备率为贷款损失准备与各项贷款余额之比,其基本标准为 1.5% ~ 2.5%;拨备覆盖率为贷款损失准备与不良贷款余额之比,其基本标准为 120% ~ 150%。

7.不良资产和不良贷款管理

(1)不良资产和不良贷款相关指标。**不良资产率、不良贷款率、逾期 90 天以上贷款与不良贷款比例、逾期贷款率和迁徙率,一般被认为是反映商业银行风险水平、风险迁徙的主要信用风险指标。**迁徙率是反映贷款风险分类变化情况的指标,分为正常贷款迁徙率、正常类贷款迁徙率、关注类贷款迁徙率、次级类贷款迁徙率和可疑类贷款迁徙率。

知识加油站

①正常贷款迁徙率 = [(年初为正常贷款,报告期内转为不良贷款的金额) + (年初为正常贷款,报告期内转为不良贷款并完成不良贷款处置的金额)]/(年初正常类贷款余额 + 年初关注类贷款余额) × 100%。

②正常类贷款迁徙率 = [年初正常类贷款向下迁徙金额 + (年初为正常类贷款,报告期内转为不良贷款并完成不良贷款处置的金额)]/年初正常类贷款余额 × 100%。

③关注类贷款迁徙率 = [年初关注类贷款向下迁徙金额 + (年初为关注类贷款,报告期内转为不良贷款并完成不良贷款处置的金额)]/年初关注类贷款余额 × 100%。

④次级类贷款迁徙率 = [年初次级类贷款向下迁徙金额 + (年初为次级类贷款,报告期内转为可疑类和损失类贷款并进行处置的金额)]/年初次级类贷款余额 × 100%。

⑤可疑类贷款迁徙率 = [年初可疑类贷款向下迁徙金额 + (年初为可疑类贷款,报告期内转为损失类贷款并进行处置的金额)]/年初可疑类贷款余额 × 100%。

（2）不良资产处置方式。

表 9-2 不良资产处置方式

要点	内容
直接追偿	直接追偿是指依据有关法律文书，采取直接催收、扣划账户资金或敦促债务关联人处置有效资产，收回现金或现金等价物的资产处置方式。**直接追偿是不良资产最基本、最常用的处置方式**，也是不良资产日常管理的重要内容。按追偿方式划分，直接追偿分为直接催收、敦促债务关联人处置资产和存款资金清收等方式
委外清收	委外清收是指银行委托系统外合法机构在约定期限内，以银行名义通过合法手段对协议约定的不良贷款进行清收，银行按照协议约定支付相应费用的处置方式
债务重组	债务重组是指因债务人发生财务困难，为促使债务人偿还债务，银行对债务合同作出有利于债务人的调整，或对债务人现有债务提供再融资，包括借新还旧、新增债务融资等
资产租赁	资产租赁是指银行在不改变资产所有权的情况下，对因受客观条件限制，在规定时间内不宜处置或难以处置的抵债资产中的物权资产，短期内让渡资产占有权和使用权，依照租赁协议收取租金（货币资金）的过渡性资产处置方式
押品处置	押品处置是指抵押权人、质权人对由债务人或第三人为担保银行债权实现而抵押或质押给银行的财产或权利进行处置，以收回全部或部分不良债权（含或有资产垫款及占用、贴现、银行卡透支）的行为
债权转让	债权转让可以分为单户债权转让和不良资产批量转让。单户债权转让是指银行将不良贷款（含信用证垫款、承兑汇票垫款、保函垫款等）以户为单位按照市场价格转让给第三方的不良资产处置方式。不良资产批量转让是指将若干户/项以上的债权、物权类、其他类委托资产单独或混合组成资产包，向第三方转让收回现金的行为
债务减免	债务减免是指在债务人发生财务困难、无力及时足额偿还贷款本息的情况下，银行为盘活不良贷款，最大限度回收债权，减免债务人部分还款义务的处置方式。主要方式有：减免贷款本金；减免贷款利息，包括表内应收利息和表外应收利息；减免贷款本金和利息
呆账核销	呆账核销是指金融企业将认定的呆账，冲销已计提的资产减值准备或直接调整损益，并将资产冲减至资产负债表外的账务处理方法
破产清偿	破产清偿是指债务人因不能清偿到期债务，并且财产不足以清偿全部债务或者明显缺乏清偿能力时，被法院依法裁定破产清算、破产和解或者破产重整，银行据以实现债权受偿的处置方式
诉讼追偿	诉讼追偿是指银行通过诉讼程序，辅以强制执行手段，向债务人进行追偿，收回现金或者现金等价物的实现债权的处置方式

8. 债权人委员会机制

债权人委员会即银行业金融机构债权人委员会，是由债务规模较大的困难企业三家以上债权银行业金融机构发起成立的协商性、自律性、临时性组织。其职责是依法维护银行业金融机构的合法权益，推动债权银行业金融机构精准发力、分类施策，有效保护金融债权。债权人委员会按照"一企一策"的方针和市场化、法治化、公平公正、分类施策的原则，集体研究增加融资、稳定融资、减少融资、重组等措施，确保债权金融机构形成合力，稳妥化解风险。

第三节　操作风险管理

一、操作风险管理概述 ★★★

1.操作风险的概念

操作风险是指由于内部程序、员工、信息科技系统存在问题以及外部事件所造成损失的风险。操作风险包括法律风险,但不包括战略风险和声誉风险。

2.操作风险的分类

操作风险可分为人员因素、内部流程、系统缺陷和外部事件四大类别,并由此分为内部欺诈事件,外部欺诈事件,就业制度和工作场所安全事件,客户、产品和业务活动事件,实物资产的损坏,信息科技系统事件,执行、交割和流程管理事件七种可能造成实质性损失的事件类型。

3.操作风险的特点和损失形态

表9-3　操作风险的特点和损失形态

要点	内容
操作风险的特点	(1)操作风险来源广泛。 (2)操作风险是一种管理成本。 (3)操作风险损失大小难以确定。 (4)操作风险的控制和缓释往往必须通过管理来实现,而不能纯粹依靠计量的手段。 (5)操作风险损失数据不易收集
操作风险损失形态	操作风险损失形态主要包括以下几种:法律成本、监管处罚、资产损失、对外赔偿、追索失败、账面减值、其他损失

💡 **真题精练**

【例5·单项选择题】操作风险的控制和缓释必须通过(　　　)来实现,而不能纯粹依靠计量的手段。

A.管理　　　　　　　　　　B.约束

C.控制　　　　　　　　　　D.监督

A　操作风险的控制和缓释往往必须通过管理来实现,而不能纯粹依靠计量的手段。

4.操作风险的治理和管理责任

(1)《银行保险机构操作风险管理办法》要求,银行机构董事会应当将操作风险作为本机构面对的主要风险之一,承担操作风险管理的最终责任。

(2)《银行保险机构操作风险管理办法》要求,监事会应当承担操作风险管理的监督责任,负责监督检查董事会和高级管理层的履职尽责情况,及时督促整改,并纳入监事会工作报告。

(3)银行机构高级管理层应当承担操作风险管理的实施责任。

(4)银行机构应当建立操作风险管理的三道防线,三道防线之间及各防线内部应当建立完善风险数据和信息共享机制。

①第一道防线包括各级业务和管理部门，是操作风险的直接承担者和管理者，负责各自领域内的操作风险管理工作。

②第二道防线包括各级负责操作风险管理和计量的牵头部门，指导、监督第一道防线的操作风险管理工作。

③第三道防线包括各级内部审计部门，对第一、第二道防线履职情况及有效性进行监督评价。

5. 操作风险管理流程和管理工具

（1）操作风险的识别和评估。操作风险管理应当首先从识别银行业务活动、政策和流程中的风险开始。银行机构通常采用定性与定量相结合的方法来评估操作风险。

（2）操作风险的控制和缓释。内部控制措施至少包括：明确部门间职责分工，避免利益冲突；密切监测风险偏好及其传导机制的执行情况；加强各类业务授权和信息系统权限管理；建立重要财产的记录和保管、定期盘点、账实核对等日常管理和定期检查机制；加强不相容岗位管理，有效隔离重要业务部门和关键岗位，建立履职回避以及关键岗位轮岗、强制休假、离岗审计制度；加强员工行为管理，重点关注关键岗位员工行为；对交易和账户进行定期对账；建立内部员工揭发检举的奖励和保护机制；配置适当的员工并进行有效培训；建立操作风险管理的激励约束机制；其他内部控制措施。

目前主要的操作风险缓释措施有购买保险、业务外包、业务连续性计划等。银行机构通过这些措施缓释操作风险的，应当确保缓释措施实质有效。

（3）操作风险的监测和报告。操作风险的监测是针对评估发现的关键风险因素，通过设计关键风险指标及阈值，对关键风险因素进行量化、跟踪，及时提示掌握风险大小的变化，发布操作风险提示，以降低损失事件发生频率和影响程度的过程。

操作风险报告一般有操作风险管理报告、操作风险专项报告、操作风险监测报告、操作风险损失事件报告等。

二、主要的操作风险 ★★★

1. 柜台业务

柜台业务泛指通过商业银行柜面办理的业务，包括现金收付、资金汇划、账户管理、印押证管理、资料变更以及网上银行开通等，是银行各项业务操作的集中体现，也是最容易引发操作风险的业务环节。商业银行应采取的风险控制措施有：

（1）按照商业银行内部控制指引的有关要求，建立健全内部控制体系，明确内部控制职责，完善内部控制措施，强化内部控制保障，并定期组织开展内部控制有效性专项评估，防微杜渐，堵塞制度漏洞。

（2）加强"三道防线"建设。业务管理条线作为第一道防线应承担起风险防控的首要责任；风险合规条线作为第二道防线应认真落实风险监测、重点业务风险检查、风险事件牵头处置及实施问责等职责；审计监督条线作为第三道防线应加大对重点风险隐患的监督检查，对检查发现的违规违纪问题提出整改意见。

（3）加强业务系统建设，尽可能将业务纳入系统处理，并在系统中自动设立风险监控要点，发现操作中的风险点能及时提供警示信息。

（4）加强岗位培训，特别是新业务和新产品培训，不断提高柜员操作技能和业务水平，同时培养柜员岗位安全意识和自我保护意识。

(5)强化一线实时监督检查,促进事后监督向专业化、规范化迈进,改进检查监督方法,同时充分发挥各专业部门的指导、检查和督促作用。

> **知识加油站**
>
> 　　银行业金融机构应在营业网点现金区实施同步录音录像,录像资料回放应清晰辨别银行员工和客户的面部特征,显示业务办理全过程;录音资料应完整、清晰记录业务办理过程中双方的交流过程。

2.法人信贷业务

法人信贷业务是我国商业银行最主要的业务种类之一,包括法人客户贷款业务、进出口押汇、贴现业务、透支、银行承兑汇票、信用证、保函、保理等业务。按照法人信贷业务的流程,可大致分为评级授信、贷前调查、信贷审查、信贷审批、贷款发放、贷后管理六个环节。针对法人信贷业务操作风险,主要有以下风险控制措施:

(1)牢固树立审慎稳健的信贷经营理念,坚决杜绝各类短期行为和粗放管理。

(2)倡导新型的信贷文化,在业务办理过程中,加入法的精神和硬性约束,实现以人为核心向以制度为核心转变,建立有效的信贷决策机制。

(3)将信贷规章制度建立、执行、监测和监督权力分离,信贷岗位设置分工合理、职责明确,做到审贷分离、业务经办与会计账务分离等。

(4)明确主责任人制度,对银行信贷所涉及的调查、审查、审批、签约、贷后管理等环节,明确主责任人及其责任,强化信贷人员责任和风险意识。

(5)加快信贷电子化建设,运用现代信息技术,把信贷日常业务处理、决策管理流程、贷款风险分类预警、信贷监督检查等行为全部纳入计算机处理,形成覆盖信贷业务全过程的科学体系。

> **真题精练**
>
> 【例6·多项选择题】按照法人信贷业务的流程,法人信贷业务可大致分为(　　)。
> A.评级授信　　　　B.贷前调查
> C.信贷审查　　　　D.信贷审批
> E.贷款发放
>
> 　　**A B C D E**　按照法人信贷业务的流程,法人信贷业务可大致分为评级授信、贷前调查、信贷审查、信贷审批、贷款发放、贷后管理六个环节。

3.个人信贷业务

个人信贷业务主要包括个人住房按揭贷款、个人消费贷款、个人生产经营贷款等。针对个人信贷业务操作风险,主要有以下风险控制措施:

(1)实行个人信贷业务集约化管理,提升管理层次,实现审贷部门分离。

(2)优化产品结构,改进操作流程,重点发展以质押和抵押为担保方式的个人贷款,审慎发展个人信用贷款和自然人保证担保贷款。

(3)加强规范化管理,理顺个人贷款前台和后台部门之间的关系,完善业务授权制度,加强法律审查,实行档案集中管理,加快个人信贷电子化建设。

(4)强化个人贷款发放责任约束机制,细化个人贷款责任追究办法,推行不良贷款定期间责制度、到期提示制度、逾期警示制度和不良责任追究制度。

（5）在建立责任制的同时配之以奖励制度，将客户经理的贷款发放质量与其收入挂钩。

4. 资金交易业务

资金交易业务是指商业银行为满足客户保值或提高自身资金收益或防范市场风险等方面的需要，利用各种金融工具进行的资金和交易活动，包括资金管理、资金存放、资金拆借、债券买卖、外汇买卖、黄金买卖、金融衍生产品交易等业务。从资金交易业务流程来看，可分为前台交易、中台风险管理、后台结算三个环节。

针对资金交易业务操作风险，主要有以下风险控制措施：

（1）树立全面风险管理理念，将操作风险纳入统一的风险管理体系。

（2）建立并完善资金业务组织结构，体现权限等级、部门分工和职责分离原则，做到前台交易和后台结算分离、自营业务与代客业务分离、业务操作与风险监控分离，建立岗位和部门之间的监督约束机制。

（3）完善资金营运内部控制，资金的调出调入应有真实的业务背景，严格按照授权进行资金业务操作，并及时划拨资金，登记台账。

（4）加强交易权限管理，明确规定允许交易的品种，确定资金业务单笔、累计最大交易限额以及相应承担的单笔、累计最大交易损失限额和交易止损点，对资金交易员进行合适的授权，并建立适当的约束机制。

（5）建立资金交易风险和市值的内部报告制度，资金交易员应当向高级管理层如实汇报金融衍生产品中的或有资产、隐含风险和对冲策略等交易细节，中台监控人员应及时报告交易员的越权交易和越权行为，并按要求提交资金交易业务的风险报告。

（6）开发和运用风险量化模型，引入和应用必要的业务管理系统，对资金交易的收益与风险进行适时、审慎的评价。

5. 代理业务

代理业务是指商业银行接受客户委托，代为办理客户指定的经济事务、提供金融服务并收取一定费用的业务，包括代理政策性银行业务、代理中央银行业务、代理商业银行业务、代收代付业务、代理证券业务、代理保险业务、代理其他银行的银行卡收单业务等。

针对代理业务操作风险，主要有以下风险控制措施：

（1）强化风险意识，了解并重视代理业务中的操作风险点，完善业务操作流程与操作管理制度。

（2）加强基础管理，坚持委托代理业务合同书面化，并对合同和委托凭证严格审核，业务手续费收入必须纳入银行经营收入大账。

（3）加强业务宣传及营销管理，坚守诚实守信原则，遏制误导性宣传和错误销售，对业务风险进行必要的风险提示，维护商业银行信誉和品牌形象。

（4）加强产品开发管理，编制新产品开发报告，建立新产品风险跟踪评估制度，在新产品推出后，对新产品的风险状况进行定期评估。

（5）提高电子化水平，充分利用本行已有的网络系统、技术设备与被代理单位的数据库进行对接，积极研究开发银行与被代理单位的实时链接系统，促成双向联网操作，实现代理业务电子化操作。

（6）设立专户核算代理资金，完善代理资金的拨付、回收、核对等手续，防止代理资金被挤占挪用，确保专款专用。

（7）遵守委托—代理协议，按照代理协议约定办理资金划转手续，遵守银行不垫款原则，不介入委托人与其他人的交易纠纷。

第四节　其他风险

一、市场风险 ★

1. 市场风险的概念

市场风险是指因市场价格（利率、汇率、股票价格和商品价格）的不利变动而使银行表内和表外业务发生损失的风险。市场风险存在于银行的交易和非交易业务中。**市场风险可以分为利率风险、汇率风险、股票价格风险和商品价格风险**，分别是指由于利率、汇率、股票价格和商品价格的不利变动所带来的风险。利率风险按照来源的不同，可以分为重新定价风险、收益率曲线风险、基准风险和期权性风险。

市场风险的计量方式包括缺口分析、久期分析、外汇敞口分析、敏感性分析、情景分析和运用内部模型计算风险价值等。

市场风险管理是识别、计量、监测和控制市场风险的全过程，其目标是通过将市场风险控制在商业银行可以承受的合理范围内，实现经风险调整的收益率的最大化。

2. 限额管理

常用的市场风险限额包括**交易限额、风险限额和止损限额**等。

（1）交易限额是指对总交易头寸或净交易头寸设定的限额。总头寸限额对特定交易工具的多头头寸或空头头寸分别加以限制；净头寸限额对多头头寸和空头头寸相抵后的净额加以限制。

（2）风险限额是指对基于量化方法计算出的市场风险参数来设定限额。

（3）止损限额是指所允许的最大损失额。止损限额适用于一日、一周或一个月等一段时间内的累计损失。

3. 风险对冲

除了采用限额管理来控制市场风险外，商业银行还可以通过金融衍生产品等金融工具，在一定程度上实现对冲市场风险的目的，即当原风险敞口出现亏损时，新风险敞口能够盈利，并且尽量使盈利能够全部抵补亏损。

二、流动性风险 ★

流动性风险是指商业银行无法以合理成本及时获得充足资金，用于偿付到期债务、履行其他支付义务和满足正常业务开展的其他资金需求的风险。

流动性风险是银行的一种主要风险。**流动性风险**与信用风险、市场风险、操作风险相比，**形成的原因更加复杂，涉及的范围更广，通常被视为一种多维风险**。

商业银行应当在法人和集团层面建立与其业务规模、性质和复杂程度相适应的流动性风险管理体系，并应当包括以下基本要素：有效的流动性风险管理治理结构，完善的流动性风险管理策略、政策和程序，有效的流动性风险识别、计量、监测和控制，完备的管理信息系统。

三、国别风险 ★

国别风险是指由于某一国家或地区政治、经济、社会变化及事件，导致该国家或地区债务人没有能力或者拒绝偿付商业银行债务，或使商业银行在该国家或地区的商业存在遭受损失，或使商业银行遭受损失的风险。国别风险可能由**某一国家或地区经济状况恶**

化、政治和社会动荡、资产被国有化或被征用、政府拒付对外债务、外汇管制或货币贬值等情况引发。国别风险有两个基本特征：一是国别风险发生在国际经济金融活动中，在同一个国家范围内的经济金融活动不存在国别风险；二是在国际经济金融活动中，不论是政府、商业银行、企业，还是个人，都可能遭受国别风险所带来的损失。国别风险的主要类型包括转移风险、主权风险、传染风险、货币风险、宏观经济风险、政治风险以及间接国别风险。

根据《银行业金融机构国别风险管理办法》，商业银行应当根据本机构国别风险类型、暴露规模和复杂程度选择适当的计量方法。计量方法应当至少满足以下要求：能够覆盖表内外所有国别风险暴露和不同类型的风险；能够在单一法人和集团并表层面按国别计量风险；能够根据有风险转移及无风险转移情况分别计量国别风险。

四、声誉风险 ★

1. 声誉风险的概念

声誉风险是指由商业银行行为、从业人员行为或外部事件等，导致利益相关方、社会公众、媒体等对商业银行形成负面评价，从而损害其品牌价值，不利于其正常经营，甚至影响到市场稳定和社会稳定的风险。声誉事件是指引发商业银行声誉明显受损的相关行为或活动。

要点点拨

商业银行通常将声誉风险看作是对其经济价值最大的威胁，因为商业银行的业务性质要求其能够维持存款人、贷款人和整个市场的信心。

2. 声誉风险的内容

有效的声誉风险管理体系应当重点强调以下内容：

(1)明确商业银行的战略愿景和价值理念。

(2)有明确记载的声誉风险管理政策和流程。

(3)深入理解不同利益持有者(如股东、员工、客户、监管机构、社会公众等)对自身的期望值。

(4)培养开放、互信、互助的机构文化。

(5)建立强大的、动态的风险管理系统，有能力提供风险事件的早期预警。

(6)努力建设学习型组织，有能力在出现问题时及时纠正。

(7)建立公平的奖惩机制，支持发展目标和股东价值的实现。

(8)利用自身的价值理念、道德规范影响合作伙伴、供应商和客户。

(9)建立公开、诚恳的内外部交流机制，尽量满足不同利益持有者的要求。

(10)有明确记载的危机处理/决策流程。

知识加油站

建立良好的声誉风险管理体系，能够持久、有效地帮助商业银行减少各种潜在的风险损失，包括：招募和保留最佳雇员；确保产品和服务的溢价水平；减少进入新市场的阻碍；维持客户和供应商的忠诚度；创造有利的资金使用环境；增进和投资者的关系；强化自身的可信度和利益持有者的信心；吸引高质量的合作伙伴和强化自身竞争力；最大限度地减少诉讼威胁和监管要求。

3.声誉风险管理

声誉风险管理的四项重要原则：**前瞻性、匹配性、全覆盖、有效性**。

银行机构应从事前评估、风险监测、分级研判、应对处置、信息报告、考核问责、评估总结等七个环节，建立全流程声誉风险管理体系，形成声誉风险管理完整闭环，从风险排查、应急演练、联动机制、社会监督、声誉资本积累、内部审计、同业协作等七方面做好声誉风险日常管理工作。

表9-4　声誉风险的要点

要点	内容
构建声誉风险治理架构	**董事会、监事会和高级管理层分别承担声誉风险管理的最终责任、监督责任和管理责任，董事长或主要负责人为第一责任人。** (1)董事会负责确定声誉风险管理策略和总体目标，掌握声誉风险状况，监督高级管理层开展声誉风险管理。 (2)监事会负责监督董事会和高级管理层在声誉风险管理方面的履职尽责情况，并将相关情况纳入监事会工作报告。 (3)高级管理层负责建立健全声誉风险管理制度，完善工作机制，制定重大事项的声誉风险应对预案和处置方案，安排并推进声誉事件处置。**每年至少进行一次声誉风险管理评估**
建立全流程声誉风险管理体系	(1)商业银行应建立声誉风险事前评估机制。 (2)商业银行应建立声誉风险监测机制。 (3)商业银行应建立声誉事件分级机制。 (4)商业银行应加强声誉风险应对处置，按照声誉事件的不同级别，灵活采取相应措施。 (5)商业银行应建立声誉事件报告机制。 (6)商业银行应强化考核问责，将声誉事件的防范处置情况纳入考核范围。 (7)商业银行应开展全流程评估工作
做好声誉风险日常管理工作	(1)商业银行应定期开展声誉风险隐患排查。 (2)商业银行应定期开展声誉风险情景模拟和应急演练。 (3)商业银行应建立与投诉、举报、调解、诉讼等联动的声誉风险防范机制。 (4)商业银行应主动接受社会舆论监督，建立统一管理的采访接待和信息发布机制。 (5)商业银行应做好声誉资本积累，加强品牌建设，承担社会责任，诚实守信经营，提供优质高效服务。 (6)商业银行应将声誉风险管理纳入内部审计范畴，定期审查和评价声誉风险管理的规范性和有效性。 (7)商业银行应加强同业沟通联系，相互吸取借鉴经验教训，不恶意诋毁，不借机炒作，共同维护银行业保险业整体声誉

💡 **真题精练**

【例7·单项选择题】商业银行通常将(　　)看作是对其经济价值最大的威胁。

A.市场风险　　　　　　　　B.战略风险

C.信用风险　　　　　　　　D.声誉风险

D　商业银行通常将声誉风险看作是对其经济价值最大的威胁。

五、法律风险 ★

法律风险是指商业银行因日常经营和业务活动无法满足或违反法律规定，导致不能履行合同、发生争议/诉讼或其他法律纠纷而造成经济损失的风险。根据《银行保险机构操作风险管理办法》，法律风险包括但不限于下列风险：

（1）签订的合同因违反法律或者行政法规可能被依法撤销或者确认无效。

（2）因违约、侵权或者其他事由被提起诉讼或者申请仲裁，依法可能承担赔偿责任。

（3）业务、管理活动违反法律、法规或者监管规定，依法可能承担刑事责任或者行政责任。

六、战略风险 ★

1.战略风险的概念

战略风险是指商业银行在追求短期商业目的和长期发展目标的过程中，因不适当的发展规划和战略决策给商业银行造成损失或不利影响的风险。战略风险与其他主要风险密切联系且相互作用，因此也是一种多维风险。

2.战略风险评估的因素

（1）战略目标的适当性，与全行整体战略、企业文化、风险偏好等内部要素的一致性。

（2）战略决策机制和治理架构的完备性。

（3）与外部经营环境的契合性。

（4）人力、财务、技术、知识、资本、管理等资源的匹配性。

3.战略风险管理的原则

战略风险管理应兼顾以下原则：合规性、一致性、前瞻性、独立性、操作性。

> **要点点拨**
>
> 战略风险主要体现在四个方面：一是战略目标缺乏整体兼容性；二是为实现这些目标而制定的经营战略存在缺陷；三是为实现目标所需要的资源匮乏；四是整个战略实施过程的质量难以保证。

第五节 突发事件应急管理

一、突发事件应急管理的含义 ★★

突发事件是指突然发生，造成或者可能造成严重社会危害，需要采取应急处置措施予以应对的自然灾害、事故灾难、公共卫生事件和社会安全事件。应急管理是指政府及其他公共机构在突发事件的事前预防、事发应对、事中处置和善后恢复过程中，通过建立应对机制，采取应对措施，从而保障公众生命、健康和财产安全，促进社会和谐健康发展的一系列活动。

从银行业的情况来看，应急管理工作面临的挑战主要有：一是引发银行业突发事件的诱因很多，银行业的案件风险、流动性风险、信用风险、负面舆情等诸多因素，都可能引发突发事件，甚至挤兑事件。二是以信息网络为基础的银行业突发事件预警系统仍需完善。三是银行业监管机构与相关部门和地方政府如何加强协调沟通，健全应急协同机制，依法、高效、稳妥处置各类突发事件，需要研究完善并在具体实践中接受考验。四是部分银行业金融机构自身的应急管理意识薄弱，自救知识和能力欠缺，主动参与程度不高，各项应急预案不够完备不能确保切实可行等。

二、突发事件分类与分级 ★★

1.分类

按照突发事件的性质、过程和机理的不同，《突发事件应对法》将其分为：

（1）自然灾害类。包括水旱灾害、气象灾害、地震灾害、地质灾害、海洋灾害、生物灾害、森林草原火灾。

（2）事故灾难类。包括安全事故、环境污染和生态破坏事故。

（3）公共卫生事件类。包括公共卫生事件、动物疫情。

（4）社会安全事件类。包括群体性事件、金融突发事件、涉外突发事件、影响市场稳定的突发事件、恐怖袭击事件、刑事案件。

2.分级

按照社会危害程度、影响范围、突发事件性质、可控性、行业特点等因素，《突发事件应对法》将自然灾害、事故灾难、公共卫生事件分为特别重大、重大、较大和一般四级。

《国家特别重大、重大突发公共事件分级标准（试行）》将金融突发事件列为社会安全事件的第二类，分为**重大金融突发事件和特别重大金融突发事件**两级。

《银行业突发事件应急预案》将银行业突发事件细化为**较大突发事件（Ⅲ级）、重大突发事件（Ⅱ级）和特别重大突发事件（Ⅰ级）**三级。

三、突发事件应急管理的主要工作内容 ★★

1.突发事件应急管理法律法规和标准体系建设

根据《突发事件应对法》《中华人民共和国银行业监督管理法》等，制定和完善银行业相关的配套法规制度和规范性文件，加大执法力度，实现依法应急。

构建应急管理标准体系。如加强风险隐患识别评估、预警信息发布、应急队伍及装备配置、应急通信、应急平台、应急演练等相关标准研制等，促进应急管理工作规范化和应急技术装备标准化。

2.突发事件应急管理组织体系建设

《突发事件应对法》明确国家建立"统一领导、综合协调、分类管理、分级负责、属地管理为主"的应急管理体制，鼓励地方政府创新应急管理机构设置模式，强化综合协调职能；加强城市应急管理组织体系建设，强化城市应急管理机构辅助决策指挥职能；推动社区和企事业单位落实应急管理责任，配备专兼职工作人员。

3.突发事件应急管理工作机制建设

（1）信息报告机制。银行业突发事件应急管理工作中，及时发现风险，建立顺畅有序的报告制度，是应对和处置突发风险的前提。

（2）信息发布和沟通机制。银行业金融机构应注重做好应急新闻舆情工作，建立和完善信息发布机制，及时回应社会关切。

（3）突发事件应急评估机制。

4.突发事件应急预案体系建设

按照制定主体可以将应急预案划分为政府及其部门应急预案、单位和基层组织应急预案两大类，将政府及其部门应急预案分为总体应急预案、专项应急预案、部门应急预案三类。

《突发事件应对法》明确国家建立突发事件应急预案体系。国家突发事件应急预案分两个层次，一是中央一级的突发事件总体应急预案、专项应急预案和部门应急预案。二是地方一级突发事件总体应急预案、专项应急预案和部门应急预案。

《中华人民共和国银行业监督管理法》要求国务院银行业监督管理机构会同中国人民银行、国务院财政部门等有关部门建立银行业突发事件处置制度，制定银行业突发事件处置预案，明确处置机构和人员及其职责、处置措施和处置程序，及时、有效地处置银行业突发事件。

要点点拨

突发事件应急管理工作的核心内容概括起来就是"一案三制"。"一案"是指应急预案，即根据突发事件的类别和级别，事先研究制定应对计划和方案。"三制"是指应急管理工作的管理体制、运行机制和法制。

四、突发事件应急管理监管要求 ★★

1. 建立健全突发事件应急管理制度

各银行业金融机构在董事会层面要关注应急管理工作，董事会风险管理委员会要监督高级理层关于应急管理工作情况，关注应急管理能否覆盖信用风险、流动性风险、市场风险、操作风险、合规风险和声誉风险等风险，对突发事件的应急管理的政策、管理状况及处置能力进行定期评估，提出完善应急管理和内部控制的意见。高级管理层应明确专门的部门，建立健全完备可行的管理制度、操作规程，把董事会的要求落到实处。

2. 加强突发事件应急预案的编制、修订和演练工作

制定处置预案是银行业监督管理机构的法定义务，为没有规律的突发事件处置进行法律规范，是我国实践经验的总结。银行业金融机构要加强应急预案的编制与修订工作，确保各类突发事件处置有据可依。

银行业金融机构要加强应急预案的演练工作，提高应急预案的能用管用水平。一是制订应急预案演练计划，定期开展广泛参与、处置联动性强、形式多样、节约高效的应急演练。专项应急预案、部门应急预案至少每3年进行一次应急演练。二是建立培训机制，定期组织员工学习，熟悉、掌握应急预案和相关工作制度、程序、要求等，提高应急管理工作能力。基层管理人员，应注重提高突发事件隐患排查和第一时间应对突发事件的能力。三是应急演练结束后，要充分评估信息报告的准确性、及时性，预案编制的完备性、合理性，处置措施的协调性、可操作性，不断完善预案内容和流程，做好人员、设备等必要应急资源配备，提升应急预案管理水平。

3. 建立和健全突发事件预警制度

银行业金融机构应根据监管部门应急预案和专项应急预案，结合紧急程度、发展势态和可能造成的危害程度，编制和完善预警体系，从制度上保证对突发事件的及时识别和确定。

4. 加强对重大突发事件报告的管理

银行业的重大突发事件社会关注度高，特别是挤兑事件稍有不慎会引发银行业系统性挤兑事件，因此，发生突发事件时，银行业监督管理机构要在启动应急预案、全力参与处置的同时，还要及时、准确报告突发事件相关信息。

银行业金融机构迟报、漏报、瞒报、误报重大突发事件的，监管机构可根据《中华人民共和国银行业监督管理法》规定采取如下措施：一是责令银行业金融机构对直接负责的董事、高级管理人员和其他直接责任人给予纪律处分；二是银行业金融机构行为尚不构成犯罪的，对直接负责的董事、高级管理人员和其他直接责任人给予警告，处5万元以上50万元以下罚款；三是取消直接负责的董事、高级管理人员一定期限直至终身的任职资格，禁止直接负责的董事、高级管理人员和其他人员一定期限直至终身从事银行业工作；四是构成犯罪的，依法追究刑事责任。

↓ 码上看总结 ↓

章节自测

一、**单项选择题**(在以下各小题所给出的四个选项中,只有一个选项符合题目要求,请将正确选项的代码填入括号内)

1. 按照(   )分类,风险可以分为系统性风险和非系统性风险。
   A. 风险事故的来源   B. 商业银行经营的特征
   C. 风险发生的范围   D. 诱发风险的原因

2. 对商业银行来说,(   )是最大、最明显的信用风险来源。
   A. 存款   B. 贷款
   C. 结算   D. 转账

3. 主权风险暴露的违约概率为(   )。
   A. 商业银行内部估计的 1 年期违约概率与 0.05% 中的较大值
   B. 商业银行内部估计的 1 年期违约概率
   C. 商业银行内部估计的 1 年期违约概率与 0.1% 中的较大值
   D. 商业银行内部估计的 1 年期违约概率与 0.05% 中的较小值

4. 下列关于大额风险暴露的说法中,错误的是(   )。
   A. 对非同业单一客户的贷款余额不得超过资本净额的 10%
   B. 对一组非同业关联客户的风险暴露不得超过一级资本净额的 15%
   C. 对非同业单一客户的风险暴露不得超过一级资本净额的 15%
   D. 对同业单一客户或集团客户的风险暴露不得超过一级资本净额的 25%

5. 商业银行制定的小企业授信政策应体现小企业经营规律、小企业授信业务风险特点,并实行(   )授信管理。
   A. 统一性   B. 差别化
   C. 低盈利性   D. 低成本性

6. (   )条线作为第二道防线应认真落实风险监测、重点业务风险检查、风险事件牵头处置及实施问责等职责。
   A. 风险合规   B. 业务管理
   C. 审计监督   D. 风险监控

7. 承担声誉风险管理监督责任的是(   )。
   A. 董事会   B. 高级管理层
   C. 监事会   D. 声誉风险管理部门

二、**多项选择题**(在以下各小题所给出的选项中,至少有两个选项符合题目要求,请将正确选项的代码填入括号内)

1. 现代金融理论的三大支柱是(   )。
   A. 时间价值   B. 资产定价
   C. 流动性陷阱   D. 风险管理
   E. 资产配置

2. 商业银行的全面风险管理模式体现的风险管理理念和方法有(   )。
   A. 全面的风险管理范围   B. 全程的风险管理过程
   C. 全新的风险管理方法   D. 全员的风险文化
   E. 全球的风险管理体系

3. 市场风险可以分为(　　　)。

    A. 利率风险   B. 汇率风险

    C. 经济风险   D. 股票价格风险

    E. 商品价格风险

4. 引发操作风险的原因有(　　　)。

    A. 人员因素   B. 内部流程

    C. 系统缺陷   D. 外部事件

    E. 商品价格

5. 信用风险缓释应遵循的原则有(　　　)。

    A. 合法性原则   B. 客观性原则

    C. 有效性原则   D. 审慎性原则

    E. 一致性原则

6. 商业银行不得进行授信的业务有(　　　)。

    A. 国家明令禁止的产品或项目

    B. 预期现金流不稳定

    C. 违反国家有关规定从事股本权益性投资，以授信作为注册资本金、注册验资和增资扩股

    D. 违反国家有关规定从事股票、期货、金融衍生产品等投资

    E. 其他违反国家法律法规和政策的项目

7. 与信用风险和市场风险相比，操作风险的特点有(　　　)。

    A. 操作风险来源广泛

    B. 操作风险是一种管理成本

    C. 操作风险损失大小难以确定

    D. 操作风险的损失数据易收集

    E. 操作风险的控制和缓释必须通过管理来实现

三、判断题(请判断以下各小题的正误，正确的选 A，错误的选 B)

1. 风险等同于损失。   (　　　)

    A. 正确   B. 错误

2. 《商业银行大额风险暴露管理办法》规定，大额风险暴露是指商业银行对单一客户或一组关联客户超过其一级资本净额 3.5% 的风险暴露。   (　　　)

    A. 正确   B. 错误

3. 《银行业突发事件应急预案》将银行业突发事件细化为三级。   (　　　)

    A. 正确   B. 错误

4. 市场风险存在于银行的交易业务中，在非交易业务中不存在。   (　　　)

    A. 正确   B. 错误

5. 国家金融监督管理总局规定，操作风险包括法律风险、声誉风险、战略风险。   (　　　)

    A. 正确   B. 错误

6. 战略风险是一种多维风险。   (　　　)

    A. 正确   B. 错误

🖋 答案详解

一、单项选择题

1. C.【解析】按照风险事故的来源，风险可以分为经济风险、政治风险、社会风险、自然风险和技术风险。按照风险发生的范围，可以分为系统性风险和非系统性风险。结合商业银行业务的特征及诱发风险的原

因,巴塞尔委员会将商业银行面临的风险分为信用风险、市场风险、操作风险、流动性风险、国别风险、法律风险、声誉风险、战略风险八个主要类型。

2. B。【解析】对商业银行来说,贷款是最大、最明显的信用风险来源。

3. B。【解析】主权风险暴露的违约概率为商业银行内部估计的 1 年期违约概率。

【解析】对一组非同业关联客户的风险暴露不得超过一级资本净额的 20%。

5. B。【解析】商业银行制定的小企业授信政策应体现小企业经营规律、小企业授信业务风险特点,并实行差别化授信管理。

6. A。【解析】业务管理条线作为第一道防线应承担起风险防控的首要责任;风险合规条线作为第二道防线应认真落实风险监测、重点业务风险检查、风险事件牵头处置及实施问责等职责;审计监督条线作为第三道防线应加大对重点风险隐患的监督检查,对检查发现的违规违纪问题提出整改意见。

7. C。【解析】董事会、监事会和高级管理层分别承担声誉风险管理的最终责任、监督责任和管理责任,董事长或主要负责人为第一责任人。

二、多项选择题

1. ABD。【解析】时间价值、资产定价和风险管理被认为是现代金融理论的三大支柱。

2. ABCDE。【解析】商业银行的全面风险管理模式体现了以下风险管理理念和方法:全球的风险管理体系;全面的风险管理范围;全程的风险管理过程;全新的风险管理方法;全员的风险文化。

3. ABDE。【解析】市场风险可以分为利率风险、汇率风险、股票价格风险和商品价格风险,分别是指由于利率、汇率、股票价格和商品价格的不利变动所带来的风险。

4. ABCD。【解析】引发操作风险的原因有人员因素、内部流程、系统缺陷、外部事件四大类别。

5. ACDE。【解析】信用风险缓释应遵循的原则有:(1)有效性原则。(2)独立性原则。(3)审慎性原则。(4)合法性原则。(5)一致性原则。

6. ACDE。【解析】商业银行不得对以下用途的业务进行授信:(1)国家明令禁止的产品或项目。(2)违反国家有关规定从事股本权益性投资,以授信作为注册资本金、注册验资和增资扩股。(3)违反国家有关规定从事股票、期货、金融衍生产品等投资。(4)其他违反国家法律法规和政策的项目。

7. ABCE。【解析】操作风险的特点:(1)操作风险来源广泛。(2)操作风险是一种管理成本。(3)操作风险损失大小难以确定。(4)操作风险的控制和缓释往往必须通过管理来实现,而不能纯粹依靠计量的手段。(5)操作风险损失数据不易收集。

三、判断题

1. B。【解析】风险不等同于损失本身,风险是一个事前概念,损失是一个事后概念,风险的概念既涵盖了未来可能损失的大小,又涵盖了损失发生概率的高低。

2. B。【解析】《商业银行大额风险暴露管理办法》规定,大额风险暴露是指商业银行对单一客户或一组关联客户超过其一级资本净额 2.5% 的风险暴露。

3. A。【解析】《银行业突发事件应急预案》将银行业突发事件细化为较大突发事件(Ⅲ级)、重大突发事件(Ⅱ级)和特别重大突发事件(Ⅰ级)三级。

4. B。【解析】市场风险存在于银行的交易和非交易业务中。

5. B。【解析】操作风险包括法律风险,但不包括声誉风险和战略风险。

6. A。【解析】战略风险与其他主要风险密切联系且相互作用,因此也是一种多维风险。

第十章
内部控制、合规管理和审计

⊕ 考情直击

本章的主要内容是商业银行内部控制、合规管理、反洗钱和审计的概念、目标、基本原则、保障措施等。分析近几年的考试情况，本章的常考点有合规管理的基本机制和合规文化建设，反洗钱的监管框架，反洗钱义务等。

考纲要求

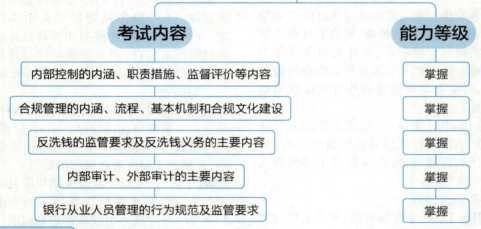

考试内容	能力等级
内部控制的内涵、职责措施、监督评价等内容	掌握
合规管理的内涵、流程、基本机制和合规文化建设	掌握
反洗钱的监管要求及反洗钱义务的主要内容	掌握
内部审计、外部审计的主要内容	掌握
银行从业人员管理的行为规范及监管要求	掌握

知识解读

第一节　内部控制

一、商业银行内部控制的演进　★★★

表 10-1　商业银行内部控制的演进

要点	内容
内部控制在国外的发展	一般认为，内部控制发展大致经历五个阶段，分别为：内部牵制、内部控制制度、内部控制结构、内部控制整体框架、全面风险管理阶段
内部控制在中国的发展	《企业内部控制基本规范》建立了内部控制的总体框架和基本要求，明确了内控建设的目标、原则及构成要素，较以往的会计控制更为系统全面，在企业内部控制规范体系中处于最高层次，起统领作用；《企业内部控制配套指引》是《企业内部控制基本规范》的具体化，包括应用指引、评价指引和审计指引

表 10-1（续）

要点	内容
内部控制在国内银行业的发展	伴随企业内部控制的发展，商业银行作为经营风险的企业，要求更为严格，国家从银行业监管立法层面、银行业监管部门从监管指引层面都对内部控制提出了明确要求

二、内部控制的定义、目标和基本原则 ★★★

内部控制是商业银行董事会、监事会、高级管理层和全体员工参与的，通过制定和实施系统化的制度、流程和方法，实现控制目标的动态过程和机制。内部控制的目标包括：

（1）保证商业银行风险管理的有效性。

（2）保证商业银行发展战略和经营目标的实现。

（3）保证国家有关法律法规及规章的贯彻执行。

（4）保证商业银行业务记录、会计信息、财务信息和其他管理信息的真实、准确、完整和及时。

在上述四个控制目标中，商业银行经营管理合法合规、风险管理有效、财务会计等相关信息真实完整是内部控制的基础目标，建立和实施内部控制不仅要满足基础目标，还要最终保证商业银行发展战略和经营目标的实现。

> 🔵 **要点点拨**
>
> 　　根据《商业银行内部控制指引》的规定，银行建立与实施内部控制应当遵循全覆盖原则、制衡性原则、审慎性原则和相匹配原则。

三、内部控制的基本要素 ★★★

1. 内部环境

构成银行内部控制环境的因素分为外部环境和内部环境，外部环境对内部控制的影响更多体现在约束和规范，但不能把它作为内部控制系统的组成部分，因为它超出了银行的控制范围，而内部环境是直接造成内部控制形式和内容差异的根本原因，并被视为内部控制的基本构成要素。内部环境是影响、制约银行内部控制制度建立与执行的各种内部因素的总称，是银行实施内部控制的基础，一般包括组织架构、人力资源、企业文化、规章制度等。

（1）组织架构。组织架构在内部环境中居于基础地位，它包括治理结构、内部机构设置和权责分配。

（2）人力资源。人力资源是指银行在建立和完善组织架构的基础上，如何充分发挥"人"的作用。银行应当制定有利于可持续发展的人力资源政策，将职业道德修养和专业胜任能力作为选拔和聘用员工的重要标准，保证从业人员具备必要的专业资格和从业经验，加强员工培训。此外，商业银行应当制定规范员工行为的相关制度，明确对员工的禁止性规定，加强对员工行为的监督和排查，建立员工异常行为举报、查处机制。

（3）企业文化。作为软实力，企业文化在经营发展中的深层次影响和决定作用日益显现，商业银行应当培育良好的企业内控文化，引导员工树立合规意识、风险意识，提高员工的职业道德水准，规范员工行为。

（4）规章制度。规章制度既是各项经营管理活动开展的依据，也是内部控制落实的重要载体。商业银行应当建立健全内部控制制度体系，对各项业务活动和管理活动制定全面、系统、规范的业务制度和管理制度，并定期进行评估。

2. 风险评估

风险评估是指商业银行及时识别、系统分析经营活动中与实现内部控制目标相关的风险，合理确定风险应对策略。风险评估主要包括目标设定、风险识别、风险分析和风险应对，是实施内部控制的重要环节。

目标设定

商业银行应当根据设定的控制目标,全面系统持续地收集相关信息,结合实际情况,及时进行风险评估。这里所指的控制目标主要包括经营管理合法合规、财务会计、风险管理有效等相关信息真实完整,以及发展战略和经营目标的实现,在实践中须结合实际进一步细化。

风险识别

商业银行应当采用科学的风险管理技术和方法,充分识别和评估经营中面临的风险,密切关注内外部主要风险因素,不仅包括企业内部因素(人力资源、自主创新、运营管理、财务等),还包括企业外部因素(科技、经济、法律、社会、自然环境等)。这些风险因素应在实施内部控制过程中,通过日常或定期的评估程序与方法加以识别。

风险分析

商业银行在识别风险的基础上,采用定性与定量相结合的方法,按照风险发生的可能性及其影响程度等,对识别的风险进行分析和排序,确定关注重点和优先控制的风险的过程称为风险分析。

风险应对

风险应对是指风险应对策略的选择,根据风险分析结果,结合风险承受度,权衡风险与收益,确定风险应对策略。风险应对策略包括风险规避、风险降低、风险分担和风险承受四种基本类型。

3. 控制活动

结合具体业务和事项,为确保管理层的指令得以实现,所运用的控制政策、程序及措施称为控制活动。商业银行应根据风险评估结果,通过手工控制与自动控制、预防性控制与发现性控制相结合的方法,运用相应控制措施,将风险控制在可承受度之内,是实施内部控制的具体方式和载体。控制措施主要包括不相容职务分离控制、会计系统控制、运营控制、授权审批控制、绩效考评控制等。

(1)**不相容职务分离控制**。不相容职务分离控制要求商业银行应当全面系统地分析、梳理业务流程和管理活动中所涉及的不相容岗位,实施相应的分离措施,形成相互制约的岗位安排。银行内部控制的基本控制手段是不相容职务分离。

不相容职务是指那些不能由一个部门或人员兼任,否则可能发生弄虚作假或舞弊行为的职务。一般情况下,业务活动通常可分为申请、审批、执行、记录四个步骤,如果每一个步骤都由相对独立的人员或部门分别实施或执行,就能够保证不相容职务分离。一般应当加以分离的不相容职务有业务执行与相应记录、授权审批与业务执行、业务执行与监督审核、财务保管与相应记录、授权批准与监督检查等。

(2)**会计系统控制**。会计系统控制主要是对企业发生的经济业务事项进行确认、计量和报告过程所实施的控制。

商业银行应当严格执行会计准则与制度,及时准确地反映各项业务交易,确保财务会计信息真实、可靠、完整。同时,应当建立有效的核对、监控制度,对各种账证、报表定期进行核对,对现金、有价证券等有形资产和重要凭证及时进行盘点。

(3)**运营控制**。

①商业银行应当建立与其战略目标相一致的业务连续性管理体系,明确组织结构和管理职能,制订业务连续性计划,组织开展演练和定期的业务连续性管理评估,有效应对运营中断事件,保证业务持续运营。

②定期开展运营情况分析,发现存在的问题,及时查明原因并加以改进。

(4)**授权审批控制**。授权审批控制要求银行各级人员必须经过适当的授权才能执行有关经济业务,未经授权和批准不得处理有关业务,授权审批控制是企业内部控制的重要控制手段。商业银行应当根据各分支机构和各部门的经营能力、管理水平、风险状况和业务发展需要，建立相应的授权体系，明确各级机构、部门、岗位、人员办理业务和事项的权限，并实施动态调整。授权一般分为：

①常规授权，是指企业在日常经营管理活动中按照既定的职责和程序进行的授权。

②特别授权，是指企业在特殊情况、特定条件下进行的授权。

对于特别授权，要对其范围、权限、程序和责任进行严格界定和控制，防止特别授权滥用。此外，对于重大的业务和事项，商业银行应当实行集体决策审批，任何个人不得单独进行决策或者擅自改变集体决策。

（5）**绩效考评控制**。绩效考评控制要求银行建立和实施绩效考评制度，科学设置考核指标体系，对内部各责任单位和全体员工的业绩进行定期考核和客观评价，将考评结果作为确定员工薪酬以及职务晋升、评优、降级、调岗、辞退等的依据。

商业银行还应当建立重大风险预警机制和突发事件应急处理机制，明确风险预警标准，对可能发生的重大风险或突发事件，制定应急预案、明确责任人员、规范处置程序，确保突发事件得到及时妥善的处理。

4. 信息与沟通

信息与沟通是指商业银行及时、准确、完整地收集整理与经营管理相关的各种内外部信息，并借助信息技术，促使这些信息以恰当的方式在各个层级之间进行及时传递、有效沟通和正确使用的过程。信息与沟通贯穿于内部控制体系的内部环境、风险评估、控制活动、内部监督全过程，为内部控制有效运行提供信息保证，从而有助于提高企业内部控制的效率和效果。

表 10-2　信息与沟通的要点

要点	内容
信息与沟通的基本要求	（1）信息收集，收集内容有： ①内部信息，是指来源于银行内部，由各项经营活动产生的信息，如经营信息、财务信息、人员信息等。 ②外部信息，是指由银行外部产生，对生产经营有一定影响作用的信息，如行业信息、监管信息等。 （2）信息加工，对所收集的零散的、非系统的信息进行合理筛选、核对、整合，确保信息的准确性、及时性和相关性，提高信息的有用性。 （3）信息传递，银行应当将内部控制相关信息在企业内部各管理层级、责任单位、业务环节之间，以及银行与外部投资者、债权人、客户、供应商、中介机构和监管部门等有关方面之间进行沟通和反馈。信息沟通过程中发现的问题，应当及时报告并加以解决
信息技术的运用	（1）通过信息系统强化内部控制，减少人为因素，提升"机控"水平，提高控制效率效果。 （2）加强对信息系统的开发与维护、访问与变更、数据输入与输出、文件储存与保管、网络安全等方面的控制，保证信息系统安全稳定运行
反舞弊及客户投诉	（1）商业银行应当建立反舞弊机制，坚持惩防并举、重在预防的原则，明确反舞弊工作的重点领域、关键环节和有关机构在反舞弊工作中的职责权限，规范舞弊案件的举报、调查、处理、报告和补救程序。 （2）商业银行应当建立举报投诉制度和举报人保护制度，设置举报专线，明确举报投诉处理程序、办理时限和办结要求，确保举报、投诉成为企业有效掌握信息的重要途径。 （3）商业银行应当建立健全客户投诉处理机制，制订投诉处理工作流程，定期汇总分析投诉反映事项，查找问题，有效改进服务和管理

5. 内部监督

内部监督是商业银行对内部控制建立与实施情况进行监督检查,评价内部控制的有效性,及时发现内部控制缺陷并加以改进的过程。内部监督是内部控制体系中不可或缺的重要组成部分,是内部控制得到有效实施的有力保障,在内部控制构成要素中,具有十分重要的作用。

（1）内部控制评价。商业银行内部控制评价是对商业银行内部控制体系建设、实施和运行结果开展的调查、测试、分析和评估等系统性活动。商业银行内部控制评价应当由董事会指定的部门组织实施。商业银行开展内部控制评价,应重点做好以下几个方面的工作:

①**在评价实施方面,商业银行应当根据业务经营情况和风险状况确定内部控制评价的频率,至少每年开展一次。**当商业银行发生重大的并购或处置事项、营运模式发生重大改变、外部经营环境发生重大变化,或其他有重大实质影响的事项发生时,应当及时组织开展内部控制评价。

②在评价质量控制方面,商业银行应当建立内部控制评价质量控制机制,对评价工作实施全流程质量控制,确保内部控制评价客观公正。

③在评价对象方面,商业银行应当对纳入并表管理的机构进行内部控制评价,包括商业银行及其附属机构。

④在评价结果运用方面,商业银行应当强化内部控制评价结果运用,可将评价结果与被评价机构的绩效考评和授权等挂钩,并作为被评价机构领导班子考评的重要依据。

⑤在评价标准制订方面,商业银行应当制订内部控制缺陷认定标准,根据内部控制缺陷的影响程度和发生的可能性划分内部控制缺陷等级,并明确相应的纠正措施和方案。

⑥在评价结果报告方面,商业银行年度内部控制评价报告经董事会审议批准后,于每年4月30日前报送国务院银行业监督管理机构或对其履行法人监管职责的属地银行业监督管理机构。商业银行分支机构应将其内部控制评价情况,按上述时限要求,报送属地银行业监督管理机构。

（2）内部控制监督。商业银行内部审计部门、内控管理职能部门和业务部门均承担内部控制监督检查的职责,根据分工协调配合,构建覆盖各级机构、各个产品、各个业务流程的监督检查体系。

对于监督发现的内部控制缺陷,按以下步骤操作:

①建立报告和信息反馈制度,相关监督部门按照规定报告路线及时报告董事会、监事会、高级管理层或相关部门。

②建立内部控制问题整改机制,明确整改责任部门,规范整改工作流程,确保整改措施落实到位。

③建立内部控制管理责任制,强化责任追究。董事会、高级管理层应当对内部控制的有效性分级负责,并对内部控制失效造成的重大损失承担管理责任;内部审计部门、内控管理职能部门应当对未适当履行监督检查和内部控制评价职责承担直接责任;业务部门应当对未执行相关制度、流程,未适当履行检查职责,未及时落实整改承担直接责任。

真题精练

【例1·单项选择题】下列属于商业银行内部风险因素的是(　　)。

A. 自主创新　　　　　　　　B. 经济

C. 法律　　　　　　　　　　D. 社会

A　商业银行应当采用科学的风险管理技术和方法,充分识别和评估经营中面临的风险,密切关注内外部主要风险因素,既包括人力资源、运营管理、自主创新、财务等企业内部因素,也包括经济、法律、社会、科技、自然环境等企业外部因素。

【例2·判断题】对于重大的业务和事项,商业银行应当实行特别授权,任何个人不得单独进行决策或者擅自改变决策。(　　)

A. 正确　　　　　　　　　　B. 错误

B　对于重大的业务和事项,商业银行应当实行集体决策审批,任何个人不得单独进行决策或者擅自改变集体决策。

四、内部控制的职责、措施和保障　★★★

1. 内部控制的职责

表10-3　内部控制的职责

部门	职责
董事会	(1)负责保证商业银行建立并实施充分有效的内部控制体系,保证商业银行在法律和政策框架内审慎经营。 (2)负责监督高级管理层对内部控制体系的充分性与有效性进行监测和评估。 (3)负责明确设定可接受的风险水平,保证高级管理层采取必要的风险控制措施
监事会	(1)负责监督董事会、高级管理层完善内部控制体系。 (2)负责监督董事会、高级管理层及其成员履行内部控制职责
高级管理层	(1)负责执行董事会决策。 (2)负责根据董事会确定的可接受的风险水平,制定系统化的制度、流程和方法,采取相应的风险控制措施。 (3)负责组织对内部控制体系的充分性与有效性进行监测和评估。 (4)负责建立和完善内部组织机构,保证内部控制的各项职责得到有效履行
业务部门	业务部门是内部控制的"第一道防线"。其主要职责包括: (1)负责参与制定与自身职责相关的业务制度和操作流程。 (2)负责组织开展监督检查。 (3)负责严格执行相关制度规定。 (4)负责按照规定时限和路径报告内部控制存在的缺陷,并组织落实整改
内控管理职能部门	内部控制管理职能部门与风险合规部门是内部控制的"第二道防线"。商业银行应当指定专门部门作为内控管理职能部门,牵头内部控制体系的统筹规划、组织落实和检查评估
内部审计部门	内部审计部门是内部控制的"第三道防线"。商业银行内部审计部门履行内部控制的监督职能,负责对商业银行内部控制的充分性和有效性进行审计,及时报告审计发现的问题,并监督整改

2. 内部控制措施

商业银行内部控制措施主要包括以下几个方面：

（1）内部控制制度。商业银行应当建立健全内部控制制度体系，对各项业务活动和管理活动制定全面、系统、规范的业务制度和管理制度，并定期进行评估。

（2）经营风险的识别、评估与管理。商业银行应当合理确定各项业务活动和管理活动的风险控制点，采取适当的控制措施，执行标准统一的业务流程和管理流程，确保规范运作。

（3）信息系统控制。商业银行应当建立健全信息系统控制，通过内部控制流程与业务操作系统和管理信息系统的有效结合，加强对业务和管理活动的系统自动控制。

（4）岗位制约。商业银行应当根据经营管理需要，合理确定部门、岗位的职责及权限，形成规范的部门、岗位职责说明，明确相应的报告路线。要全面系统地分析、梳理业务流程和管理活动中所涉及的不相容岗位，实施相应的分离措施，形成相互制约的岗位安排。要明确重要岗位，并制定重要岗位的内部控制要求，对重要岗位人员实行轮岗或强制休假制度，原则上不相容岗位人员之间不得轮岗。《企业内部控制配套指引》明确，企业在确定职权和岗位分工过程中，应当体现不相容职务相互分离的要求；不相容职务通常包括：可行性研究与决策审批，决策审批与执行，执行与监督检查等。

（5）授权控制。商业银行应当根据各分支机构和各部门的经营能力、管理水平、风险状况和业务发展需要，建立相应的授权体系，明确各级机构、部门、岗位、人员办理业务和事项的权限，并实施动态调整。

（6）执行企业会计准则与制度。商业银行应当严格执行会计准则与制度，及时准确地反映各项业务交易，确保财务会计信息真实、可靠、完整。应当建立有效的核对、监控制度，对各种账证、报表定期进行核对，对现金、有价证券等有形资产和重要凭证及时进行盘点。

（7）外包管理。商业银行应当建立健全外包管理制度，明确外包管理组织架构和管理职责，并至少每年开展一次全面的外包业务风险评估。涉及战略管理、风险管理、内部审计及其他有关核心竞争力的职能不得外包。

（8）客户投诉处理。商业银行应当建立健全客户投诉处理机制，制定投诉处理工作流程，定期汇总分析投诉反映事项，查找问题，有效改进服务和管理。

3. 内部控制保障

内部控制保障措施主要包括以下几个方面：

（1）信息记录。建立贯穿各级机构、覆盖所有业务和全部流程的管理信息系统和业务操作系统，及时、准确记录经营管理信息，确保信息的完整、连续、准确和可追溯。

（2）信息安全管理。加强对信息的安全控制和保密管理，对各类信息实施分等级安全管理，对信息系统访问实施权限管理，确保信息安全。

（3）信息沟通。建立有效的信息沟通机制，确保董事会、监事会、高级管理层及时了解本行的经营和风险状况，确保相关部门和员工及时了解与其职责相关的制度和信息。

（4）业务连续性管理。建立与其战略目标相一致的业务连续性管理体系，明确组织结构和管理职能，制定业务连续性计划，组织开展演练和定期的业务连续性管理评估，有效应对运营中断事件，保证业务持续运营。

（5）人力资源政策。制定有利于可持续发展的人力资源政策，将职业道德修养和专业胜任能力作为选拔和聘用员工的重要标准,保证从业人员具备必要的专业资格和从业经验,加强员工培训。

(6)**绩效考评**。建立科学的绩效考评体系,合理设定内部控制考评标准,对考评对象在特定期间的内部控制管理活动进行评价,并根据考评结果改进内部控制管理。

(7)**内控文化**。培育良好的企业内控文化,引导员工树立合规意识、风险意识,提高员工的职业道德水准,规范员工行为。

五、内部控制评价 ★★★

商业银行内部控制评价是对商业银行内部控制体系建设、实施和运行结果开展的调查、测试、分析和评估等系统性活动。通过建立内部控制评价机制,可以**及时发现内控缺陷,改善内控体系,促进商业银行内部控制不断健全,提高内部控制有效性,保障股东等利益相关者的权益**。为做好内部控制评价,《商业银行内部控制指引》中对内部控制评价进行了具体要求。

1.内部控制评价制度

商业银行应当建立内部控制评价制度,规定内部控制评价的实施主体、频率、内容、程序、方法和标准等,确保内部控制评价工作规范进行。

2.内部控制评价组织实施

商业银行内部控制评价应当由董事会指定的部门组织实施,**一般为内部控制牵头管理部门**。

3.内部控制评价的范围

商业银行应当对纳入并表管理的机构进行内部控制评价,**包括商业银行及其附属机构**。

4.内部控制评价的频率

商业银行应当根据业务经营情况和风险状况确定内部控制评价的频率,**至少每年开展一次**。当商业银行发生重大的并购或处置事项、营运模式发生重大改变、外部经营环境发生重大变化,或其他有重大实质影响的事项发生时,应当及时组织开展内部控制评价。

5.内部控制缺陷认定

商业银行应当制定内部控制缺陷认定标准,根据内部控制缺陷的影响程度和发生的可能性划分内部控制缺陷等级,并明确相应的纠正措施和方案。

6.内部控制评价质量控制

商业银行应当建立内部控制评价质量控制机制,对评价工作实施全流程质量控制,确保内部控制评价客观公正。

7.内部控制结果运用

商业银行应当强化内部控制评价结果运用,可将评价结果与被评价机构的绩效考评和授权等挂钩,并作为被评价机构领导班子考评的重要依据。

8.内部控制评价结果运用

商业银行年度内部控制评价报告经董事会审议批准后,于**每年4月30日前**报送国务院银行业监督管理部门或对其履行法人监管职责的属地银行业监督管理机构。商业银行分支机构应将其内部控制评价情况,按上述时限要求,报送属地银行业监督管理机构。

💡 **真题精练**

【例4·单项选择题】商业银行应当根据业务经营情况和风险状况确定内部控制评价的频率,至少每年开展(　　)。

A.一次   B.两次
C.三次   D.四次

A 　商业银行应当根据业务经营情况和风险状况确定内部控制评价的频率,至少每年开展一次。

六、内部控制监督 ★★★

1.内部控制监督结果报告

商业银行应当建立内部控制监督的报告和信息反馈制度,内部审计部门、内控管理职能部门、业务部门人员应将发现的内部控制缺陷,按照规定报告路线及时报告董事会、监事会、高级管理层或相关部门。

2.问题整改与责任追究

商业银行应当建立内部控制问题整改机制,明确整改责任部门,规范整改工作流程,确保整改措施落实到位。同时应当建立内部控制管理责任制,强化责任追究。

📖 **知识加油站**

(1)董事会、高级管理层应当对内部控制的有效性分级负责,并对内部控制失效造成的重大损失承担管理责任。

(2)内部审计部门、内控管理职能部门应当对未适当履行监督检查和内部控制评价职责承担直接责任。

(3)业务部门应当对未执行相关制度、流程,未适当履行检查职责,未及时落实整改承担直接责任。

3.监管检查

"内部控制"作为一项重要的审慎性经营规则,银行业监督管理机构有权通过如下方式对商业银行内部控制进行持续监管:一是通过非现场监管和现场检查等方式,按年度组织对商业银行内部控制进行评估,提出监管意见,督促商业银行持续加以完善。二是对内部控制存在缺陷的商业银行,责成其限期整改;逾期未整改的,可以根据《银行业监督管理法》第三十七条有关规定采取监管措施。三是商业银行违反《商业银行内部控制指引》有关规定的,银行业监督管理机构可以根据《银行业监督管理法》有关规定采取监管措施。四是商业银行严重违反《商业银行内部控制指引》有关规定,或者拒绝执行《银行业监督管理法》第三十七条规定的措施的,银行业监督管理机构可以根据《银行业监督管理法》第四十六条、第四十八条的有关规定实施行政处罚等。

第二节 **合规管理**

一、合规管理概述 ★★★

1. 基本概念

合规是指商业银行的各项经营活动与法律、规则和准则相一致。合规的前提是界定和确认规则与准则的范围。

合规风险指商业银行因没有遵守法律、规则和准则可能遭受法律制裁、监管处罚、重大财务损失和声誉损失的风险。 合规风险所导致的损失后果有多种表现形式,既可能是遭受到法律制裁,也可能是在财务上蒙受损失。

商业银行的合规管理实质上是围绕实现商业银行合规目标进行的一种管理活动。银行合规管理作为商业银行一项核心的管理活动,也就是商业银行在日常经营活动中主动识别、评估、监测和报告合规风险,并且主动采取适当纠正措施,控制和管理银行合规风险,以避免因违规经营而导致法律制裁、监管处罚、重大财务损失和声誉损失等的动态循环过程。

合规管理贯穿于商业银行管理的全过程中,涵盖了商业银行业务的各个方面。合规管理的主要内容包括识别、评估合规风险并制定合规管理规划和相关政策程序,组织、指导各相关部门实施合规管理的政策和程序,督促、监控银行的合规工作,定期对银行的合规工作进行考核评价,发现并纠正其中的偏差和不足等。

2. 合规管理目标

根据《商业银行合规风险管理指引》第五条的规定,商业银行合规风险管理的目标是通过建立健全合规风险管理框架,实现对合规风险的有效识别和管理,促进全面风险管理体系建设,确保依法合规经营。因此,**合规管理的最终目标是合规**。商业银行开展合规管理的目的是通过管理,让银行各项行为合乎各类规则和准则的要求,确保商业银行通过该项管理能够有效地控制合规风险,避免商业银行因为违规行为而遭受法律制裁,或者蒙受财物损失,或者导致声誉损失,从而保证实现银行的最大利益。

> **📖知识加油站**
>
> 根据《商业银行合规风险管理指引》,商业银行应及时将合规政策、合规管理程序和合规指南等内部制度向银行业监督管理机构备案。

3. 合规管理体系

合规风险管理体系,不仅是商业银行实施全面风险管理战略的有机组成部分,也是商业银行构建有效内部控制机制的基础和核心,更是银行安全稳健运营的重要基础。《商业银行合规风险管理指引》明确规定了合规风险管理体系应该具体包括的基本要素:合规政策、合规管理部门的组织结构和资源、合规风险管理计划、合规风险识别和管理流程、合规培训与教育制度。只有以上所有要素都极为稳健并能协调运转,银行机构才能有效管理当前及未来所面临的合规责任和合规风险。

(1)董事会和管理层的管理职责。商业银行的董事会对构建高效合规风险管理体系以确保银行合规负有最终责任。银行合规风险管理体系的有效性在很大程度上取决于董事会和高级管理层所采取的措施。

表 10-4　董事会和管理层的管理职责

要点	管理职责
董事会	①审议批准商业银行的合规政策，并监督合规政策的实施。 ②审议批准高级管理层提交的合规风险管理报告，并对商业银行管理合规风险的有效性做出评价，以使合规缺陷得到及时有效的解决。 ③授权董事会下设的风险管理委员会、审计委员会或专门设立的合规管理委员会对商业银行合规风险管理进行日常监督。 ④商业银行章程规定的其他合规管理职责。 负责日常监督商业银行合规风险管理的董事会下设委员会应通过与合规负责人单独面谈和其他有效途径，了解合规政策的实施情况和存在的问题，及时向董事会或高级管理层提出相应的意见和建议，监督合规政策的有效实施
监事会	监事会应监督董事会和高级管理层合规管理职责的履行情况
高级管理层	①制定书面的合规政策，并根据合规风险管理状况以及法律、规则和准则的变化情况适时修订合规政策，报经董事会审议批准后传达给全体员工。 ②贯彻执行合规政策，确保发现违规事件时及时采取适当的纠正措施，并追究违规责任人的相应责任。 ③任命合规负责人，并确保合规负责人的独立性。 ④明确合规管理部门及其组织结构，为其履行职责配备充分和适当的合规管理人员，并确保合规管理部门的独立性。 ⑤识别商业银行所面临的主要合规风险，审核批准合规风险管理计划，确保合规管理部门与风险管理部门、内部审计部门以及其他相关部门之间的工作协调。 ⑥每年向董事会提交合规风险管理报告，报告应提供充分依据并有助于董事会成员判断高级管理层管理合规风险的有效性。 ⑦及时向董事会或其下设委员会、监事会报告任何重大违规事件。 ⑧合规政策规定的其他职责。 《商业银行合规风险管理指引》还特别强调合规负责人作为高管层组成之一的重要责任，即应全面协调商业银行合规风险的识别和管理，监督合规管理部门根据合规风险管理计划履行职责，定期向高级管理层提交合规风险评估报告。合规负责人不得分管业务条线

（2）合规政策。商业银行的合规政策，是规定银行合规风险管理的基本方针和指导思想，以及合规风险管理体系的总体框架等有关银行合规经营基本理念的纲领性文件，是商业银行构建合规风险管理体系以及制定合规管理程序、合规管理流程、合规手册、员工行为准则等合规指南的重要依据。商业银行的合规政策至少应包括：

①合规管理部门与风险管理部门、内部审计部门等其他部门之间的协作关系。

②设立业务条线和分支机构合规管理部门的原则。

③合规管理部门的功能和职责。

④合规管理部门的权限，包括享有与银行任何员工进行沟通并获取履行职责所需的任何记录或档案材料的权利等。

⑤合规负责人的合规管理职责。

⑥保证合规负责人和合规管理部门独立性的各项措施，包括确保合规负责人和合规管理人员的合规管理职责与其承担的任何其他职责之间不产生利益冲突等。

（3）合规部门。**商业银行董事会和高级管理层在合规风险管理体系建设初期的首要任务就是任命合规负责人、组建合规管理部门。**

表 10-5　合规部门的职责、与审计部门的关系

要点	内容
合规部门的基本职责	根据《商业银行合规风险管理指引》第十八条的规定，合规管理部门应在合规负责人的管理下协助高级管理层有效识别和管理商业银行所面临的合规风险，履行以下几个方面的基本职责： ①审核评价商业银行各项政策、程序和操作指南的合规性，组织、协调和督促各业务条线和内部控制部门对各项政策、程序和操作指南进行梳理和修订，确保各项政策、程序和操作指南符合法律、规则和准则的要求。 ②持续关注法律、规则和准则的最新发展，正确理解法律、规则和准则的规定及其精神，准确把握法律、规则和准则对商业银行经营的影响，及时为高级管理层提供合规建议。 ③制订并执行风险为本的合规管理计划，包括特定政策和程序的实施与评价、合规风险评估、合规性测试、合规培训与教育等。 ④协助相关培训和教育部门对员工进行合规培训，包括新员工的合规培训，以及所有员工的定期合规培训，并成为员工咨询有关合规问题的内部联络部门。 ⑤积极主动地识别和评估与商业银行经营活动相关的合规风险，包括为新产品和新业务的开发提供必要的合规性审核和测试，识别和评估新业务方式的拓展、新客户关系的建立以及客户关系的性质发生重大变化等所产生的合规风险。 ⑥收集、筛选可能预示潜在合规问题的数据，如消费者投诉的增长数、异常交易等，建立合规风险监测指标，按照风险矩阵衡量合规风险发生的可能性和影响，确定合规风险的优先考虑序列。 ⑦组织制定合规管理程序以及合规手册、员工行为准则等合规指南，并评估合规管理程序和合规指南的适当性，为员工恰当执行法律、规则和准则提供指导。 ⑧实施充分且具有代表性的合规风险评估和测试，包括通过现场审核对各项政策和程序的合规性进行测试，询问政策和程序存在的缺陷，并进行相应的调查，合规性测试结果应按照商业银行的内部风险管理程序，通过合规风险报告路线向上报告，以确保各项政策和程序符合法律、规则和准则的要求。 ⑨保持与监管机构日常的工作联系，跟踪和评估监管意见和监管要求的落实情况
合规部门与内部审计部门的关系	合规管理部门与内部审计部门在商业银行风险管理框架中承担着不同的角色，合规部门与内审部门有着较清晰的职责边界。根据《商业银行合规风险管理指引》第二十二条的规定，商业银行合规管理职能应与内部审计职能分离，合规管理职能的履行情况应受到内部审计部门定期的独立评价。内部审计部门应负责商业银行各项经营活动的合规性审计。内部审计方案应包括合规管理职能适当性和有效性的审计评价，内部审计的风险评估方法应包括对合规风险的评估。商业银行应明确合规管理部门与内部审计部门在合规风险评估和合规性测试方面的职责。审计工作的灵魂是独立性。合规部门与内部审计部门的机构或者人员应彼此相对独立。一旦审计本身成为风险管理的一部分，则其评价风险管理工作的独立性即丧失了

💡 **真题精练**

【例 5・单项选择题】合规管理的最终目标是（　　）。

A. 盈利　　　　　　　　　　　　B. 安全
C. 合规　　　　　　　　　　　　D. 合法

　　C　合规是合规管理的最终目标。

二、合规管理的流程 ★★★

商业银行合规风险管理实质上就是银行内部主动管理合规风险的一个动态过程。商业银行的合规风险管理流程一般包括对合规风险的识别、评估、测试、应对、监控以及合规风险报告等。

1. 合规风险识别和评估

对银行内部合规风险的存在或发生的可能性以及合规风险产生的原因等进行分析判断，并且通过收集和整理银行所有的合规风险点做成合规风险列表，以便进一步对合规风险进行评估和监测等系统性活动称为合规风险识别。合规风险识别是合规风险管理的第一个阶段，是对合规风险的定性分析，是整个合规风险管理的基础。在合规风险识别的基础上，应用一定的方法估计和测定发生因合规风险而可能导致法律制裁、监管处罚、重大财务损失和声誉损失等相关风险损失概率和损失大小，以及对银行整体运营产生影响的程度称为合规风险评估和测试。合规风险评估和测试的目的是确定合规风险对银行影响的大小，以决定是否需要采取应对措施加以监控以及应对措施采取到何种程度最为适宜等重要问题。

2. 合规风险的监测和测试

在整个合规风险管理过程中，风险的监测和测试属于合规风险管理的验证阶段。

合规风险的监测和测试就是要在银行内部对与合规法律、规则和准则有关的风险暴露进行追踪、核查。

3. 合规风险报告

合规风险报告是指合规管理部门等依照银行内部合规风险管理程序，并按规定的报告路线，及时、全面、完整地向管理层提供定性和定量描述的银行经营过程中所涉及的合规风险状况的报告。

合规风险报告是银行合规部门的一项重要职责，合规负责人应定期就合规事项向银行高级管理层报告。银行业监督管理机构要求商业银行应当明确合规风险报告路线以及合规风险报告的要素、格式和频率等。

合规风险报告侧重于在内部及外部沟通合规风险状况，合规风险报告一般发生在合规风险管理部门内部、合规风险管理部门与业务部门和银行其他职能部门之间，以及合规风险管理部门与银行高层之间。合规风险报告是银行合规风险管理框架中显而易见的、格外重要的纽带。

💡 真题精练

【例6·判断题】合规风险识别是合规风险管理的第一个阶段，是对合规风险的定量分析，也是整个合规风险管理的基础。（   ）
A. 正确   B. 错误

B   合规风险识别是合规风险管理的第一个阶段，是对合规风险的定性分析，也是整个合规风险管理的基础。

三、合规管理的基本机制 ★★★

1. 合规绩效考核机制与合规问责机制

银行合规管理的绩效考核和问责通常分为两个层面：

（1）对经营管理部门管理层和工作人员的考核问责。

（2）对合规部门管理层和工作人员的问责。

根据《商业银行合规风险管理指引》第十五条的规定,商业银行应建立对管理人员合规绩效的考核制度。**商业银行的绩效考核应体现倡导合规和惩处违规的价值观念。**

根据《商业银行合规风险管理指引》第十六条的规定,商业银行应建立有效的合规问责制度,严格对违规行为的责任认定与追究,并采取有效的纠正措施,及时改进经营管理流程,适时修订相关政策、程序和操作指南。商业银行应该完善公司治理结构,加快推进流程银行改革。通过权利制衡、内外透明的监督制约机制,加强合规管理绩效考核、确保激励约束机制的公平性、建立权责清晰匹配的岗位职责体制,从机制上保证合规文化被全体员工自觉遵循,促使员工主动提高对银行的忠诚度,这对银行的长远、可持续发展有着至关重要的作用。

2.诚信举报机制

诚信举报机制是指通过制度安排、技术保障等措施,鼓励内部员工基于个人的良知、伦理与道德判断或公共利益的考虑,对其认为是违反了法律法规、监管规定或诚信道德准则的行为和主体进行举报。

根据《商业银行合规风险管理指引》第十七条的规定,**商业银行应建立诚信举报制度,鼓励员工举报违法、违反职业操守或可疑的行为,并充分保护举报人。**

银行从业人员能否恪守诚信准则,是能否有效防范合规风险的重要手段。而诚信举报机制是促进员工遵规守法的一个制度保障。建立诚信举报机制,有利于降低信息不对称所带来的道德风险,有利于员工之间的相互约束,有利于合规文化的形成。

3.合规培训与教育制度

合规培训与教育可以分为两个方面:

(1)对经营管理部门管理层和工作人员的教育与培训。

(2)对合规部门职员的教育与培训。

合规管理部门应在合规负责人的管理下协助高级管理层有效识别和管理商业银行所面临的合规风险,履行的基本职责包括协助相关培训和教育部门对员工进行合规培训,包括新员工的合规培训,以及所有员工的定期合规培训,并成为员工咨询有关合规问题的内部联络部门。

商业银行应为合规管理部门配备有效履行合规管理职能的资源。合规管理人员应具备与履行职责相匹配的资质、经验、专业技能和个人素质。商业银行应定期为合规管理人员提供系统的专业技能培训,尤其是在正确把握法律、规则和准则的最新发展及其对商业银行经营的影响等方面的技能培训。

合规培训与教育包括对新员工的入职培训和对所有员工的定期培训,还应该有根据不同风险需求、员工层次以及监管要求等设计的具有针对性的培训。在组织方式上,合规培训与教育可以采取包括计算机或网络培训、视频或案例研究、电话会议培训、内部交流等,通过内网、互联网、刊物等媒体工具,多角度、全方位提升员工对企业文化和行为守则的认知。同时,银行应为员工参加合规培训提供足够的资金和时间上的支持,通过各种方式的渗透,使合规成为所有员工自然而然的价值导向。

💡 **真题精练**

【例7·单项选择题】商业银行合规培训与教育不包括(   )。

A.新员工的入职培训

B.所有员工的定期培训

C.审计性业务培训

D.根据不同风险需求、员工层次及监管要求等设计的具有针对性的培训

C 合规培训与教育包括对新员工的入职培训、所有员工的定期培训,还应该有根据不同风险需求、员工层次以及监管要求等设计的具有针对性的培训。

四、合规文化建设 ★★★

1. 合规文化的概念

银行业作为高风险行业，合规经营始终是银行存在和发展的前提，是银行实现稳健经营的关键所在，只有合规经营才能使银行风险始终处于可承受和控制的范围之内。因此，合规文化应成为银行企业文化的核心构成要素，合规风险管理机制在合规文化的配合下方能有效发挥作用。

合规文化是指银行机构为避免遭受法律制裁、监管处罚、重大财务损失或声誉损失，自上而下地建立起一种普遍意识、道德标准和价值取向，以从精神方面确保其各项经营管理活动始终符合法律法规、自律组织约定以及内部规章的要求。合规文化的内涵包括诚实、守信、正直等职业道德与行为操守，以及银行对社会负责、银行对员工负责、员工对银行负责、员工对其他员工负责等价值观念取向。

2. 合规文化的特点

(1)合规文化的核心是法律意识。

(2)合规文化体现了价值取向。

(3)合规文化必须通过制度传达。

(4)合规文化建设是银行的自身需求。

3. 合规文化的实现

合规文化是银行员工在长期发展过程中形成的遵章守纪的思想观念、价值标准、道德规范和行为方式。合规是商业银行所有员工的共同责任，并应从商业银行高层做起，确立全员主动合规、合规创造价值等合规理念，在全行推行诚信与正直的职业操守和价值观念，提高全体员工的合规意识，促进商业银行自身合规与外部监管的有效互动。

(1)树立"合规从高层做起"的理念。

(2)树立"主动合规"理念。

(3)树立"合规人人有责"的理念。

(4)树立"合规创造价值"的理念。

(5)树立"有效互动"的理念。

💡 **真题精练**

【例8·多项选择题】商业银行合规文化的特点有(   )。

A.合规文化的核心是道德观念

B.合规文化建设是银行的外部需求

C.合规文化体现了价值取向

D.合规文化必须通过制度传达

E.合规文化建设是制度建设的需要

C D　　合规文化的特点有：合规文化的核心是法律意识；合规文化建设是银行的自身需求；合规文化体现了价值取向；合规文化必须通过制度传达。

第三节　反洗钱

一、反洗钱概述 ★★★

1. 洗钱的概念

根据《中华人民共和国反洗钱法》和《中华人民共和国刑法》第一百九十一条的规定，洗钱罪，是指为掩饰、隐瞒毒品犯罪、黑社会性质的组织犯罪、恐怖活动犯罪、走私犯罪、贪污贿赂犯罪、破坏金融管理秩序犯罪、金融诈骗犯罪的所得及其产生的收益的来源和性质，提供资金账户，将财产转换为现金、金融票据、有价证券，通过转账或者其他支付结算方式转移资金，跨境转移资产，或者以其他方法掩饰、隐瞒犯罪所得及其收益的来源和性质的行为。

> **📖 知识加油站**
>
> 按照《中华人民共和国刑法》及司法解释的规定，洗钱行为有以下具体方式：一是提供资金账户。二是将财产转换为现金、金融票据、有价证券。三是通过转账或者其他结算方式进行资金转移。四是跨境转移资产。五是用其他方法掩饰、隐瞒犯罪所得及其收益的来源和性质。

2. 反洗钱的概念

反洗钱是指为了预防通过各种方式掩饰、隐瞒毒品犯罪、黑社会性质的组织犯罪、恐怖活动犯罪、走私犯罪、贪污贿赂犯罪、破坏金融管理秩序犯罪、金融诈骗犯罪等犯罪所得及其收益的来源和性质的洗钱活动，而采取的客户身份识别、客户身份资料和交易记录保存、大额交易和可疑交易报告等一系列预防和控制措施。

> **📖 知识加油站**
>
> 反洗钱的义务主体不只包括金融机构，还包括特定非金融机构。金融机构包括：政策性银行、商业银行、农村合作银行、农村信用社、村镇银行、证券公司、期货公司、基金管理公司、保险公司、保险资产管理公司、保险专业代理公司、保险经纪公司、信托公司、金融资产管理公司、金融资产投资公司、企业集团财务公司、金融租赁公司、汽车金融公司、消费金融公司、货币经纪公司、贷款公司。特定非金融机构是指房地产行业、贵金属行业、会计师行业、律师行业等。

二、反洗钱的国际监管趋势 ★★★

为了打击洗钱活动，1970 年，美国颁布了《银行保密法》，建立了现金交易报告制度，之后又制定了《洗钱控制法》将洗钱行为入罪。近年来，面对恐怖主义组织及其他非法武装急迫获取大规模毁灭性武器的严重威胁，联合国发布了一系列金融制裁决议。1989 年，以西方七国集团为代表的发达国家在法国巴黎成立了政府间组织"金融行动特别工作组"。

三、反洗钱的监管框架 ★★★

《中华人民共和国反洗钱法》明确了我国反洗钱监管的整体框架。中国人民银行作为国务院反洗钱行政主管部门负责全国的反洗钱监督管理工作。国务院有关部门、机构在各自的职责范围内履行反洗钱监督管理职责。

1. 金融机构反洗钱监管

对于金融机构的反洗钱监管工作，由中国人民银行和金融监督管理机构共同负责。国务院金融监督管理部门在职责范围内负责所监管机构的反洗钱工作。

2. 特定非金融机构反洗钱监管

特定非金融机构也是反洗钱义务的履行主体，在我国主要包括贵金属、房地产、会计师、律师等行业。

3. 我国反洗钱立法情况

（1）刑事立法——《中华人民共和国刑法》。

（2）《中华人民共和国反洗钱法》和《中华人民共和国反恐怖主义法》。

（3）行政法规、规章及规范性文件：《金融机构反洗钱规定》《金融机构大额交易和可疑交易报告管理办法》《金融机构报告涉嫌恐怖融资的可疑交易管理办法》《金融机构客户身份识别和客户身份资料及交易记录保存管理办法》等。

（4）《关于完善反洗钱、反恐怖融资、反逃税监管体制机制的意见》。

四、反洗钱义务的主要内容 ★★★

1. 客户身份识别制度

商业银行等金融机构应该了解实际控制客户的自然人和交易的实际受益人，核对客户的有效身份证件或者其他身份证明文件，登记客户身份基本信息，并留存有效身份证件或者其他身份证明文件的复印件或者影印件。存在代理关系时，银行还应当核对代理人的有效身份证件或者身份证明文件，登记代理人的姓名或者名称、联系方式、身份证件或者身份证明文件的种类、号码。

表 10-6　客户身份识别的要点

要点	内容
客户身份识别的情形	（1）银行等金融机构以开立账户等方式与客户建立业务关系，为不在本机构开立账户的客户提供现金汇款、现钞兑换、票据兑付等一次性金融服务且交易金额单笔人民币 1 万元以上或者外币等值 1 000 美元以上的，应当识别客户身份。 （2）**银行等为自然人客户办理人民币单笔 5 万元以上或者外币等值 1 万美元以上现金存取业务，应当识别客户身份。** （3）银行等金融机构提供保管箱服务时，应了解保管箱的实际使用人。 （4）银行等金融机构为客户向境外汇出资金时，应当登记汇款人的姓名或者名称、账号、住所和收款人的姓名、住所等信息，在汇兑凭证或者相关信息系统中留存上述信息，并向接收汇款的境外机构提供汇款人的姓名或者名称、账号、住所等信息。 （5）信托公司在设立信托时，应当核对委托人的有效身份证件或者其他身份证明文件，了解信托财产的来源，登记委托人、受益人的身份基本信息，并留存委托人的有效身份证件或者其他身份证明文件的复印件或者影印件。 （6）金融资产管理公司、金融资产投资公司、财务公司、金融租赁公司、汽车金融公司、货币经纪公司在与客户签订金融业务合同时，应当核对客户的有效身份证件或者其他身份证明文件，登记客户身份基本信息，并留存有效身份证件或者其他身份证明文件的复印件或者影印件
持续识别要求	出现以下情况时，银行等金融机构应当重新识别客户： （1）客户要求变更姓名或者名称、身份证件或者身份证明文件种类、身份证件号码、注册资本、经营范围、法定代表人或者负责人的。 （2）客户行为或者交易情况出现异常的。 （3）客户姓名或者名称与国务院有关部门、机构和司法机关依法要求金融机构协查或者关注的犯罪嫌疑人、洗钱和恐怖融资分子的姓名或者名称相同的。 （4）客户有洗钱、恐怖融资活动嫌疑的。 （5）金融机构获得的客户信息与先前已经掌握的相关信息存在不一致或者相互矛盾的。 （6）先前获得的客户身份资料的真实性、有效性、完整性存在疑点的，以及金融机构认为应重新识别客户身份的其他情形
委托第三方进行客户身份识别的要求	银行等金融机构委托金融机构以外的第三方识别客户身份的，金融机构应当承担未履行客户身份识别义务的责任，同时应当符合下列要求： （1）能够证明第三方按反洗钱法律、行政法规和《金融机构客户身份识别和客户身份资料及交易记录保存管理办法》的要求，采取了客户身份识别和身份资料保存的必要措施。 （2）第三方为本金融机构提供客户信息，不存在法律制度、技术等方面的障碍。 （3）本金融机构在办理业务时，能立即获得第三方提供的客户信息，还可在必要时从第三方获得客户的有效身份证件、身份证明文件的原件、复印件或者影印件

2. 客户身份资料和交易记录保存制度

银行业金融机构应当按照安全、准确、完整、保密的原则,妥善保存客户身份资料和交易记录,确保能足以重现每项交易,以提供识别客户身份、监测分析交易情况、调查可疑交易活动和查处洗钱案件所需的信息。

(1)保存范围。银行业金融机构应当保存的客户身份资料包括记载客户身份信息、资料以及反映金融机构开展客户身份识别工作情况的各种记录和资料,包括关于每笔交易的数据信息、业务凭证、账簿以及有关规定要求的反映交易真实情况的合同、业务凭证、单据、业务函件和其他资料。

(2)保存时限。银行业金融机构应当按照下列期限保存客户身份资料和交易记录:**对于客户身份资料,自业务关系结束当年或者一次性交易记账当年计起至少保存 10 年;对于交易记录,自交易记账当年计起至少保存 10 年**。

(3)保密要求。《中华人民共和国反洗钱法》明确规定,对依法履行反洗钱职责或者义务获得的客户身份资料和交易信息,应当予以保密;非依法律规定,不得向任何单位和个人提供。

(4)资料移交。银行业金融机构破产或者解散时,应当将客户身份资料和交易记录移交国务院银行业监督管理机构指定的机构。

3. 大额交易和可疑交易报告制度

大额交易和可疑交易报告是反洗钱制度的核心。

表 10-7　大额交易和可疑交易报告

要点	内容
大额交易	银行等金融机构应当在大额交易发生之日起 5 个工作日内以电子方式提交大额交易报告。 客户通过在境内金融机构开立的账户或者境内银行卡所发生的大额交易, 由开立账户的金融机构或者发卡银行报告;客户通过境外银行卡所发生的大额交易, 由收单机构报告;客户不通过账户或者银行卡发生的大额交易, 由办理业务的金融机构报告。 银行等金融机构应当向反洗钱监测中心报告下列大额交易: (1)**当日单笔或者累计交易人民币 5 万元(含 5 万元)以上、外币等值 1 万美元(含 1 万美元)以上的现金缴存、现金支取、现金结售汇、现钞兑换、现金汇款、现金票据解付及其他形式的现金收支。** (2)非自然人客户银行账户与其他的银行账户发生当日单笔或者累计交易人民币 200 万元(含 200 万元)以上、外币等值 20 万美元(含 20 万美元)以上的款项划转。 (3)自然人客户银行账户与其他的银行账户发生当日单笔或者累计交易人民币 50 万元(含 50 万元)以上、外币等值 10 万美元(含 10 万美元)以上的境内款项划转。 (4)**自然人客户银行账户与其他的银行账户发生当日单笔或者累计交易人民币 20 万元(含 20 万元)以上、外币等值 1 万美元(含 1 万美元)以上的跨境款项划转。** 累计交易金额以客户为单位,按资金收入或者支出单边累计计算并报告。 中国人民银行另有规定的除外

表 10-7（续）

要点	内容
可疑交易报告	银行等金融机构发现或者有合理理由怀疑客户、客户的资金或者其他资产、客户的交易或者试图进行的交易与洗钱、恐怖融资等犯罪活动相关的，不论所涉资金金额或者资产价值大小，应当提交可疑交易报告。金融机构应当在按本机构可疑交易报告内部操作规程确认为可疑交易后，及时以电子方式提交可疑交易报告，最迟不超过 **5 个工作日**。 （1）交易监测标准。银行等金融机构应当制定本机构的交易监测标准，并对其有效性负责。交易监测标准包括并不限于客户的身份、行为，交易的资金来源、金额、频率、流向、性质等存在异常的情形，并应当参考以下因素： ①中国人民银行及其分支机构发布的反洗钱、反恐怖融资规定及指引、风险提示、洗钱类型分析报告和风险评估报告。 ②公安机关、司法机关发布的犯罪形势分析、风险提示、犯罪类型报告和工作报告。 ③本机构的资产规模、地域分布、业务特点、客户群体、交易特征，洗钱和恐怖融资风险评估结论。 ④中国人民银行及其分支机构出具的反洗钱监管意见以及中国人民银行要求关注的其他因素。 （2）交易监测方式。银行等金融机构应当对通过交易监测标准筛选出的交易进行人工分析、识别，并记录分析过程；不作为可疑交易报告的，应当记录分析排除的合理理由；确认为可疑交易的，应当在可疑交易报告理由中完整记录对客户身份特征、交易特征或行为特征的分析过程。 可疑交易如果明显涉嫌洗钱、恐怖融资等犯罪活动、严重危害国家安全或者影响社会稳定或者具有其他情节严重或者情况紧急的情形的，银行等金融机构应当在向中国反洗钱监测分析中心提交可疑交易报告的同时，以电子形式或书面形式向所在地中国人民银行或者其分支机构报告，并配合反洗钱调查

第四节　商业银行内外部审计

一、内部审计 ★★★

内部审计与国家审计（政府审计）、社会审计（事务所审计、民间审计）并列为三大类审计。

1. 内部审计的内涵

自 2018 年 3 月起施行的《审计署关于内部审计工作的规定》（审计署令第 11 号），将内部审计定义为"对本单位及所属单位财政财务收支、经济活动、内部控制、风险管理实施独立、客观的监督、评价和建议，以促进单位完善治理、实现目标的活动"。

银行审计与一般审计相同，具有三个方面的职能，即经济监督、经济鉴证、经济评价。

2. 内部审计的目标

（1）推动国家有关经济金融法律法规和监管规则的有效落实。

（2）促进商业银行建立并持续完善有效的风险管理、内控合规和公司治理架构。

（3）相关审计对象有效履职，共同实现本银行战略目标。

3. 银行内部审计主要事项

（1）经营管理的合规性及合规部门工作情况。

(2) 内部控制的健全性和有效性。

(3) 风险状况及风险识别、计量、监控程序的适用性和有效性。

(4) 信息系统规划设计、开发运行和管理维护的情况。

(5) 会计记录和财务报告的准确性和可靠性。

(6) 与风险相关的资本评估系统情况。

(7) 机构运营绩效和管理人员履职情况 等。

4. 内部审计的准则

自 2014 年开始施行的《中国内部审计协会第 1101 号——内部审计基本准则》明确了内部审计的一般准则：第一，组织应当设置与其目标、规模、性质、治理结构等相适应的内部审计机构，并配备具有相应资格的内部审计人员。第二，内部审计工作的目标、职责和权限等内容应当在组织的内部审计章程中明确规定。第三，内部审计机构和内部审计人员应当保持独立性和客观性，不得负责审计单位的业务活动、内部控制和风险管理的决策与执行。第四，内部审计人员应当遵守职业道德，在实施内部审计业务时保持应有的职业谨慎。第五，内部审计人员应当具备相应的专业胜任能力，并通过后续教育和培训以保持和提高。第六，内部审计人员应当履行保密义务，对于实施内部审计业务中所获取的信息应保密。

5. 内部审计的组织架构、职责与权限

表 10-8 内部审计的组织架构、职责与权限

部门	职责与权限
董事会及其审计委员会	董事会对内部审计的独立性和有效性承担最终责任。董事会应根据本银行业务规模和复杂程度配备充足、稳定的内部审计人员；提供充足的经费并列入财务预算；负责批准内部审计章程、中长期审计规划和年度审计计划；为独立、客观开展内部审计工作提供必要保障；对内部审计工作的独立性和有效性进行考核，并对内部审计质量进行评价。 董事会应下设审计委员会。**审计委员会成员不少于 3 人，多数成员应为独立董事。**审计委员会成员应具有财务、审计和会计等专业知识和工作经验。审计委员会负责人原则上应由独立董事担任。审计委员会对董事会负责，经董事会授权核内部审计章程等重要制度和报告，审批中长期审计规划和年度审计计划，指导、考核和评价内部审计工作
监事会	监事会对本银行内部审计工作进行监督，有权要求董事会和高级管理层提供审计方面的相关信息
高级管理层	高级管理层应支持内部审计部门独立履行职责，确保内部审计资源充足到位；及时向审计委员会报告业务发展、产品创新、操作流程、风险管理、内控合规的最新发展和变化；根据内部审计发现的问题和审计建议及时采取有效整改措施。 商业银行可设立**总审计师或首席审计官一名。**总审计师或首席审计官由董事会负责聘任和解聘。商业银行应及时向银行业监督管理机构报告总审计师或首席审计官的聘任和解聘情况。 总审计师或首席审计官对董事会及其审计委员会负责，定期向董事会及其审计委员会和监事会报告工作，并通报首席审计官及高级管理层。总审计师或首席审计官负责组织和督导实施内部审计章程、审计工作流程、作业标准、职业道德规范等内部审计制度，组织实施内部审计中长期审计规划和年度审计计划，并对内部审计的整体质量负责。 商业银行未设立总审计师或首席审计官的，由内部审计部门负责人承担总审计师的职责

表 10-8（续）

部门	职责与权限
内部审计部门	商业银行应设立独立的内部审计部门，审查评价并督促改善商业银行经营活动、风险管理、内控合规和公司治理效果，编制并落实中长期内部审计规划和年度审计计划，开展后续审计，评价整改情况，对审计项目的质量负责。内部审计部门向总审计师负责并报告工作。 商业银行应配备充足的内部审计人员，**原则上不得少于员工总数的 1%**。 内部审计人员应具备履行内部审计职责所需的专业知识、职业技能和实践经验，掌握银行业务的最新发展，并通过后续教育等途径，学习和掌握相关法律法规、专业知识、技术方法和审计实务的发展变化，保持和提升专业胜任能力。 内部审计人员在从事内部审计活动时，应遵循客观、保密原则，秉持诚信正直的道德操守，按规定使用审计项目中所获取的信息。内部审计人员不得参与有利益关系的审计项目，不得利用职权谋私利，不得隐瞒内部审计发现的问题，不做缺少证据支持的判断，不做误导性陈述。

案。

6. 内部审计的章程

2016 内审指引将要求商业银行应制定内部审计章程，并**由董事会批准并报监管部门备**案。内部审计章程应至少包括以下事项：

(1) 内部审计目标和范围。

(2) 内部审计地位、权限和职责。

(3) 内部审计部门的报告路径以及与高级管理层的沟通机制。

(4) 总审计师的责任和义务。

(5) 内部审计师的责任和义务。

(6) 内部审计活动外包的标准和原则。

(7) 内部审计与外部审计的关系。

(8) 对重点业务条线及风险领域的审计的关系。

(9) 内部审计人员职业准入标准、后续教育制度和人员交流机制。

7. 内部审计的职责

2016 内审指引将商业银行应对审计事项进行了细化，具体包括：

(1) 公司治理的健全性和有效性。

(2) 经营管理的合规性和有效性。

(3) 内部控制的适当性和有效性。

(4) 风险管理的全面性和有效性。

(5) 会计记录及财务报告的完整性和准确性。

(6) 信息系统的持续性、可靠性和安全性。

(7) 机构运营、绩效考评、薪酬管理和高级管理人员履职情况。

(8) 监管部门监督检查发现问题的整改情况以及监管部门指定的审计工作等。

8. 内部审计的权限

内部审计部门有权获取与审计有关的信息，列席或参加与内部审计职责有关的会议，参加相关业务培训。

(1) 内部审计部门有权检查各类经营管理相关信息，及时、全面获取经营管理相关信息，并就有关问题向审计对象和行内相关人员进行调查、质询和取证。

(2) 内部审计部门有权检查各类经营管理相关信息（含分支机构和附属机构）的各类经营管理相关信息，并就有关问题向审计对象和行内相关人员进行调查、质询和取证。

（3）内部审计部门有权向董事会、高级管理层和相关部门提出处理和处罚建议。

（4）内部审计部门可就风险管理、内部控制等事项提供专业建议，但不得直接参与或负责内部控制设计和经营管理的决策与执行。

9. 内部审计的主要工作方法

目前，银行内部审计主要有现场审计与非现场审计两种审计方式。在审计信息化程度逐年提高的基础上，有的银行增加了现场走访与自行查核等新方式，从而使内部审计效率不断提高，有效性不断增强。

（1）**现场审计**。现场审计是内部审计中最传统和最主要的工作方式。它根据风险导向审计的要求，紧密结合银行经营管理的实际情况，通过对各项业务风险状况的分析和评估，对经营管理中的热点、难点问题进行审计评价或调查，以实现内部审计目标。现场审计主要包括：

①全面审计，一般以3年为一个周期对分支机构开展一次全面审计。

②离任审计，是对辖内离任董事和高级管理人员在任职期间所承担的经济责任履职情况进行审查、监督和总体评价。

③专项审计，是按年度审计项目计划，对辖内分支机构的重点关注业务领域或项目有计划进行专项审计。

（2）**非现场审计**。非现场审计是基于现代信息处理手段和传递方式迅速发展起来的一种审计监督方式，具有全面性、时效性、低成本、高效率等优势，已成为内部审计的主要审计方式之一。非现场审计监测范围主要包括管辖范围内的机构概览、业务异动分析、内部控制评价、内部控制报告、后续跟踪、日常信息收集与监测等。通过非现场审计监测，银行可以实现对银行整体及分支机构经营状况和业务的动态跟踪与持续性监控，及时发现问题并发出预警信号。

（3）**现场走访**。现场走访通常有内部分行走访和监管机构走访。

（4）**自行查核**。由内部审计部门确定全行自行查核关键风险点，各分支机构定期组织查核，对照整改。内部审计部门对各分支机构发现的问题，按照查核方式、任务、条线、机构、人员等进行多维度的汇总分析，再要求分支机构举一反三，进行内控考核、评价。

10. 内部审计的工作流程

商业银行规范的内部审计工作流程应当包括审计计划、准备、实施、报告、结果运用、跟踪、沟通与确认、档案管理、质量评估等工作流程。

11. 内部审计的质量控制

（1）内部审计部门可就风险管理、内部控制等有关问题提供咨询服务，但为确保其独立性，不应直接参与或负责内部控制设计和经营管理决策与执行。

（2）内部审计部门应在年度风险评估的基础上确定审计重点，审计频率和程度应与银行业务性质、复杂程度、风险状况、管理水平相一致。**对每一营业机构的风险评估每年至少一次，审计每两年至少一次**。

（3）董事会可聘请外部机构对内部审计部门的尽职情况进行评价，并保证外部检查人员独立于评价对象、具备专业胜任能力以及与评价对象没有利益冲突。

（4）内部审计部门应加强科技手段和信息技术在审计工作中的运用，建立完善非现场内部审计监测体系及内部审计操作系统、信息管理系统。

（5）内部审计部门根据工作需要，经董事会批准后，可将部分内部审计项目外包，但需事先对外包机构的独立性、客观性和专业胜任能力进行评估。作为一项原则，有的国家不允许将内部审计外包给银行的外部审计师。银行业监督管理部门则明确，银行的战略管理、核心管理以及内部审计等职能不宜外包。

12. 内部审计的报告制度

审计委员会应按季度向董事会报告审计工作情况，并通报高级管理层和监事会。首席审计官和内部审计部门在审计事项结束后，应及时向董事会和高级管理层主要负责人报送包括审计概况、审计依据、审计结论、审计决定、审计建议、审计对象反馈意见等内容的项目审计报告；**按季度向董事会和高级管理层主要负责人报告审计工作情况；每年至少一次向董事会提交包括履职情况、审计发现和建议等内容的审计工作报告。**

银行董事会和高级管理层应建立完善与银行业监督管理机构的沟通和报告制度，就重大审计发现及时报告。内部审计部门应就以下事项向国务院银行业监督管理机构或其派出机构报告：

（1）向董事会提交的全面审计工作报告。

（2）内部审计部门开展异地审计的，应同时将审计报告抄报审计对象所在地的国务院银行业监督管理机构派出机构。

（3）内部审计部门发现重大问题并报告董事会后，在问题未得到认真查处整改的情况下，应直接向监管机构报告相关情况。

（4）外部中介机构对银行的审计报告。

13. 内部审计的考核与问责

（1）内部审计的考核。内部审计部门定期对内部审计人员的专业胜任能力进行评价。内部审计人员的薪酬水平应不低于本机构其他部门同职级人员平均水平。内部审计结果和整改情况应作为审计对象绩效考评的重要依据。

（2）内部审计的问责。建立**内部审计责任制**，明确规定内部审计人员履职尽责要求以及问责程序。董事会应对违反职业道德规范和其他违法行为的内部审计部门负责人和直接责任人追究责任。高级管理层对未按要求进行整改的问题，应督促整改，追究相关人员责任，并承担未对审计发现采取纠正措施所产生的责任和风险。经责任认定，内部审计部门和审计人员已勤勉尽职的，可减轻或免除其责任。

14. 银行分支机构高管人员及相关人员需关注的相关内部审计事项

（1）认真学习和遵守有关银行业经营活动的法律、行政法规、部门规章及其他规范性文件、经营规则、自律性组织的行业准则、行为守则和职业操守，切实贯彻和执行本行的各项规章制度，做到依法合规经营。

（2）熟悉和掌握本行有关内部审计的组织框架和相关制度、流程，自觉接受和认真配合内部审计工作，不得拒绝、拖延提供与内部审计事项有关的资料，不得提供不真实、不完整的资料，及时、全面执行审计处理意见。对审计结论有异议的，可以向做出审计结论的审计机构的上级机构进行复议。

（3）认真执行《银行业金融机构董事（理事）和高级管理人员任职资格管理办法》的有关规定，高级管理人员离任后，及时向其离任机构所在地监管机构报送离任审计报告。离任审计报告至少应当包括对以下情况及其所负责任（包括领导责任和直接责任）的评估结论：

①本人是否涉及所任职机构或分管部门经营中的重大关联交易，以及重大关联交易是否依法披露。

②所任职机构或分管部门是否发生重大案件、重大损失或重大风险。

③贯彻执行国家法律法规、各项规章制度的情况。

④所任职机构或分管部门的内部控制、风险管理是否有效。

⑤所任职机构或分管部门的经营是否合法合规。

离任审计报告还应当包括被审计对象是否存在违法、违规、违纪行为和受处罚、受处分等不良记录的信息。

15. 内部审计的监管评估

2016 内审指引要求,商业银行内部审计部门应建立与银行业监督管理机构的正式沟通机制,定期讨论银行面临的主要风险、已经采取的风险化解措施以及整改情况。双方沟通的频率应与银行的规模、风险偏好和业务复杂性相匹配。

商业银行内部审计部门应向监管部门提交以下报告:内部审计计划,重要审计发现及其整改情况,向董事会提交的全面审计工作报告,外部机构对银行的审计报告,监管部门监督检查发现问题的整改报告,内部审计质量自我评价报告,银行业监督管理机构要求的其他报告。

银行业监督管理机构可要求商业银行内部审计部门完成指定项目的审计工作,并将审计结果报送监管部门。

银行业监督管理机构通过非现场监管、现场检查、监管会谈等方式,对商业银行内部审计的有效性进行评估。 评估内容包括:内部审计章程,内部审计的范围、频率和效果,确保内部审计职能充分发挥作用的公司治理机制,银行集团内部审计的有效性,内部审计人员的专业胜任能力,内部审计人员的薪酬机制,内部审计活动外包情况,内部审计报告及审计建议的整改落实情况,内部审计问责情况等。

银行业监督管理机构有权根据评估结果对商业银行内部审计工作提出监管意见,要求其限期整改并提交整改报告。内部审计有效性和整改情况应纳入公司治理和内部控制整体有效性评估和监管评级。

💡 真题精练

【例 9 · 单项选择题】内部审计中最传统和最主要的工作方式是(　　　)。

A. 现场审计　　　　　　　　B. 非现场审计
C. 现场走访　　　　　　　　D. 自行查核

A　现场审计是内部审计中最传统和最主要的工作方式。

二、外部审计 ★★★

1. 外部审计的概念

外部审计是指独立于政府机关和企事业单位以外的国家审计机构所进行的审计,以及独立执行业务会计师事务所接受委托进行的审计。

外部审计与内部审计的总体目标一致,两者均是审计监督体系的有机组成部门。**内部审计具有预防性、经常性和针对性,是外部审计的基础,对外部审计能起到辅助和补充作用;而外部审计对内部审计又能起到支持和指导作用。** 但是,外部审计机构与内部审计机构在独立性、强制性、权威性方面又有较大差别,实际上是对企业内部虚假、欺骗行为的一个重要而系统的检查,因此起着鼓励诚实的作用。

2. 外部审计委托

银行业监督管理机构要求,银行应当委托具有独立性、专业胜任能力和声誉良好的外审机构从事审计业务。对合格外审机构的评估包括但不限于以下因素:

(1)在形式和实质上均保持独立性。

(2)具有良好的职业声誉,无重大不良记录。

(3)具有完善的内部管理制度和健全的质量控制体系。

(4)熟悉金融法规、银行业金融机构业务及流程、内部控制制度以及各种风险管理政策。

（5）具有与委托银行业金融机构资产规模、业务复杂程度等相匹配的规模、资源和风险承受能力。

（6）拥有足够数量的具有银行业金融机构审计经验的注册会计师，具备审计银行业金融机构的专业胜任能力。

外审机构存在下列情况之一的，银行不宜委托其从事外部审计业务：

（1）与被审计机构存在关联关系，可能影响审计独立性的。

（2）专业胜任能力、从事银行业金融机构审计的经验、风险承受能力明显不足的。

（3）存在欺诈和舞弊行为，在执业经历中受过行政处罚、刑事处罚且未满三年的。

3. 外部审计质量控制

（1）银行应当了解外部审计程序及质量控制体系，配合外审机构开展审计工作，与外审机构充分沟通，为外审机构实施适当的审计程序提供便利，及时将审计过程中出现的重大事项报告银行业监督管理机构。

（2）为有助于避免外部审计师长期审计同一家银行造成的客观性和独立性削弱，外审机构同一签字注册会计师对同一家银行业金融机构进行外部审计的服务年限不得超过五年；超过五年的，银行业金融机构应当要求外审机构更换签字注册会计师。

（3）银行应当对外审机构的审计报告质量及审计业务约定书的履行情况进行评估。发现外审机构存在未履行诚信、勤勉、保密义务造成严重不良后果以及审计报告存在严重质量问题等情形的，应予以特别关注，并可以终止委托其审计工作。

（4）为提高外部审计的独立性，银行不宜委托负责其外部审计的外审机构提供咨询服务。《企业内部控制基本规范》也要求，为企业内部控制提供咨询的会计师事务所，不得同时为同一企业提供内部控制审计服务。

4. 外部审计结果的利用

（1）银行应当重视并积极整改外部审计发现的问题，并将整改结果报送银行业监管机构。

（2）银行应当在收到外审机构出具的审计报告和管理建议书后及时将副本报送银行业监管机构。

（3）银行应当建立外部审计结果、整改建议等审计信息系统，充分利用外部审计相关信息。

5. 银行业监督管理机构与外审机构的沟通

（1）银行应健全委托外部审计的管理制度和流程，畅通与外部审计沟通交流的渠道和机制，重视外部审计的意见和建议，尤其应对外部审计的风险提示和对内部控制的意见进行认真分析和评估，并对相关问题及时进行整改。

（2）银行应加强与外部审计机构的信息交流，定期举行三方会谈，及时交流有关信息，也可直接与外部审计机构进行沟通，及时发现和解决银行存在的相关问题。

（3）银行应当完整保存委托外部审计机构过程中的档案，银行业监管机构可以对上述档案进行检查，可以对外审机构的审计报告质量进行评估，并对存在重大疑问的事项要求银行委托其他外审机构进行专项审计。

（4）银行应积极配合外部审计工作，为外部审计机构提供必要的审计便利，不得阻碍外部审计工作正常开展，不得对外部审计出具审计意见施加影响，确保外部审计的独立性。银行的审计委员会应定期审阅外部审计报告，并与外部审计机构举行双方会谈，就审计情况进行充分沟通。

（5）银行发现外审机构如存在审计结果严重失实、严重舞弊行为以及严重违背中国注册会计师审计准则，存在应发现而未发现的重大问题的，可以要求银行立即评估委托该外审机构的适当性。对因上述原因被终止委托的外审机构,银行两年内不得委托其从事审计业务。

(6)银行或外审机构单方要求终止审计委托时,银行应当及时报告银行业监管机构,不得因外部审计机构出具保留意见、否定意见或无法出具审计意见等非标准审计意见而终止审计委托。银行业监管机构应对终止审计委托的情况进行相关调查,保证银行外部审计质量不因终止委托而受到影响,切实保护外部审计机构正常履行审计职责。

💡 **真题精练**

【例10·单项选择题】外审机构同一签字注册会计师对同一家银行业金融机构进行外部审计的服务年限不得超过( )年。
A. 1　　　　　　　　　　B. 2
C. 4　　　　　　　　　　D. 5

D 外审机构同一签字注册会计师对同一家银行业金融机构进行外部审计的服务年限不得超过五年;超过五年的,银行业金融机构应当要求外审机构更换签字注册会计师。

第五节　银行从业人员管理

一、银行从业人员概念 ★★★

按照《银行业金融机构从业人员行为管理指引》,银行业金融机构从业人员(以下简称从业人员)是指按照《中华人民共和国劳动合同法》规定,与银行业金融机构签订劳动合同的在岗人员,银行业金融机构董(理)事会成员、监事会成员及高级管理人员,以及银行业金融机构聘用或与劳务派遣机构签订协议从事辅助性金融服务的其他人员。

二、银行从业人员行为管理的治理架构 ★★★

银行业金融机构应建立覆盖全面、授权明晰、相互制衡的从业人员行为管理体系,并明确董事会、监事会、高级管理层和相关职能部门在从业人员行为管理中的职责分工。

董事会

银行业金融机构董事会对从业人员的行为管理承担最终责任,培育依法合规、诚实守信的从业人员行为管理文化;审批本机构制定的行为守则及其细则;监督高级管理层实施从业人员行为管理。董事会可授权下设相关委员会履行其部分职责。

监事会

监事会负责对董事会和高级管理层在从业人员行为管理中的履职情况进行监督评价。

高级管理层

高级管理层承担从业人员行为管理的实施责任,执行董事会决议,建立覆盖全面的从业人员行为管理体系,明确相关行为管理部门的职责范围;制定行为守则及其细则,并确保实施;每年将从业人员行为评估结果向董事会报告;建立全机构从业人员管理信息系统。

从业人员管理部门

银行业金融机构应明确从业人员行为管理的牵头部门，负责全机构从业人员的行为管理。除牵头部门外的风险管理、内控合规、内部审计、人力资源和监察部门等行为管理相关部门应根据从业人员行为管理的职责分工，积极配合牵头部门对从业人员的行为进行监测、识别、记录、处理和报告。

三、银行从业人员行为管理的制度建设 ★★★

1. 行为守则和行为细则

银行业金融机构制定的行为守则及其细则应要求全体从业人员遵守法律法规、恪守工作纪律，包括但不限于：自觉抵制并严禁参与非法集资、地下钱庄、洗钱、商业贿赂、内幕交易、操纵市场等违法行为，不得在任何场所开展未经批准的金融业务，不得销售或推介未经审批的产品，不得代销未持有金融牌照机构发行的产品，不得利用职务和工作之便谋取非法利益，未经监管部门允许不得向社会或其他单位和个人泄露监管工作秘密信息等。

2. 评估和监测

银行业金融机构的行为管理牵头部门应每年制定从业人员行为的年度评估规划，定期评估全体从业人员行为，并将评估结果向高级管理层报告。

银行业金融机构的行为管理牵头部门应完善从业人员行为的长期监测机制，并建立针对重点问题、关键岗位的不定期排查机制。针对监测和排查中发现的问题，应予以记录并及时提出处理建议。

3. 招聘和任职

银行业金融机构应开展从业人员行为的定期评估、建立长期监测和不定期排查机制，发现问题及时处理，在招聘中评估其与业务相关的行为，并将从业人员行为的评估结果作为薪酬发放和职位晋升的重要依据。

银行业金融机构在招聘和任职程序中评估从业人员与业务相关的行为，重点考察是否有不当行为记录；在招录董事（理事）和高级管理人员时，应向银行业监督管理机构申请在银行业金融机构从业人员处罚信息系统中查询有关行政处罚信息。

4. 从业人员管理信息系统

银行业金融机构应建立与本机构业务复杂程度相匹配的从业人员管理信息系统，持续收集从业人员的基本情况、行为评价、处罚等相关信息，支持对从业人员行为开展动态监测。

5. 举报和问责

银行业金融机构应建立举报制度，鼓励从业人员积极抵制、堵截和检举各类违法违规违纪和危害所在机构声誉的行为。银行业金融机构应及时对违反行为守则及其细则的从业人员进行处理和责任追究，并视情况追究负有管理职责的相关责任人的责任。对于涉嫌刑事犯罪的行为，银行业金融机构应及时移送司法机关，不得以纪律处分代替法律制裁。

四、银行从业人员行为管理的监管 ★★★

银行业监督管理机构应加强银行业金融机构从业人员行为管理的评估、监管和信息收集。对于不能满足从业人员行为管理相关要求的银行业金融机构，银行业监督管理机构可以要求其制定整改方案，责令限期改正，并视情况采取相应的监管措施。

五、银行从业人员行为规范 ★★★

银行业金融机构对本机构从业人员行为管理应承担起主体责任，按照《银行业金融机构从业人员行为管理指引》等要求，加强对从业人员行为的管理，使其保持良好的职业操守，诚实守信、勤勉尽责，坚持依法经营、合规操作，遵守工作纪律和保密原则，严格执行廉洁从业的各项规定。

↓码上看总结↓

👤 章节自测

一、单项选择题（在以下各小题所给出的四个选项中，只有一个选项符合题目要求，请将正确选项的代码填入括号内）

1. 2008 年我国颁布的《企业内部控制基本规范》将内部控制定义为"由企业董事会、监事会、经理层和全体员工实施的、旨在实现（   ）的过程"。
   A. 控制效果
   B. 控制目标
   C. 控制结果
   D. 控制效率

2. （   ）是直接造成内部控制形式和内容差异的根本原因。
   A. 内部环境
   B. 外部环境
   C. 法律环境
   D. 风险环境

3. （   ）是各项经营管理活动开展的依据，同时也是内部控制落实的重要载体。
   A. 治理结构
   B. 企业文化
   C. 人力资源
   D. 规章制度

4. （   ）是企业内部控制的重要控制手段。
   A. 不相容职务分离控制
   B. 授权审批控制
   C. 会计系统控制
   D. 运营控制

5. 信息与沟通的基本要求不包括（   ）。
   A. 信息收集
   B. 信息加工
   C. 信息评价
   D. 信息传递

6. 商业银行内部控制评价应当由（   ）组织实施。
   A. 监事会
   B. 董事会
   C. 理事会
   D. 董事会指定的部门

7. （   ）是内部控制的"第二道防线"。
   A. 高级管理层
   B. 业务部门
   C. 内控管理职能部门
   D. 内部审计部门

8. 商业银行因没有遵守法律、规则和准则可能遭受法律制裁、监管处罚、重大财务损失和声誉损失的风险是（   ）。
   A. 合规风险
   B. 声誉风险
   C. 操作风险
   D. 法律风险

9. 商业银行合规风险管理的基本方针和指导思想是（   ）。
   A. 合规制度
   B. 合规体系
   C. 合规法律
   D. 合规政策

10. 合规部门的基本职责之一是制定并执行（　　　）为本的合规管理计划。

    A. 效率　　　　　　　　　　　　　　B. 利益

    C. 管理　　　　　　　　　　　　　　D. 风险

11. 商业银行合规文化的核心是（　　　）。

    A. 法律意识　　　　　　　　　　　　B. 价值取向

    C. 制度建设　　　　　　　　　　　　D. 道德观念

12. （　　　）对内部审计的独立性和有效性承担最终责任。

    A. 董事会　　　　　　　　　　　　　B. 监事会

    C. 高级管理层　　　　　　　　　　　D. 内部审计人员

二、多项选择题（在以下各小题所给出的选项中，至少有两个选项符合题目要求，请将正确选项的代码填入括号内）

1. 内部控制的发展阶段有（　　　）。

    A. 内部牵制阶段　　　　　　　　　　B. 内部控制制度阶段

    C. 内部控制结构阶段　　　　　　　　D. 内部控制整体框架阶段

    E. 全面风险管理阶段

2. 商业银行内部控制的基本原则有（　　　）。

    A. 全覆盖原则　　　　　　　　　　　B. 制衡性原则

    C. 客观性原则　　　　　　　　　　　D. 审慎性原则

    E. 相匹配原则

3. 商业银行的内部控制措施主要包括（　　　）。

    A. 不相容职务分离控制　　　　　　　B. 授权审批控制

    C. 会计系统控制　　　　　　　　　　D. 运营控制

    E. 职位考评控制

4. 授权审批控制中的"授权"一般分为（　　　）。

    A. 短期授权　　　　　　　　　　　　B. 长期授权

    C. 常规授权　　　　　　　　　　　　D. 特别授权

    E. 自动授权

5. 下列属于银行内部信息的是（　　　）。

    A. 经营信息　　　　　　　　　　　　B. 财务信息

    C. 行业信息　　　　　　　　　　　　D. 监管信息

    E. 人员信息

6. 商业银行监事会的职责有（　　　）。

    A. 监督董事会、高级管理层完善内部控制体系

    B. 执行董事会决策

    C. 监督董事会、高级管理层及其成员履行内部控制职责

    D. 组织对内部控制体系的充分性与有效性进行监测和评估

    E. 建立和完善内部组织机构

7. 商业银行的合规风险管理流程一般包括对合规风险的（　　　）。

    A. 识别　　　　　　　　　　　　　　B. 评估

    C. 测试　　　　　　　　　　　　　　D. 应对

    E. 监控

8. 合规管理的基本机制包括(　　)。

　　A. 合规绩效考核机制与合规问责机制　　　B. 合规内控机制

　　C. 诚信举报机制　　　　　　　　　　　　D. 合规培训与教育制度

　　E. 合规文化制度

9. 合规培训与教育的组织方式包括(　　)。

　　A. 计算机或网络培训　　　　　　　　　　B. 电话会议培训

　　C. 视频研究　　　　　　　　　　　　　　D. 案例研究

　　E. 内部交流

10. 商业银行合规文化的实现途径有(　　)。

　　A. 树立"合规从高层做起"的理念　　　　B. 树立"主动合规"的理念

　　C. 树立"合规人人有责"的理念　　　　　D. 树立"合规创造价值"的理念

　　E. 树立"有效互动"的理念

11. 下列属于银行内部审计事项的有(　　)。

　　A. 经营管理的合规性及合规部门工作情况

　　B. 内部控制的健全性和有效性

　　C. 风险状况及风险识别、计量、监控程序的适用性和有效性

　　D. 信息系统规划设计、开发运行和管理维护的情况

　　E. 会计记录和财务报告的准确性和可靠性

12. 内部审计的特征有(　　)。

　　A. 预防性　　　　　　　　　　　　　　　B. 经常性

　　C. 指导性　　　　　　　　　　　　　　　D. 权威性

　　E. 针对性

三、判断题(请判断以下各小题的正误,正确的选 A,错误的选 B)

1. 风险应对是指风险应对策略的选择,根据风险分析结果,结合风险承受度,权衡风险与收益,确定风险应对策略。　　　　　　　　　　　　　　　　　　(　　)

　　A. 正确　　　　　　　　　　　　　　　　B. 错误

2. 银行的信息与沟通是指银行内部信息的沟通。　　　　　　　　　　(　　)

　　A. 正确　　　　　　　　　　　　　　　　B. 错误

3. 《商业银行合规风险管理指引》要求,合规风险管理体系的基本要素不包括合规培训与教育制度。　　　　　　　　　　　　　　　　　　　　　(　　)

　　A. 正确　　　　　　　　　　　　　　　　B. 错误

4. 全面审计一般以 2 年为一个周期。　　　　　　　　　　　　　　(　　)

　　A. 正确　　　　　　　　　　　　　　　　B. 错误

5. 内部审计部门不允许将内部审计项目外包。　　　　　　　　　　(　　)

　　A. 正确　　　　　　　　　　　　　　　　B. 错误

6. 内部审计对外部审计起支持和指导作用。　　　　　　　　　　　(　　)

　　A. 正确　　　　　　　　　　　　　　　　B. 错误

答案详解

一、单项选择题

1. B。【解析】2008年我国颁布的《企业内部控制基本规范》将内部控制定义为"由企业董事会、监事会、经理层和全体员工实施的、旨在实现控制目标的过程"。

2. A。【解析】内部环境是直接造成内部控制形式和内容差异的根本原因，并被视为内部控制的基本构成要素。

3. D。【解析】规章制度是各项经营管理活动开展的依据，同时也是内部控制落实的重要载体。

4. B。【解析】授权审批控制要求银行各级人员必须经过适当的授权才能执行有关经济业务，未经授权和批准不得处理有关业务，授权审批控制是企业内部控制的重要控制手段。

5. C。【解析】信息与沟通的基本要求：一是信息收集，二是信息加工，三是信息传递。

6. D。【解析】商业银行内部控制评价是对商业银行内部控制体系建设、实施和运行结果开展的调查、测试、分析和评估等系统性活动。商业银行内部控制评价应当由董事会指定的部门组织实施。

7. C。【解析】内部控制管理职能部门与风险合规部门是内部控制的"第二道防线"。

8. A。【解析】合规风险是指商业银行因没有遵守法律、规则和准则可能遭受法律制裁、监管处罚、重大财务损失和声誉损失的风险。

9. D。【解析】商业银行的合规政策，是规定银行合规风险管理的基本方针和指导思想，以及合规风险管理体系的总体框架等有关银行合规经营基本理念的纲领性文件，是商业银行构建合规风险管理体系以及制定合规管理程序、合规管理流程、合规

手册、员工行为准则等合规指南的重要依据。

10. D。【解析】合规部门的基本职责之一是制定并执行风险为本的合规管理计划，包括特定政策和程序的实施与评价、合规风险评估、合规性测试、合规培训与教育等。

11. A。【解析】合规文化的核心是法律意识。

12. A。【解析】董事会对内部审计的独立性和有效性承担最终责任。

二、多项选择题

1. ABCDE。【解析】一般认为，内部控制发展大致经历五个阶段，分别为：内部牵制、内部控制制度、内部控制结构、内部控制整体框架、全面风险管理阶段。

2. ABDE。【解析】根据《商业银行内部控制指引》的规定，银行建立与实施内部控制应当遵循以下四项原则：全覆盖原则；制衡性原则；审慎性原则；相匹配原则。

3. ABCD。【解析】商业银行的内部控制措施主要包括不相容职务分离控制、授权审批控制、会计系统控制、运营控制、绩效考评控制等。

4. CD。【解析】授权一般分为常规授权和特别授权。

5. ABE。【解析】内部信息是指来源于银行内部，由各项经营活动产生的信息，如经营信息、财务信息、人员信息等；外部信息是指由银行外部产生，对生产经营有一定影响作用的信息，如行业信息、监管信息等。

6. AC。【解析】监事会负责监督董事会、高级管理层完善内部控制体系；负责监督董事会、高级管理层及其成员履行内部控制职责。

7. ABCDE。【解析】商业银行的合规风

险管理流程一般包括对合规风险的识别、评估、测试、应对、监控以及合规风险报告等。

8.ACD。【解析】合规管理的基本机制包括合规绩效考核机制与合规问责机制、诚信举报机制、合规培训与教育制度。

9.ABCDE。【解析】合规培训与教育的组织方式包括计算机或网络培训、电话会议培训、视频或案例研究、内部交流等。

10.ABCDE。【解析】商业银行合规文化的实现途径有：树立"合规从高层做起"的理念、树立"主动合规"的理念、树立"合规人人有责"的理念、树立"合规创造价值"的理念、树立"有效互动"的理念。

11.ABCDE。【解析】银行内部审计事项有：(1)经营管理的合规性及合规部门工作情况。(2)内部控制的健全性和有效性。(3)风险状况及风险识别、计量、监控程序的适用性和有效性。(4)信息系统规划设计、开发运行和管理维护的情况。(5)会计记录和财务报告的准确性和可靠性。(6)与风险相关的资本评估系统情况。(7)机构运营绩效和管理人员履职情况等。

12.ABE。【解析】内部审计具有预防性、经常性和针对性，是外部审计的基础，对外部审计能起辅助和补充作用。

三、判断题

1.A。【解析】风险应对是指风险应对策略的选择，根据风险分析结果，结合风险承受度，权衡风险与收益，确定风险应对策略。

2.B。【解析】银行的信息与沟通是指商业银行及时、准确、完整地收集整理与经营管理相关的各种内外部信息，并借助信息技术，促使这些信息以恰当的方式在各个层级之间进行及时传递、有效沟通和正确使用的过程。

3.B。【解析】《商业银行合规风险管理指引》要求，合规风险管理体系应包括的基本要素包含合规培训与教育制度。

4.B。【解析】商业银行一般以3年为一个周期对分支机构开展一次全面审计。

5.B。【解析】内部审计部门根据工作需要，经董事会批准后，可将部分内部审计项目外包，但需事先对外包机构的独立性、客观性和专业胜任能力进行评估。

6.B。【解析】外部审计对内部审计起支持和指导作用。

第十一章
资本管理（中级考试内容）

⊕ 考情直击

　　本章的主要内容是资本管理概述、资本监管规则的演变、我国银行业的资本监管。分析近几年的考试情况，本章的常考点有我国银行业资本监管框架、监管资本的构成与补充、资本计量、内部资本评估程序、信息披露及监督检查等。

🔍 考纲要求

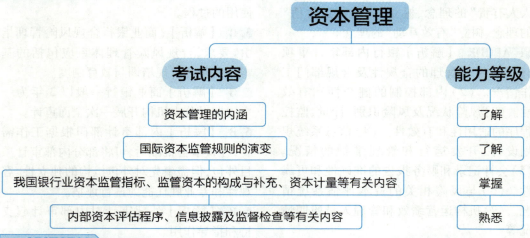

📖 知识解读

第一节　资本管理概述

一、资本的定义与分类 ★

　　1. 账面资本

　　账面资本又称为会计资本，属于会计学概念，是指商业银行持股人的永久性资本投入，即出资人在商业银行资产中享有的经济利益，其金额等于资产减去负债后的余额，包括**实收资本或普通股、资本公积、盈余公积、未分配利润**等。账面资本反映了银行实际拥有的资本水平，是银行资本金的静态反映。

　　2. 监管资本

　　监管资本涉及两个层次的概念：一是银行实际持有的符合监管规定的"合格资本"；二是银行按照监管要求应当持有的最低资本量或最低资本要求。

　　3. 经济资本

　　经济资本是描述在一定的置信度水平下（如99%），为了应对未来一定期限内资产的非预期损失而应该持有或需要的资本金。经济资本是根据银行资产的风险程度计算出来的虚拟资本,即银行所"需要"的资本,或"应该持有"的资本,而不是银行实际拥有的资本。经济资本本质上是一个风险概念,因而又称为"风险资本"。

二、不同资本之间的关系 ★

账面资本、监管资本和经济资本三者之间既有区别、又有联系。账面资本反映的是所有者权益,而监管资本、经济资本则是从覆盖风险与吸收损失的角度提出的资本概念。在资本功能方面,账面资本与监管资本具有交叉,可以用于吸收损失。从数量角度而言,账面资本经过一定的调整,可以得到符合监管要求的"合格资本",其数额应大于最低监管资本要求;银行要稳健、审慎经营,持有的账面资本还应大于经济资本。从银行管理角度来看,相对于监管资本,经济资本更好地反映了银行的风险状况和资本需求,对银行风险变动具有更高的敏感性,目前已经成为先进银行广泛应用的管理工具。

💡 真题精练

【例1·单项选择题】下列关于账面资本、监管资本和经济资本三者之间关系的说法中,错误的是(　　)。

A. 账面资本、监管资本和经济资本三者之间既有区别、又有联系

B. 账面资本反映的是所有者权益

C. 监管资本、经济资本是从覆盖风险与吸收损失的角度提出的资本概念

D. 经济资本经过一定的调整,可以得到符合监管要求的"合格资本",其数额应大于最低监管资本要求

D　从数量角度而言,账面资本经过一定的调整,可以得到符合监管要求的"合格资本",其数额应大于最低监管资本要求;银行要稳健、审慎经营,持有的账面资本还应大于经济资本。

三、经济资本管理 ★

在计量信用风险经济资本过程中,银行通常需要考虑违约概率、损失程度与违约风险暴露、时间范围、置信水平、相关性等要素。

风险调整后的资本回报是经风险调整后的净收益与经济资本的比率,已经成为国际上主流商业银行的风险绩效评价指标。其具体计算公式如下:

风险调整后的资本回报(RAROC)=经风险调整后税后净利润/经济资本

其中,经风险调整后税后净利润=总收入－资金成本－经营成本－风险成本－税项。

🛢 知识加油站

风险调整后的资本回报已成为国际通用的银行业风险收益评价方法。与传统的资产收益率(ROA)、净资产收益率(ROE)指标不同,RAROC更加注重风险成本与风险收入的匹配,要求对预期收入、预期损失等进行细分;此外,RAROC克服了传统财务绩效考核中盈利目标未能充分反映资本成本的缺陷,将商业银行的收益与风险直接挂钩,从根本上改变了银行忽视风险、盲目追求利润的经营方式。

第二节　资本监管规则的演变

一、《巴塞尔协议》 ★

《巴塞尔协议 I》

《巴塞尔协议 I》确立了资本充足率监管的基本框架，第一次在国际上明确了资本充足率监管的三个要素，即监管资本定义、风险加权资产计算和资本充足率监管要求。

《巴塞尔协议 II》

《巴塞尔协议 II》构建了"三大支柱"的监管框架，扩大了资本覆盖风险的种类，改革了风险加权资产的计算方法。明确商业银行总资本充足率不得低于8%，核心资本充足率不得低于4%，资本要全面覆盖信用风险、市场风险和操作风险。

《巴塞尔协议 III》

《巴塞尔协议 III》强化资本充足率监管标准，引入杠杆率监管标准，建立流动性风险量化监管标准。

要点点拨

表 11-1　《巴塞尔协议 III》下的各层次资本充足率监管要求

各层次资本充足率要求	核心一级资本	一级资本	总资本
最低资本要求	4.5%	6%	8%
储备资本要求	2.5%	—	—
最低资本要求＋储备资本要求	7%	8.5%	10.5%
逆周期资本要求	0～2.5%	—	—
系统重要性银行附加资本要求	1%～3.5%	—	—

二、《巴塞尔协议》在中国的实施 ★

（1）银行商业化转型初期的资本监管（1994—2003 年）。
（2）市场化银行体制形成时期的资本监管（2004—2009 年）。
（3）后危机时期的审慎监管框架（2010 年至今）。

第三节　我国银行业的资本监管

一、资本监管框架 ★★★

1.资本充足率

资本充足率＝（总资本－对应资本扣减项）/风险加权资产×100%

一级资本充足率＝（一级资本－对应资本扣减项）/风险加权资产×100%

核心一级资本充足率＝（核心一级资本－对应资本扣减项）/风险加权资产×100%

🛢知识加油站

按照分类监管和同质同类可比较的思路，《商业银行资本管理办法》参照系统重要性银行评估指标和恢复与处置计划来制定银行分档标准，以"杠杆率分母（调整后的表内外资产余额）"和"境外债权债务余额"衡量银行规模和国际活跃程度，区分银行的重要程度和风险差异，将银行分为三档，并适用不同的资本监管方案。具体为：

（1）第一档商业银行是指符合以下任一条件的商业银行：并表口径调整后表内外资产余额 5 000 亿元人民币（含）以上；境外债权债务余额 300 亿元人民币（含）以上且占并表口径调整后表内外资产余额的 10%（含）以上。

（2）第二档商业银行是指符合以下任一条件的商业银行：并表口径调整后表内外资产余额 100 亿元人民币（含）以上，且不符合第一档商业银行条件；并表口径调整后表内外资产余额小于 100 亿元人民币但境外债权债务余额大于 0。

（3）第三档商业银行是指并表口径调整后表内外资产余额小于 100 亿元人民币且境外债权债务余额为 0 的商业银行。

2.杠杆率

杠杆率＝（一级资本－一级资本扣除项）／调整后的表内外资产余额×100%

其中，调整后的表内外资产余额＝调整后表内资产余额（不包括表内衍生工具和证券融资交易）＋衍生工具资产余额＋证券融资交易资产余额＋调整后表外项目余额－一级资本扣减项。

商业银行并表和未并表的杠杆率均不得低于 4%。

二、监管资本的构成与补充 ★★★

监管资本根据其承担风险和吸收损失的能力，可以分为不同的层次。《商业银行资本管理办法》规定，银行实际持有的总资本包括核心一级资本、其他一级资本和二级资本，且银行发行的资本工具应符合监管规定的合格标准。

👆教你一招

商业银行通过资本补充提高资本充足率，主要途径是增加一级资本和二级资本。

三、风险加权资产的计量 ★★★

1.信用风险的计量

（1）权重法。权重法是指银行将全部资产按照监管规定的类别进行分类，并采用监管规定的风险权重计量信用风险加权资产的方法。

（2）内部评级法。内部评级法是指商业银行通过构建自己的内部评级体系，估计各类信用风险暴露的违约概率、违约损失率、违约风险暴露及期限等风险参数，并按照统一的函数关系计算信用风险加权资产的方法。

2.市场风险的计量

市场风险是指因市场价格（利率、汇率、股票价格和商品价格）的不利变动而使商业银行表内和表外业务发生损失的风险。

🔍要点点拨

商业银行可以采用标准法、内部模型法或简化标准法计量市场风险资本要求；商业银行采用内部模型法，内部模型法覆盖率应不低于 10%。市场风险加权资产为市场风险资本要求的 12.5 倍，即：市场风险加权资产＝市场风险资本要求×12.5。

3.操作风险的计量

操作风险是指由于内部程序、员工和信息科技系统存在问题以及外部事件造成损失的风险，包括法律风险，但不包括战略风险和声誉风险。

要点点拨

商业银行可以使用基本指标法或标准法计量操作风险资本要求。操作风险加权资产为操作风险资本要求的 12.5 倍，即：操作风险加权资产＝操作风险资本要求×12.5。

真题精练

【例2·判断题】权重法是指银行将全部资产按照监管规定的类别进行分类，并采用监管规定的风险权重计量信用风险加权资产的方法。（　　）
A.正确　　　　　　　　　　　　B.错误

A　权重法是指银行将全部资产按照监管规定的类别进行分类，并采用监管规定的风险权重计量信用风险加权资产的方法。

四、内部资本评估程序 ★★

内部资本评估程序是银行对资本充足情况进行自我评估的一整套程序和方法，银行要对面临的实质性风险状况和管理情况进行评估，测算需要持有的资本，并找出自身差距与不足，在此基础上确定未来资本充足率管理的方向和措施。

五、信息披露 ★★

商业银行第三支柱信息披露频率分为临时、季度、半年及年度披露。其中，**临时信息应及时披露，季度信息披露时间为每个会计年度的第3个月和第9个月结束后的1个月内，半年度信息披露时间为每个会计年度的上半年结束后的2个月内，年度信息披露时间为每个会计年度结束后的4个月内**。季度、半年及年度的第三支柱信息披露应不晚于同期的财务报告发布。因特殊原因不能按时披露的，应至少提前15个工作日向国家金融监督管理总局或其派出机构申请延迟披露。

六、监督检查 ★★

资本充足率监督检查包括但不限于以下内容：评估商业银行全面风险管理框架；审查商业银行对合格资本工具的认定，以及各类风险加权资产的计量方法和结果，评估资本充足率计量结果的合理性和准确性；检查商业银行内部资本充足评估程序，评估公司治理、资本规划、内部控制和审计等；评估商业银行的信用风险、市场风险、操作风险、银行账簿利率风险、流动性风险、声誉风险以及战略风险等各类风险及风险间的关联性；对商业银行压力测试组织架构、资源投入、情景设计、数据质量、测算模型、测试结果、结果应用等情况开展监督检查。

↓ 码上看总结 ↓

章节自测

一、单项选择题(在以下各小题所给出的四个选项中，只有一个选项符合题目要求，请将正确选项的代码填入括号内)

1.(　　)是指商业银行持股人的永久性资本投入，即出资人在商业银行资产中享有的经济利益，其金额等于资产减去负债后的余额。
A.账面资本　　　　　　　　　　B.监管资本
C.经济资本　　　　　　　　　　D.风险资本

2. 商业银行可以采用标准法、内部模型法或简化标准法计量市场风险资本要求；商业银行采用内部模型法计量，内部模型法覆盖率应不低于（　　）。

A. 20%
B. 30%
C. 10%
D. 70%

二、多项选择题（在以下各小题所给出的选项中，至少有两个选项符合题目要求，请将正确选项的代码填入括号内）

资本充足率监督检查的内容包括（　　）。

A. 评估商业银行全面风险管理框架
B. 审查商业银行对合格资本工具的认定
C. 检查商业银行内部资本充足评估程序
D. 对商业银行的信用风险、市场风险、操作风险、银行账簿利率风险、流动性风险、声誉风险以及战略风险等各类风险及风险间的关联性进行评估
E. 评估公司治理、资本规划、内部控制和审计

三、判断题（请判断以下各小题的正误，正确的填写 A，错误的填写 B）

从银行管理角度来看，相对于监管资本，账面资本更好地反映了银行的风险状况和资本需求，对银行风险变动具有更高的敏感性，目前已经成为先进银行广泛应用的管理工具。（　　）

A. 正确
B. 错误

答案详解

一、单项选择题

1. A。【解析】账面资本又称为会计资本，属于会计学概念，是指商业银行持股人的永久性资本投入，即出资人在商业银行资产中享有的经济利益，其金额等于资产减去负债后的余额，包括实收资本或普通股、资本公积、盈余公积、未分配利润等。账面资本反映了银行实际拥有的资本水平，是银行资本金的静态反映。

2. C。【解析】商业银行可以采用标准法、内部模型法或简化标准法计量市场风险资本要求；商业银行采用内部模型法，内部模型法覆盖率应不低于 10%。

二、多项选择题

ABCDE。【解析】资本充足率监督检查包括但不限于以下内容：评估商业银行全面风险管理框架；审查商业银行对合格资本工具的认定，以及各类风险加权资产的计量方法和结果，评估资本充足率计量结果的合理性和准确性；检查商业银行内部资本充足评估程序，评估公司治理、资本规划、内部控制和审计等；评估商业银行的信用风险、市场风险、操作风险、银行账簿利率风险、流动性风险、声誉风险以及战略风险等各类风险及风险间的关联性；对商业银行压力测试组织架构、资源投入、情景设计、数据质量、测算模型、测试结果、结果应用等情况开展监督检查。

三、判断题

B。【解析】从银行管理角度来看，相对于监管资本，经济资本更好地反映了银行的风险状况和资本需求，对银行风险变动具有更高的敏感性，目前已经成为先进银行广泛应用的管理工具。

第十二章
资产负债管理（中级考试内容）

⊕ 考情直击

本章的主要内容是资产负债管理演变进程、资产负债管理目标与原则、银行业资产负债管理的主要工具方法等。分析近几年的考试情况，本章的常考点有内外部定价管理的主要内容，我国银行利率风险管理现状及监管制度要求等。

📖 考纲要求

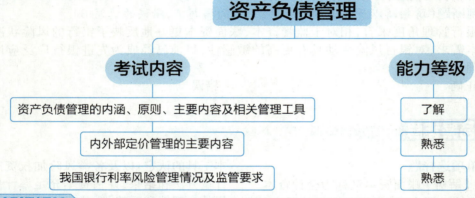

📑 知识解读

第一节　国内外资产负债管理概述

一、资产负债管理定义与内涵 ★

从商业银行管理经验看，狭义资产负债管理是指银行为应对市场利率变化的冲击而对资产负债进行的协调性管理，是以利率风险为管理对象的资产负债匹配管理。广义资产负债管理是指通过对银行表内外资产负债的品种、数量、期限和风险进行选择和控制，从总量和结构两个方面实施动态的最优化管理，实现盈利目标的最大化。

二、国内外资产负债管理的演变进程 ★

资产负债管理最初源于西方商业银行，西方商业银行资产负债管理大致经历了三个发展阶段，即资产管理阶段（20世纪六十年代以前）、负债管理阶段（20世纪六七十年代）和资产负债综合管理阶段（20世纪七十年代以后）。

我国银行业资产负债管理经历了萌芽、起步和发展三个阶段。

三、资产负债管理的目标与原则 ★

1. 资产负债管理的目标

追求合理的资本回报是商业银行经营发展的根本出发点和动力，也是商业银行资产负债管理的最终目标，但是单纯的利润指标难以全面概括商业银行经营目标。银行业资产负债管理目标可分为短期目标和长期目标两种。

2.资产负债管理的原则

安全性、流动性、盈利性"三性"协调是资产负债管理的基本管理原则。

📚知识加油站

流动性原则是商业银行持续生存的前提。
安全性原则是商业银行稳健经营的基础。
盈利性原则是商业银行经营发展的动力。

💡 真题精练

【例1·单项选择题】商业银行持续生存的前提是(   )。
A.安全性   B.流动性
C.稳定性   D.盈利性

B   安全性、流动性、盈利性"三性"协调是资产负债管理的基本管理原则。其中流动性原则是商业银行持续生存的前提。

四、商业银行资产负债管理工具 ★

1.国际银行业资产负债管理的工具方法

当前,国际银行业资产负债管理的工具方法大体可分为风险计量方法、风险对冲方法和结构调节方法三种,其中风险计量和对冲仅限于利率、汇率和流动性等资产负债业务相关的市场风险,不包括信用风险、操作风险和其他风险。

(1)风险计量方法具体包括缺口分析、敏感性分析、久期、风险值、压力测试、情景分析等。

(2)风险对冲方法分为表内对冲和表外对冲两种,表内对冲分为到期日对冲、重定价日对冲和币种对冲等,表外对冲包括利率和汇率的远期、互换、期权等。

(3)结构调整方法具体包括产品定价模型、内部资金转移定价、风险调整后的资本回报率等。

2.我国商业银行资产负债管理的工具方法

目前,我国商业银行资产负债组合管理的实施工具可以分为限额管理型、价格管理型、窗口指导型和产品创新型四种类型。

🔵 要点点拨

限额管理型工具包括控制性限额、指导性计划、比例指标等,主要是科学配置全行资产负债结构,保障资产负债平稳运行;价格管理型工具以内外部利率定价、经济资本计量为主,通过精细化的管理体系,运用价格杠杆传导经营导向;窗口指导型工具主要有协调例会、电话沟通、监控通知书等方式,及时跟踪宏观经济动向和央行货币政策导向,有机辅助决策和传导政策;产品创新型工具是指通过主动负债、理财产品、信贷资产转让、资产证券化等创新产品,优化银行资产业务结构,实现经营转型与创新发展。

第二节   资产负债管理具体内容

一、资产负债管理计划的构成与编制 ★

资产负债管理计划是商业银行综合经营计划的重要组成,采用定性与定量相结合的方法。

商业银行资产负债管理计划一般分为**业务发展计划、风险控制计划和资本管理计划**。

资产负债管理计划编制是一个科学预测、系统评估和完善调整的过程，须结合三类重要因素反复研究。

二、信贷计划管理 ★

信贷计划是国内商业银行资产负债管理计划的重要组成部分，主要是指人民币贷款计划，属于业务发展计划，由总行对一级（直属）分行分解下达，一般实施指令性计划和指导性计划结合的管理方式。

信贷计划管理包括**核定贷款计划、设置信贷计划监测指标、开发信息监测系统、分析反馈信贷计划执行情况、预测信贷计划需求**等。

三、资产负债组合结构优化 ★

优化配置资产负债组合结构应至少包括以下几个方面：

（1）优化资产负债品种、区域结构。

（2）优化资产负债的期限结构、利率结构。

（3）优化资产负债表内外结构。

四、资产负债监测分析 ★

商业银行资产负债监测分析工作应至少包括以下三方面内容：

（1）开发建设资产负债管理信息系统。

（2）建立资产负债管理监测报表体系。

（3）资产负债运行情况分析报告。

第三节 内外部定价管理

一、外部利率定价管理 ★★

商业银行利率定价的基本目标是，**在收益与成本匹配、收益与风险匹配的原则下争取最大的盈利**。根据银行经营管理的原理，**银行成本主要包括资金成本、风险成本、管理成本、税收成本**。

利率定价管理一般包括以下基本程序。首先，通过健全公司治理结构，确立股东回报最大化为银行经营管理的主要目标，进而确立全行利率定价总目标；其次，通过资产负债委员会，确立利率定价总目标的分解原则、定价策略、内外部产品定价政策和标准；最后，建立独立的利率定价部门，制定实施本行定价政策、定价授权方案以及管理制度，加强利率定价实施的监督管理。

> **知识加油站**
>
> 商业银行存款定价方法很多，常用的有行业价格法、基准利率法、逆向倒推法、综合评价法。银行贷款定价方法随经营环境变化和技术进步而不断演变，具体可归为三大模式：成本加成法、基准利率加点法、客户盈利分析法。

二、内部资金转移定价管理 ★★

1. 内部资金转移定价基础

内部资金转移价格是指资金在商业银行内部不同部门、不同产品、不同分支机构之间流动的价格，它可以分为不同部门间资金横向流动的价格和不同分支机构间资金纵向流动的价格。

> **内部资金转移定价主要功能**
>
> 优化资产负债业务组合和资源配置;实现风险分离和集中管理;引导产品合理定价;完善绩效考评体系和激励机制。

> **内部资金转移定价基本原则**
>
> 统一性原则;全面性原则;合理性原则;连续性原则。

2.内部资金转移价格定价模式

商业银行内部资金转移价格定价模式主要包括**单资金池模式、多资金池模式和期限匹配定价模式**。商业银行内部资金转移定价模式选择主要受内部经营管理理念、管理能力和内部技术条件限制,间接受到外部利率定价环境影响。

3.内部资金转移定价方法

目前,国内商业银行内部资金转移定价的方法主要有以下两种:

(1)**以市场为基础的转移定价**。在完全竞争的市场条件下,一般采用市场价格。

(2)**以成本为基础的转让定价**。主要定价方法包括:确定基准利率;确定上存和配置资金利率。

💡 真题精练

【例2·单项选择题】商业银行内部资金转移定价基本原则不包括(　　　　)。

A.统一性原则
B.全面性原则
C.合理性原则
D.间断性原则

D　商业银行内部资金转移定价基本原则有:统一性原则;全面性原则;合理性原则;连续性原则。

第四节　利率风险管理

一、国内银行利率风险管理情况　★★

商业银行对银行账簿利率风险管理应包括利率风险的识别、计量、监测和控制等全过程。

交易账簿是指银行为交易目的或规避交易账簿其他项目的风险而持有的可以自由交易的金融工具和商品头寸。银行账簿记录的是商业银行未划入交易账簿的相关表内外业务。

🔵 要点点拨

银行账簿利率风险指利率水平、期限结构等不利变动导致银行账簿经济价值和整体收益遭受损失的风险,主要包括缺口风险、基准风险、期权性风险和银行账簿信用利差风险。

银行账簿利率风险计量应包括银行承担风险的具有利率敏感性的银行账簿资产、负债,以及相关的表外项目。计量应包括**缺口风险、基准风险和期权性风险**等。

利率风险管理的目的是将银行面临的利率风险控制在可承受范围内,商业银行应制定清晰的银行账簿利率风险管理策略和风险偏好,实施银行账簿利率风险限额管理和风险对冲。

二、我国的利率风险监管制度要求 ★★

1. 市场风险管理的基本要求

市场风险管理是识别、计量、监测和控制市场风险的全过程,市场风险管理的目标是通过将市场风险控制在商业银行可以承受的合理范围内,实现经风险调整的收益率的最大化。

《商业银行市场风险管理指引》规定了市场风险管理体系的基本要素,包括董事会和高级管理层的有效监控,完善的市场风险管理政策和程序,完善的市场风险识别、计量、监测和控制程序,完善的内部控制和独立的外部审计,适当的市场风险资本分配机制。

2. 银行账簿利率风险管理的主要要求

（1）风险治理。商业银行应建立完善的银行账簿利率风险治理架构,制定包括风险策略、风险偏好、限额体系等在内的风险管理政策框架,并定期对银行账簿利率风险管理流程进行评估和完善。

> **🛢️知识加油站**
>
> 商业银行董事会承担银行账簿利率风险管理的最终责任,履行制定银行账簿利率风险管理策略、设定风险偏好、确保风险限额的设立等职责;银行高级管理层承担银行账簿利率风险管理的实施责任,商业银行应指定专门部门负责银行账簿利率风险识别、计量、监测、控制和缓释,并确保其具备履行职能所需资源,该部门应独立于业务经营部门（或人员）,并直接向高级管理层报告。

（2）管理技术和方法。《商业银行银行账簿利率风险管理指引（修订）》规定商业银行应采用合理的利率冲击情景和模型假设,基于经济价值变动和收益影响计量银行账簿利率风险。

（3）监督检查。《商业银行银行账簿利率风险管理指引（修订）》明确银行业监督管理机构应将商业银行的银行账簿利率风险水平和风险管理状况纳入持续监管框架,作为现场检查和非现场监管的重要内容。

↓码上看总结↓

👤+章节自测

一、**单项选择题**(在以下各小题所给出的四个选项中,只有一个选项符合题目要求,请将正确选项的代码填入括号内)

1. 下列不属于我国商业银行资产负债组合管理的实施工具中限额管理型工具的是（　　）。
   A. 控制性限额　　　　　　　　　　B. 指导性计划
   C. 比例指标　　　　　　　　　　　D. 内外部利率定价

2.商业银行(　　)承担银行账簿利率风险管理的最终责任,履行制定银行账簿利率风险管理策略、设定风险偏好、确保风险限额的设立等职责。
　A.股东大会　　　　　　　　　　B.监事会
　C.董事会　　　　　　　　　　　D.高级管理层

二、多项选择题(在以下各小题所给出的选项中,至少有两个选项符合题目要求,请将正确选项的代码填入括号内)

1.目前,我国商业银行资产负债组合管理的实施工具可以分为(　　)。
　A.限额管理型　　　　　　　　　B.价格管理型
　C.窗口指导型　　　　　　　　　D.产品创新型
　E.业务归口型

2.根据银行经营管理的原理,银行成本主要包括(　　)。
　A.资金成本　　　　　　　　　　B.风险成本
　C.沉没成本　　　　　　　　　　D.管理成本
　E.税收成本

三、判断题(请判断以下各小题的正误,正确的填写 A,错误的填写 B)

商业银行内部资金转移定价模式选择主要受内部经营管理理念、管理能力和内部技术条件限制,间接受到外部利率定价环境影响。　　　　　　　　　(　　)
　A.正确　　　　　　　　　　　　B.错误

答案详解

一、单项选择题

1.D。【解析】限额管理型工具包括控制性限额、指导性计划、比例指标等,主要是科学配置全行资产负债结构,保障资产负债平稳运行。内外部利率定价属于价格管理型工具。

2.C。【解析】商业银行董事会承担银行账簿利率风险管理的最终责任,履行制定银行账簿利率风险管理策略、设定风险偏好、确保风险限额的设立等职责。

二、多项选择题

1.ABCD。【解析】目前,我国商业银行资产负债组合管理的实施工具可以分为限额管理型、价格管理型、窗口指导型和产品创新型四种类型。

2.ABDE。【解析】根据银行经营管理的原理,银行成本主要包括资金成本、风险成本、管理成本、税收成本。

三、判断题

A。【解析】商业银行内部资金转移定价模式选择主要受内部经营管理理念、管理能力和内部技术条件限制,间接受到外部利率定价环境影响。

第十三章
流动性风险管理（中级考试内容）

⊕ 考情直击

　　本章的主要内容是流动性风险管理的基本概念和实践情况、危机后国际流动性风险监管改革成果、我国的流动性风险监管要求等。分析近几年的考试情况，本章的常考点有银行流动性风险管理的监管要求等。

🔍 考纲要求

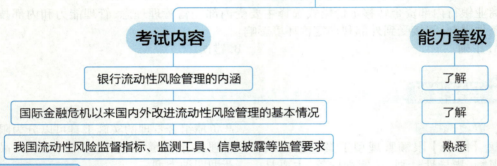

📚 知识解读

第一节　商业银行流动性风险管理概述

一、流动性风险 ★

　　流动性风险指商业银行无法以合理成本及时获得充足资金，用以偿付到期债务、履行其他支付义务和满足正常业务开展资金需求的风险。

　　流动性风险具有以下特征：一是流动性风险属于次生风险，流动性风险可以由流动性冲击直接导致，但严重的流动性风险通常都是由信用风险、市场风险、操作风险等造成的。二是流动性风险具有隐蔽性和爆发性。三是流动性风险属于低频高损事件，难以找出损失分布并刻画置信区间。

💡 真题精练

【例·单项选择题】下列关于流动性风险特征的说法中，错误的是(　　　)。

A. 流动性风险属于次生风险　　　　B. 流动性风险具有隐蔽性

C. 流动性风险具有爆发性　　　　　D. 流动性风险属于高频低损事件

- -

　　D　　流动性风险属于低频高损事件，难以找出损失分布并刻画置信区间。

二、加强流动性风险管理的必要性　★

（1）流动性风险管理是银行体系稳健运行的重要保障。

（2）银行管理流动性风险的内生动力不足。

（3）国际金融危机暴露出银行流动性风险管理存在不足。

（4）金融市场化和技术进步对流动性风险管理提出更高要求。

第二节　国际金融危机后国际流动性风险监管改革

一、全球统一的流动性风险监管定量标准　★

1. 流动性覆盖率

流动性覆盖率旨在确保商业银行具有充足的合格优质流动性资产，能够在规定的流动性压力情景下，通过变现这些资产满足未来至少 30 天的流动性需求。流动性覆盖率的计算公式为：

$$流动性覆盖率 = 合格优质流动性资产/未来30天现金净流出量×100\%$$

🌀 **要点点拨**

合格优质流动性资产是指在流动性覆盖率所设定的压力情景下，能够通过出售或抵（质）押方式，在无损失或极小损失的情况下快速变现的各类资产。现金净流出量是指在流动性覆盖率所设定的压力情景下，未来 30 天的预期现金流出总量与预期现金流入总量的差额。

⛽ **知识加油站**

合同期限错配监测工具是将表内外所有项目按照合同到期日归入指定的时间段，一般划分为隔夜、7 天、14 天、1 个月、2 个月、3 个月、6 个月、9 个月、1 年、3 年、5 年及超过 5 年等，从而得出各个时间段的期限错配缺口，监管机构可以依此发现银行在现有合同下对期限转换的依赖程度。

2. 净稳定资金比例

净稳定资金比例为可用的稳定资金与所需的稳定资金之比，旨在促进银行建立更稳健的融资结构，避免过于依赖短期批发融资，用充足的稳定资金来源支持其业务活动。

$$净稳定资金比例 = 可用的稳定资金/所需的稳定资金×100\%$$

🌀 **要点点拨**

可用的稳定资金是指银行的资本和负债在未来至少 1 年内所能提供的可靠资金来源。所需的稳定资金是指银行目前的表内外资产业务所需要占用的稳定资金。

二、信息披露要求　★

（1）根据《流动性覆盖率披露标准》，2015 年起，银行应定期在财务报告中或银行网站公开披露流动性覆盖率的定量信息和定性信息。

（2）根据《净稳定资金比例披露标准》，2018年起，银行应定期在财务报告中或银行网站公开披露净稳定资金比例的定量信息和定性信息。

第三节　我国的流动性风险监管要求

一、流动性风险管理要求 ★★

1. 流动性风险管理的治理结构

银行董事会应承担流动性风险管理的最终责任；高管层应制定、定期评估并监督执行流动性风险偏好、流动性风险管理策略、政策和程序；银行应指定专门部门负责流动性风险管理，流动性风险管理职能应与业务经营职能保持相对独立；监事会和内审部门应对流动性风险管理进行有效监督；在内部定价以及考核激励等相关制度中还应充分考虑流动性风险因素，使流动性风险成本显性化等。

2. 流动性风险管理策略、政策和程序

流动性风险管理策略应明确流动性风险管理的总体目标、管理模式、主要政策和程序；流动性风险管理政策和程序主要包括现金流测算和分析、早期预警、流动性风险限额管理、融资管理、日间流动性风险管理、压力测试、应急计划、优质流动性资产管理、并表及重要币种的流动性风险管理等内部管理制度。

> **📖 知识加油站**
>
> 流动性风险偏好、流动性风险管理策略、政策和程序构建了商业银行流动性风险管理的制度框架，应至少每年评估一次，并在必要时进行修订。

流动性风险限额应每年评估一次，并在必要时进行调整。

二、流动性风险监管指标和监测工具 ★★

1. 流动性风险监管指标

《商业银行流动性风险管理办法》规定了流动性覆盖率、净稳定资金比例、流动性比例、流动性匹配率和优质流动性资产充足率等五项流动性风险监管指标。

（1）流动性比例。流动性比例的计算公式为：

$$流动性比例 = 流动性资产余额/流动性负债余额 \times 100\%$$

（2）流动性匹配率。流动性匹配率监管指标衡量商业银行主要资产与负债的期限配置结构，旨在引导商业银行合理配置长期稳定负债、高流动性或短期资产，避免过度依赖短期资金支持长期业务发展，提高流动性风险抵御能力。流动性匹配率的计算公式为：

$$流动性匹配率 = 加权资金来源/加权资金运用 \times 100\%$$

（3）优质流动性资产充足率。优质流动性资产充足率监管指标旨在确保商业银行保持充足的、无变现障碍的优质流动性资产，在压力情况下，银行可通过变现这些资产来满足未来30天内的流动性需求。优质流动性资产充足率的计算公式为：

$$优质流动性资产充足率 = 优质流动性资产/短期现金净流出 \times 100\%$$

📖 知识加油站

表 13-1　各项指标的监管要求

指标	监管要求
流动性覆盖率	不低于 100%
净稳定资金比例	不低于 100%
流动性比例	不低于 25%
流动性匹配率	不低于 100%
优质流动性资产充足率	不低于 100%

2. 流动性风险监测工具

《商业银行流动性风险管理办法》从资产负债合同期限错配、融资来源多元化和稳定程度、无变现障碍资产、重要币种流动性风险、市场流动性、存贷比等方面,构建了多维度的流动性风险监测体系。此外,除了《商业银行流动性风险管理办法》列出的流动性风险监管指标和监测参考指标外,监管机构还可根据商业银行的业务规模、性质、复杂程度、管理模式和流动性风险特点,设置其他流动性风险指标工具,实施流动性风险分析和监测。

↓ 码上看总结 ↓

👤 章节自测

一、单项选择题(在以下各小题所给出的四个选项中,只有一个选项符合题目要求,请将正确选项的代码填入括号内)

1. 流动性覆盖率旨在确保商业银行具有充足的合格优质流动性资产,能够在规定的流动性压力情景下,通过变现这些资产满足未来至少(　　)天的流动性需求。

A. 10　　　　　　　　　　　　　B. 20

C. 30　　　　　　　　　　　　　D. 50

2. 流动性覆盖率的监管要求为:不低于(　　)。

A. 70%　　　　　　　　　　　　B. 80%

C. 90%　　　　　　　　　　　　D. 100%

二、多项选择题(在以下各小题所给出的选项中,至少有两个选项符合题目要求,请将正确选项的代码填入括号内)

加强流动性风险管理的必要性有(　　)。

A. 流动性风险管理是银行体系稳健运行的重要保障

B. 银行管理流动性风险的内生动力不足

C. 银行管理流动性风险的外生动力不足

D. 国际金融危机暴露出银行流动性风险管理存在不足

E. 金融市场化和技术进步对流动性风险管理提出更高要求

三、判断题(请判断以下各小题的正误,正确的填写 A,错误的填写 B)

流动性风险偏好、流动性风险管理策略、政策和程序构建了商业银行流动性风险管理的制度框架,应至少每两年评估一次,并在必要时进行修订。　　　　　　　　(　　)

A. 正确　　　　　　　　　　　　　　　　B. 错误

答案详解

一、单项选择题

1. C。【解析】流动性覆盖率旨在确保商业银行具有充足的合格优质流动性资产,能够在规定的流动性压力情景下,通过变现这些资产满足未来至少 30 天的流动性需求。

2. D。【解析】流动性覆盖率的监管要求为:不低于 100%。

二、多项选择题

ABDE。【解析】加强流动性风险管理的必要性有:(1)流动性风险管理是银行体系稳健运行的重要保障。(2)银行管理流动性风险的内生动力不足。(3)国际金融危机暴露出银行流动性风险管理存在不足。(4)金融市场化和技术进步对流动性风险管理提出更高要求。

三、判断题

B。【解析】流动性风险偏好、流动性风险管理策略、政策和程序构建了商业银行流动性风险管理的制度框架,应至少每年评估一次,并在必要时进行修订。

第十四章
经营绩效管理

⊕ **考情直击**

　　本章的主要内容是介绍商业银行如何加强经营管理,增强市场营销和盈利能力。分析近几年的考试情况,本章的常考点有市场营销、客户开发和管理的方式、市场营销策略、绩效考评的原则、薪酬结构体系、财务管理的原则、盈利结构等。

📖 **考纲要求**

🔖 **知识解读**

第一节　市场营销

一、市场定位 ★★

1. 目标市场

目标市场指银行为满足现实或潜在的客户需求,在市场细分的基础上将重点开展营销活动的特定细分市场。

2. 市场定位

市场定位指商业银行设计并确定自身形象,决定向客户提供何种产品的行为过程。**银行市场定位主要包括产品定位和银行形象定位。**

3. 市场定位的步骤

(1) **识别重要属性**。识别影响目标市场客户购买决策的重要因素是市场定位的第一步。

（2）制作定位图。

（3）定位选择。根据产品的市场规模、产品类型及技术手段等因素，定位方式可分为：主导式定位、追随式定位和补缺式定位。

（4）执行定位。

💡 真题精练

【例1·单项选择题】市场定位的第一步是(   )。

A.识别影响目标市场客户购买决策的重要因素

B.让客户能够更加了解和喜欢银行所代表的内涵

C.持续为客户提供产品和服务

D.把市场和客户再分成若干个区域和群体

A 识别影响目标市场客户购买决策的重要因素是市场定位的第一步。

二、客户管理 ★★

1.客户的开发和管理

银行的客户分为个人客户和机构客户。客户开发就是银行按照其经营战略和市场定位，寻找潜在客户并将潜在客户变为现实客户的过程，以及向现实客户营销更多金融产品的过程；客户管理则是制定银行客户政策，对银行客户进行跟踪、监控、维护的过程。

2.客户开发和管理的主要方式

（1）维护访问。维护访问的目标是发现需求、满足需求。

（2）扩大销售。

（3）建立客户追踪制度。追踪活动包括向客户提供信息、约见产品专家、登门访问、电话联系、书信、剪报等。

3.客户的风险管理

（1）要建立客户风险管理机制。客户风险管理机制应主要包括：建立专业化的信息与风险研究机构；建立客户风险管理负责制度；收集和整理客户系统信息，建立起完备、系统的客户管理信息档案；及时把握客户需求的变化，包括客户对新产品需求的变化、对风险规避需求的变化等。

（2）要完善客户风险管理手段。客户风险管理手段包括风险预防、风险化解。

三、产品的开发管理与市场营销 ★★

1.产品的开发管理

产品的开发管理不仅是商业银行市场营销的起点，也是商业银行制定和实施其他营销策略的基础和前提。

产品开发的目标：提高现有市场的份额；吸引现有市场之外的新客户；以更低的成本提供同样或类似的产品。

产品开发的方法：仿效法；交叉组合法；创新法。

2.市场营销

（1）营销策略。商业银行可以通过以下策略达到营销目的：

①低成本策略。

②产品差异策略。

③专业化策略。专业化战略旨在专注于某个服务领域,瞄准特定细分市场,针对特定地理区域。

④大众营销策略。大众营销指银行的产品和服务是满足大众化需求,适宜所有的人群。大众营销策略的特点是目标大、针对性不强、效果差。

⑤单一营销策略。单一营销策略又称为一对一的营销。它的特点是针对性强,适宜少数尖端客户,能够为客户提供需要的个性化服务,但营销渠道狭窄,营销成本太高。

⑥情感营销策略。

⑦分层营销策略。分层营销是现代营销最基本的方法。

⑧交叉营销策略。

(2)营销渠道。按营销渠道模式分类,营销渠道分为:自营营销渠道;代理营销渠道;合作营销渠道,典型的合作营销就是银团贷款。按营销渠道场所分类,合作营销分为以下三种:网点营销,网点营销主要有全方位网点机构营销渠道、专业性网点机构营销渠道、高端化网点机构营销渠道、法人网点机构营销渠道;电子银行营销;登门拜访营销。

📘 知识加油站

在银行的营销组织中,分行的主要职责是区域市场的管理:上传下达;研究、细化营销方案;协调、推动营销;实施对营销人员的管理;细化总部出台的营销制度;收集和发布本区域的营销信息;负责本区域的重要行业、关键客户的业务;本区域的广告策划和宣传;分销渠道建设;处理公共关系;与当地行业合作。

(3)促销策略。银行的促销方式主要有广告、人员促销、公共宣传和公共关系、销售促进四种。

公共宣传对促销的作用是增加知名度和美誉度。公共关系的方式包括社会公益赞助活动、艺术和体育投资等。销售促进的方式包括专有利益、配套服务和促销策略联盟等。

四、监管要求 ★★

在机构设置和网点建设方面,商业银行总体上要按照《金融许可证管理办法》《中资商业银行行政许可事项实施办法》的规定有序推进机构网点建设。

在客户信息管理方面,商业银行要充分了解自己的客户。"了解你的客户""了解你的业务""尽职调查",合称商业银行"展业三原则"。

商业银行加强客户信息管理工作,要防止客户信息泄露。

在规范产品销售方面,第一,监管部门要求商业银行加强产品体系的梳理,特别对理财等重点产品要加强管理。第二,对商业银行代理销售(如代理保险业务、代理基金业务)要加强管理。第三,商业银行在固定营业场所以外,由外部营销人员向消费者推介个人银行业务或零售银行业务的各类产品和服务的外部营销业务也应向所在地监管机构报告。

第二节 绩效管理

一、绩效管理的内涵及原则 ★★

1. 绩效管理的内涵

绩效管理是指银行与所属部门、分支机构、员工之间就绩效目标以及如何实现目标达成共识，并帮助和激励员工取得优异成绩，从而实现银行目标的管理过程。绩效考评和激励管理是绩效管理的核心。

绩效管理所应用的工具方法，一般包括关键绩效指标法（KPI）、经济增加值法、平衡计分卡（BSC）、股权激励等。

2. 绩效考评的基本原则

就绩效考评而言，一般应当坚持稳健经营、合规引领、战略导向、综合平衡、统一执行的原则。

3. 绩效考评的基本要素

银行应建立有助于绩效考评的信息系统，其作为银行价值管理系统一个重要的子系统，主要由以下几个基本要素构成：评价目标、评价对象、评价指标、评价标准、评价报告。

二、绩效考评指标体系与结果应用 ★★

1. 绩效考评指标体系的设计

表 14-1 绩效考评指标体系的设计

要点	内容
银行绩效考评指标	银行绩效考评指标一般包括合规经营类指标、风险管理类指标、经营效益类指标、发展转型类指标、社会责任类指标
核心指标的设置	经济增加值（EVA）正成为商业银行考评体系中的核心指标。经济增加值公式为： 经济增加值 = 风险调整后利润 − 经济资本占用 × 资本预期回报率
评价标准的设置	评价标准是判断评价对象绩效优劣的基准，实务中也被称为指标值或目标值（与评价目标不同）。指标值或者目标值确定的参考标准有内部和外部之分。内部标准有历史标准、预算标准、经验标准等；外部标准有行业标准、竞争对手标准、标杆标准等

📖 知识加油站

根据《关于进一步加强银行业务和员工行为管理的通知》的规定，商业银行应加强业务全流程管理，不断完善内控制度并提高制度执行力。正确处理业务发展和合规管理、风险管理的关系，不断完善考核机制，合理确定或适当提高合规和风险管理指标在考核体系中的占比，合规经营类和风险管理类指标权重应当明显高于其他类指标。

2. 绩效考评体系的结果应用

综合考评结果可以反映被考评对象的整体经营情况，它通常被应用于以下方面：

（1）战略目标审视。

（2）资源配置。在具体分配过程中，通常将经营费用分为标准费用和绩效费用。标准费用的制定要根据不同地区的具体情况，实行差别标准制，差别标准要准确核定、严格控制。

（3）人力资源管理应用。

（4）制度建设及企业文化建设方面的应用。

真题精练

【例2·判断题】经济增加值（EVA）公式为：经济增加值＝风险调整后利润＋经济资本占用×资本预期回报率。（　　）

A. 正确　　　　　　　　　　　B. 错误

B　经济增加值公式为：经济增加值＝风险调整后利润－经济资本占用×资本预期回报率。

三、绩效考评的监管要求 ★★

《银行业金融机构绩效考评监管指引》等系列指导意见的主要内容和监管要求：

（1）**考评指标**。在设置考评指标、确定考评标准和分解考评指标时，应当符合审慎经营和与自身能力相适应的原则：加强存款的基础性工作，强化存款日均贡献考评，不得设立时点性规模考评指标；不得在综合绩效考评指标体系外设定单项或临时性考评指标；不得设定没有具体目标值、单纯以市场份额或市场排名为要求的考评指标；加强对分支机构的绩效考评管理，合理分解考评任务，分支机构不得自行制定考评办法或层层加码提高考评标准及相关要求。

（2）**考评机制**。绩效考评结果的应用至少应当包括：评定等级行；确定管理授权；分配信贷资源和财务费用；核定绩效薪酬总额；评价高级管理人员和确定其绩效薪酬。

（3）**监督管理**。根据《银行业金融机构绩效考评监管指引》等系列指导意见，监管部门对商业银行绩效管理主要关注点有：

①在激励约束机制方面，是否建立健全对董事和监事的履职评价体系、明确董事和监事的履职标准，高级管理人员绩效考核标准、程序等激励约束机制是否公正透明等。

②年度经营计划的审慎性。

③绩效考评目标与年度经营计划的吻合性。

④绩效考评指标设置与上级机构考评要求的一致性。

⑤业务归属和会计核算的准确性。

⑥财务数据和管理信息的规范性。

⑦是否将绩效考评管理纳入内部审计，法人机构应每年至少组织开展一次绩效考评专项审计。

⑧是否将商业银行绩效考评实施情况纳入年度监管评价，并与设立机构、开办新业务、高级管理人员任职资格核准等监管激励措施挂钩。

第三节　薪酬管理

一、薪酬管理概述 ★★

商业银行的薪酬包括基本薪酬、绩效薪酬、中长期激励、福利性收入等项下的货币和非现金的各种权益性支出。商业银行薪酬管理通常包括薪酬管理体制、薪酬结构体系、绩效考评和薪酬管理三个方面的基本内容。

1.薪酬管理体制

目前，各商业银行初步建立了以董事会作为责任主体的薪酬管理组织架构。董事会下设薪酬管理委员会，负责全行薪酬制度和政策的审议。监事会负责对薪酬制度执行情况进行监督。经营管理层作为薪酬制度执行机构，下设绩效考评委员会，负责指导全行人力资源管理的组织实施，该委员会一般由人力资源部、计划财务部、内部审计部、风险控制部、合规部等部门组成。

2. 薪酬结构体系

商业银行薪酬由**固定薪酬、可变薪酬、福利性收入**等构成。固定薪酬即基本薪酬，可变薪酬包括绩效薪酬和中长期各种激励，福利性收入包括保险费、住房公积金等。

3. 绩效考评和薪酬管理

从绩效考评的实施方式来看，绩效考评主要包括对机构的考核和对人员的考核两方面，考核频度主要有月度考核、季度考核、年度考核。绩效考评方式为定量考核与定性考核相结合，一般由绩效考评小组对重要经营管理指标完成情况进行考核评分，评分结果和绩效薪酬挂钩。

> ### 💡 真题精练
>
> **【例3·判断题】**固定薪酬即基本薪酬，包括绩效薪酬和中长期各种激励。（　　　）
> A. 正确　　　　　　　　　　　　B. 错误
>
> **B**　固定薪酬即基本薪酬，可变薪酬包括绩效薪酬和中长期各种激励，福利性收入包括保险费、住房公积金等。

二、对稳健薪酬的监管要求 ★★

《商业银行稳健薪酬监管指引》的主要内容和监管要求：

1. 制定稳健薪酬的机制

薪酬机制一般应坚持以下原则：一是薪酬机制与银行公司治理要求相统一。二是薪酬激励与银行竞争能力及银行持续能力建设相兼顾。三是薪酬水平与风险成本调整后的经营业绩相适应。四是短期激励与长期激励相协调。

2. 薪酬结构及相关要求

商业银行的基本薪酬一般不高于其薪酬总额的 35%。商业银行主要负责人的绩效薪酬根据年度经营考核结果，在其基本薪酬的 3 倍以内确定。

3. 薪酬支付方式

《商业银行稳健薪酬监管指引》强调了在支付方式上，要制定延付、止付及扣回等制度，强调必须经过考核才能发放。具体包括：

（1）薪酬支付期限应与相应业务的风险持续时期保持一致。

（2）商业银行应合理确定一定比例的绩效薪酬，根据经营情况和风险成本分期考核情况随基本薪酬一起支付，剩余部分在财务年度结束后，根据年度考核结果支付。

（3）商业银行高级管理人员以及对风险有重要影响岗位上的员工，其绩效薪酬的40% 以上应采取延期支付的方式，且延期支付期限一般不少于 3 年，其中，主要高级管理人员绩效薪酬的延期支付比例应高于 50%，有条件的应争取达到 60%。

（4）商业银行应制定绩效薪酬延期追索、扣回规定。

4. 薪酬管理的内容

在强调银行董事会对薪酬机制负最终责任的同时，《商业银行稳健薪酬监管指引》明确了商业银行绩效考评指标体系应该包括**经济效益指标、风险成本控制指标和社会责任指标**。其中，风险成本控制指标能够对银行全行人均绩效薪酬起到约束作用。

5. 薪酬监管

发生下列情形之一的，银行可以追回向高级管理人员和关键岗位人员超额发放的所有绩效薪酬和其他激励性报酬：银行保险机构发生财务报表重述等情形，导致绩效薪酬所依据的财务信息发生较大调整的;绩效考核结果存在弄虚作假的;违反薪酬管理程序擅自发放绩效薪酬或擅自增加薪酬激励项目的;其他违规或基于错误信息发放薪酬的。

> **⛽ 知识加油站**
>
> 　　银行业监督管理部门应将商业银行薪酬管理纳入公司治理监管的重要内容,至少每年一次对商业银行薪酬管理机制的健全性和有效性作出评估。

> **💡 真题精练**
>
> 【例4·单项选择题】商业银行的基本薪酬一般不高于其薪酬总额的(　　　　)。
> A. 15%　　　　　　　　　　　　B. 35%
> C. 25%　　　　　　　　　　　　D. 45%
>
> ----
>
> **B**　商业银行的基本薪酬一般不高于其薪酬总额的35%。

第四节　财务管理

一、财务管理的内涵 ★★

1. 商业银行财务管理的概念

商业银行财务管理主要指商业银行对各职能部门、分支机构的成本费用和利润进行控制考核,其目的是降低整体经营成本、提高经济效益。

商业银行的财务管理主要包括处理资本来源和成本、管理银行资金、制定费用预算、进行审计、财务控制、进行税收和风险管理等具体内容。总体可以分为财产管理、银行内部资金管理、银行的损益管理。

2. 商业银行财务管理的核心及其内容

《金融企业财务规则》要求金融企业根据本规则的规定,以及自身发展的需要,建立健全内部财务管理制度,设置财务管理职能部门,配备专业财务管理人员,综合运用规划、预测、计划、预算、控制、监督、考核、评价和分析等方法,筹集资金,营运资产,控制成本,分配收益,配置资源,反映经营状况,防范和化解财务风险,实现持续经营和价值最大化。这也是现代商业银行财务管理的核心要求。

商业银行财务管理的重要内容和工具是其财务报告制度。财务分析的分析方法主要有各种比率分析法、百分比分析法、趋势分析法、比较分析法、因素分析法等。通常情况下,财务分析的结果提供的信息必然包括对财务状况的总体评价。

3. 商业银行财务管理的目标及其原则

商业银行财务管理的目标指在特定的经济体制和财务管理环境中通过对财务工作的科学组织和对资源的合理配置所要达到的具体标准。

商业银行财务管理的原则一般包括优化原则、比例原则、弹性原则、平衡原则。

二、财务会计制度 ★★

1. 金融会计

金融会计具有核算和经营管理两项主要功能。

金融会计的主要特点有:内部控制的严密性;监督的政策性;核算方法的独特性;核算内容的社会性。

2.金融会计制度的主要内容

财政部于 2006 年重新制定并颁布了《企业会计准则》，这标志着会计准则体系的形成，该体系由 1 项会计基本准则和 38 项具体会计准则组成。其中与银行业密切相关的有：

（1）《企业会计准则第 22 号——金融工具确认和计量》。该准则的内容主要包含金融资产和金融负债的计量、金融资产减值损失的计量两个部分。

（2）《企业会计准则第 23 号——金融资产转移》。该准则规范了金融资产转移的确认和计量。

（3）《企业会计准则第 24 号——套期会计》。其主要内容分为套期保值的涵义及其分类、套期会计方法和套期保值的确认与计量。

（4）《企业会计准则第 37 号——金融工具列报》。金融工具列报包括金融工具列示和金融工具披露。

🔷 真题精练

【例 5·单项选择题】财务分析是对商业银行在某一时点的财务状况和某一时期的经营成果及其原因所做的分析工作。通常情况下，财务分析的结果提供的信息必然包括对（　　）的总体评价。

A.现金流量　　　　　　　　　B.经营成果
C.发展前景　　　　　　　　　D.财务状况

D　财务分析是对商业银行在某一时点的财务状况和某一时期的经营成果及其原因所做的分析工作。通常情况下，财务分析的结果提供的信息必然包括对财务状况的总体评价。

3.新会计准则对银行的影响

新会计准则（2017）的影响：

（1）有利于企业加强金融资产和负债管理，夯实资产质量，切实保护投资者和债权人利益。

（2）有利于推动企业加强风险管理，及时预警企业面临的金融风险，有效防范和化解金融风险。

（3）有利于促进企业战略、业务、风控和会计管理的有机融合，全面提高企业管理水平和效率，促进企业转型升级。

（4）有利于提高金融市场透明度，强化金融监管，提升监管效能。

第五节　盈利管理

一、商业银行盈利管理概况 ★★

1.盈利结构

（1）收入部分。商业银行收入主要包括利息收入与非利息收入。

利息收入是商业银行收入的最主要来源。利息收入可具体细分为贷款利息收入、证券投资利息收入以及存放同业、同业拆出、进行证券回购所得利息收入等。

非利息收入包括所有其他来源的收入，主要包括**手续费和佣金收入、投资收益、汇兑损益、公允价值变动损益、其他业务收入**等。

（2）支出部分。商业银行的支出主要由利息支出、资产减值损失、业务及管理费、其他营业支出等构成。

表 14-2　支出的构成

要点	内容
利息支出	利息支出是商业银行最主要的营业支出。它的主要部分是银行的存款利息支出，另一部分是借款利息支出。后者是指银行在吸收存款之外主动借入存款以获得资金来源所支付的利息，包括向中央银行短期借款、同业拆借、证券回购、发行短期银行票据等短期借款所支付的利息
资产减值损失	资产减值损失是银行按规定提取的贷款损失和其他各项资产损失
业务及管理费	业务及管理费支出包括支付给经营管理人员和职工的工资、奖金、养老金、退休金、医疗和健康服务开支等支出，还包括银行缴纳的失业保险费、社会保险费、医疗保险费等支出，房屋与设备的折旧费和房屋设备的租赁费用及相应税款开支等
其他营业支出	其他营业支出包括业务费用、广告费用、办公用品开支等

（3）利润部分。银行利润由利息净收入扣除提取贷款损失准备金与其他费用支出后与非利息净收入之和构成。根据核算口径的不同，银行利润有以下层次：

营业利润

营业利润是银行收支相抵后的余额，该指标的意义在于明确应税所得，营业利润扣除免税收入即为应税所得。

税前利润

营业利润加上营业外收入减去营业外支出即为税前利润。

净利润

税前利润扣除所得税之后的余额为净利润。

2. 主要盈利指标及杜邦分析法

衡量银行的收益指标主要有：

$$资本收益率（ROE）= 税后净收入/股本总额$$
$$资产收益率（ROA）= 税后净收入/总资产$$
$$每股盈利（EPS）= 税后净收入/发行在外的普通股股数$$
$$净利息收益（NIM）= 净利息收入/总资产$$

上述指标中，最常用的指标就是资本收益率，运用资本收益率模型进行分析，也就是杜邦分析法。杜邦分析法在分析银行收益时，主要分为三个步骤。

第一步：计算银行的资本收益率指标。

$$资本收益率 = 税后净收入/股本总额$$

第二步：将银行的 ROA 分解为利润率（PM）和资产使用率（AU）。

$$利润率（PM）= 税后净收入/总收入$$
$$资产使用率（AU）= 总收入/总资产$$

即 $ROA = PM \times AU$。

第三步：进一步分析具体影响银行利润水平的因素。

二、对盈利管理的监管要求 ★★

一般来说，商业银行的盈利状况评价体系包括定性指标与定量指标。其中，定性指标包括盈利的真实性、盈利的稳定性、盈利的风险覆盖性、盈利的可持续性以及财务管理的有效性;定量指标包括资产利润率、资本利润率、成本收入比率、风险资产利润率、净息差以及非利息收入比例。

1. 盈利的真实性、稳定性

（1）盈利的真实性。

（2）盈利的稳定性。商业银行盈利的稳定性主要包括**盈利结构、盈利水平稳定性以及盈利效率**三个方面。

2. 风险覆盖性、可持续性

（1）盈利的风险覆盖性。评价商业银行盈利的风险覆盖性主要参考以下两个方面：

①风险定价能力如何，银行定价是否充分考量了业务和客户的风险。

②是否考虑各种风险因素，运用风险调整后的资本收益率和经济增加值进行绩效评价的结果如何。

（2）盈利的可持续性。衡量商业银行盈利的可持续性主要包括以下三个方面：

①银行长期发展战略是否有利于优化盈利结构，提高盈利水平；利润结构变化是否与银行的发展战略保持一致，银行战略中的重点条线和产品的利润贡献度是否持续增加。

②利润的增长方式是依赖单纯的规模扩张，还是主要来源于资产利用率、净息差和非利息收入比例的提高。

③经济环境、利率波动、政策调整对银行收入和成本的影响。

3. 财务管理的有效性

财务管理的有效性主要从以下三方面进行分析：

（1）是否建立健全预决算体系；是否建立必要的财务管理制度；财务管理制度是否得到合理有效的执行。

（2）是否开发和运用包括财务核算、成本管理、业绩评价和资产负债比例管理的财务管理信息系统，能否提供管理会计信息；能否运用经济资本进行财务核算和资本分配。

（3）是否采用标准的会计准则，外部审计机构报告对银行会计制度和执行情况评价如何。

💡 真题精练

【例6·单项选择题】商业银行盈利的稳定性指标不包括(   )。

A. 盈利结构是否合理　　　　　　　B. 盈利效率是否良好

C. 盈利周期是否平稳　　　　　　　D. 盈利水平是否稳定

C 商业银行盈利的稳定性主要包括盈利结构、盈利水平稳定性以及盈利效率三个方面。

三、相关计算方法和数据分析 ★★

1. 资产利润率的计算方法和数据分析

资产利润率 = 税后利润/资产平均余额 × 100% × 折年系数

其中，资产平均余额 =（年初资产余额 + 年末资产余额）/2。

资产利润率指标为净利润与资产平均余额之比，它体现了商业银行的资产获利能力，反映了商业银行使用经济资源的效益和效率，是体现其经营效益和管理水平的重要综合性指标。

2. 资本利润率的计算方法和数据分析

资本利润率 = 税后利润/（所有者权益 + 少数股东权益）平均余额 × 100% × 折年系数

其中，（所有者权益 + 少数股东权益）平均余额 =（年初所有者权益与少数股东权益余额 + 年末所有者权益与少数股东权益余额）/2。

资本利润率的高低，不仅取决于资产利润率，也取决于权益乘数。

◎ 要点点拨

权益乘数表示商业银行的负债程度。权益乘数越高,表明商业银行负债程度越高,杠杆效应越大,在给商业银行带来更高的杠杆收益的同时,也带来更多的风险。

3. 成本收入比率的计算方法和数据分析

成本收入比率 =(营业支出 − 税金及附加)/营业净收入 ×100%

成本收入比率越低,说明银行单位收入的成本支出越低,银行获取收入的能力越强。

4. 风险资产利润率的计算方法和数据分析

新:风险资产利润率 = 税后利润/应用风险底线后的加权风险资产平均值 × 折年系数 ×100%

旧:风险资产利润率 = 税后利润/(风险加权资产 +12.5 倍的市场风险资本)平均值 × 折年系数 ×100%

其中,加权风险资产 = 表内风险加权资产 + 表外风险加权资产。

风险资产利润率指标是从商业银行经营风险的角度来评价银行的收益,是正向指标。

5. 净息差、非利息收入比例的计算方法和数据分析

(1)净息差的计算方法和数据分析。

净息差 =(利息净收入 + 债券投资利息收入)/生息资产平均余额 ×100% × 折年系数

生息资产平均余额 =(年初生息资产余额 + 年末生息资产余额)/2

净息差越高,反映商业银行运用生息资产的效率越高。净息差水平高,表明商业银行生息资产收益水平较高,或者付息负债融资成本较低。

(2)非利息收入比例的计算方法和数据分析。

非利息收入比例 = 非利息收入/营业净收入 ×100%

银行的非利息收入来自于手续费和佣金收入,获得这类收入不需要相应增加资产规模,较高的非利息收入会明显提高银行的资产利润率。

↓ 码上看总结 ↓

章节自测

一、单项选择题(在以下各小题所给出的四个选项中,只有一个选项符合题目要求,请将正确选项的代码填入括号内)

1. (　　)的目标是发现需求、满足需求。

  A. 扩大销售   B. 维护访问

  C. 建立客户追踪制度   D. 风险预防

2. (　　)是商业银行市场营销的起点,也是商业银行制定和实施其他营销策略的基础和前提。

  A. 营销渠道建设   B. 产品的开发管理

  C. 应急预案   D. 精准营销

3. 当一家银行的实力范围狭窄、资源有限，或是面对强大的竞争对手时，（　　）可能是它唯一可行的选择。

    A. 产品组合策略   B. 差异化策略

    C. 专业化策略   D. 情感营销策略

4. （　　）是典型的合作营销。

    A. 网点营销   B. 电子银行营销

    C. 银团贷款   D. 登门拜访营销

5. （　　）负责对薪酬制度执行情况进行监督。

    A. 董事会   B. 薪酬委员会

    C. 监事会   D. 绩效考评委员会

6. 下列关于商业银行盈利管理能力的相关指标中，错误的是（　　）。

    A. 资产利润率 = 税后利润/资产平均余额 $\times 100\% \times$ 折年系数

    B. 资本利润率 = 税后利润/（所有者权益 + 少数股东权益）平均余额 $\times 100\% \times$ 折年系数

    C. 成本收入比率 =（营业支出 − 税金及附加）/营业净收入 $\times 100\%$

    D. 净息差 =（利息净收入 + 债券投资利息收入）/生息资产总额 $\times 100\% \times$ 折年系数

二、多项选择题（在以下各小题所给出的选项中，至少有两个选项符合题目要求，请将正确选项的代码填入括号内）

1. 根据产品的市场规模、产品类型和技术手段等因素，可将商业银行的定位方式分为（　　）。

    A. 替代式定位   B. 主导式定位

    C. 追随式定位   D. 补缺式定位

    E. 附属式定位

2. 商业银行的"展业三原则"包括（　　）。

    A. "了解你的员工"   B. "了解你的客户"

    C. "了解你的业务"   D. "尽职调查"

    E. "了解你的产品"

3. 商业银行绩效考评应当坚持的原则有（　　）。

    A. 稳健经营   B. 合规引领

    C. 战略导向   D. 目标导向

    E. 统一考核

4. 商业银行财务分析的方法主要包括（　　）。

    A. 因素分析法   B. 比较分析法

    C. 趋势分析法   D. 百分比分析法

    E. 比率分析法

三、判断题（请判断以下各小题的正误，正确的选 A，错误的选 B）

1. 一对一营销方式的特点是针对性强，适宜少数尖端客户，能够为客户提供需要的个性化服务，且营销渠道宽，营销成本低。（　　）

    A. 正确   B. 错误

2. 商业银行的借款利息支出是指银行在吸收存款之外主动借入存款以获得资金来源所支付的利息，包括向中央银行短期借款、同业拆借、证券回购、发行短期银行票据等短期借款所支付的利息。（　　）

    A. 正确   B. 错误

3. 商业银行高级管理人员以及对风险有重要影响岗位上的员工,其绩效薪酬的 40% 以上应采取延期支付的方式,且延期支付期限一般不少于 3 年。　　　　　　　（　　）
　　A. 正确　　　　　　　　　　　　　　B. 错误

答案详解

一、单项选择题

1. B。【解析】客户开发和管理的主要方式包括维护访问、扩大销售和建立客户追踪制度。其中,维护访问的目标是发现需求、满足需求。

2. B。【解析】产品的开发管理是商业银行市场营销的起点,也是商业银行制定和实施其他营销策略的基础和前提。

3. C。【解析】从根本上来说,专业化策略建立在对产业内一个狭窄的竞争范围的选择上。当一家银行的实力范围狭窄、资源有限,或是面对强大的竞争对手时,专业化策略可能就是它唯一可行的选择。专业化战略旨在专注于某个服务领域,瞄准特定细分市场,针对特定地理区域。

4. C。【解析】银团贷款是典型的合作营销。

5. C。【解析】董事会下设薪酬管理委员会,负责全行薪酬制度和政策的审议。监事会负责对薪酬制度执行情况进行监督。经营管理层作为薪酬制度执行机构,下设绩效考评委员会,负责指导全行人力资源管理的组织实施。

6. D。【解析】净息差 =（利息净收入 + 债券投资利息收入）/生息资产平均余额 ×100% ×折年系数。

二、多项选择题

1. BCD。【解析】根据产品的市场规模、产品类型和技术手段等因素,商业银行的定位方式分为主导式定位、追随式定位、补缺式定位。

2. BCD。【解析】"了解你的客户（KYC）""了解你的业务（KYB）"和"尽职调查（DD）",合称商业银行"展业三原则"。

3. ABC。【解析】商业银行绩效考评应当坚持以下原则:（1）稳健经营。（2）合规引领。（3）战略导向。（4）综合平衡。（5）统一执行。

4. ABCDE。【解析】财务分析是对商业银行在某一时点的财务状况和某一时期的经营成果及其原因所做的分析工作。其分析方法主要包括各种比率分析法、百分比分析法、趋势分析法、比较分析法、因素分析法等。

三、判断题

1. B。【解析】单一营销策略,又称一对一的营销。它是针对每一个客户的个体需求而设计不同的产品或服务,有条件地满足单个客户的需要。这种营销方式的特点是针对性强,适宜少数尖端客户,能够为客户提供需要的个性化服务,但营销渠道狭窄,营销成本太高。

2. A。【解析】商业银行的借款利息支出是指银行在吸收存款之外主动借入存款以获得资金来源所支付的利息,包括向中央银行短期借款、同业拆借、证券回购、发行短期银行票据等短期借款所支付的利息。

3. A。【解析】商业银行高级管理人员以及对风险有重要影响岗位上的员工,其绩效薪酬的 40% 以上应采取延期支付的方式,且延期支付期限一般不少于 3 年。

第十五章
信息科技管理（中级考试内容）

本章的主要内容是银行信息科技管理的基本情况、信息科技风险与监管等。分析近几年的考试情况,本章的常考点有银行业信息科技发展、信息科技风险的特点、信息科技风险监管目标与监管原则、监管方式、监管要求等。

考纲要求

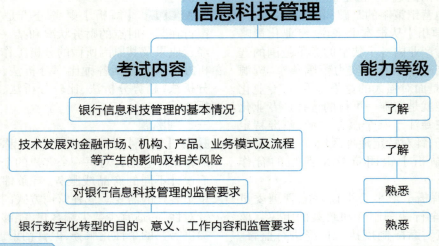

信息科技管理

考试内容	能力等级
银行信息科技管理的基本情况	了解
技术发展对金融市场、机构、产品、业务模式及流程等产生的影响及相关风险	了解
对银行信息科技管理的监管要求	熟悉
银行数字化转型的目的、意义、工作内容和监管要求	熟悉

知识解读

第一节　信息科技管理基本情况

一、银行业信息科技发展　★

我国银行业从 20 世纪 70 年代初开始尝试使用电子计算机处理业务,在 40 多年的发展历程中,我国银行信息化发展经历了四个阶段:

(1)信息孤岛阶段。

(2)互联互通阶段。

(3)银行信息化阶段。此阶段的特征有数据大集中、运营集约化、电子银行快速发展、现代化支付体系建立、管理现代化。

(4)信息化银行阶段。

💡 **真题精练**

【例1·单项选择题】银行信息化阶段的特征不包括(　　　)。
A. 数据大集中
B. 运营集约化
C. 管理现代化
D. 电子银行初步发展

D　银行信息化阶段的特征包括:(1)数据大集中。(2)现代化支付体系建立。(3)电子银行快速发展。(4)运营集约化。(5)管理现代化。

二、银行信息科技管理 ★

(1)银行信息科技发展呈现的特征:银行业务高度依赖信息科技、系统环境日益复杂、业务与信息科技不断融合、信息科技的外部性特点显著。

(2)银行信息科技发展对信息科技管理提出的要求:提升信息科技治理的有效性、科技成为引领创新的关键点、不断提升信息科技服务能力。

(3)信息科技风险的特点:影响范围广、风险外延性强、损失难以计量、风险因素复杂、不确定性突出。

第二节　信息科技风险与监管

一、信息科技监管目标与原则 ★★

1. 信息科技监管目标

监管部门的信息科技风险监管的具体目标包括合法合规、信息安全、公众满意度和业务连续性。

2. 监管原则

我国以"风险为本"的监管框架是一个持续、循环的过程,在实施中遵循下列原则:
(1)"风险为本"理念贯穿信息科技监管全过程。
(2)机构单体风险监管与银行业整体风险监管并重。
(3)加强信息科技风险动态监测。

二、监管方式 ★★

我国银行业信息科技风险监管方式主要分为非现场监管、现场检查、风险评估与监管评级、风险控制、持续监管五大类。

信息科技现场检查主要分为全面检查和专项检查两类,也是有效识别信息科技风险的重要方法。现场检查是识别机构单体高风险、定位信息科技风险管理重大缺陷、传导监管机构监管要求、核实银行业金融机构信息科技风险实际状况,提供更为准确的风险评估依据的最直接有效方式。

面向机构单体的风险控制可采取风险提示、资本计提、市场准入、行政处罚等手段。面向银行业整体的风险控制可采取行业通报、专项治理与处置、行业规范调整等方式。

📖 **知识加油站**

《银行业金融机构全面风险管理指引》将信息科技风险列入银行业全面风险管理体系十大风险。同时,结合信息科技风险特点,将信息科技风险划分为若干领域,包括信息科技治理、信息科技风险管理、信息科技审计、信息安全管理、信息系统开发及测试、信息科技运行及维护、业务连续性管理和信息科技外包管理等,并建立了包括非现场监管、现场监管、风险评估与监管评级等在内的持续监管框架。

三、监管要求 ★★

1. 信息科技治理

在信息科技治理领域，需要重点关注信息科技治理架构的合规性与完整性，信息科技目标与业务目标的匹配度在战略规划层面是否得到决策层、高管层的保障，以及信息科技治理的运作效果如何等。

2. 信息科技风险管理

在信息科技风险管理领域，需要重点关注是否由风险管理部门确定信息科技风险控制目标；风险管理部门（风险管理委员会）是否牵头组织制定并指导实施重要信息资产分类、分级保护机制；是否确立信息科技风险评估方法、工作流程，并定期或以事件驱动方式开展全面或专项信息科技风险评估工作；是否确立了向决策层、高管层及相关部门通报信息科技风险信息的机制；是否有效利用信息科技风险评估结果；信息科技风险领域控制策略是否覆盖全面等。

3. 信息安全管理

在信息安全管理领域，需要重点关注信息安全管理体系建设和信息安全管理执行力。

在信息安全管理体系方面，商业银行应做到：建立合理的信息安全管理组织架构及制度体系；信息安全管理体系完整，信息安全管理策略覆盖全面；电子银行信息安全管理体系完整。

4. 信息系统开发及测试

在信息系统开发及测试领域，需要重点关注信息系统开发、测试过程中业务部门与科技部门融合度，信息科技项目管理体系，以及项目管理过程的风险控制。

5. 信息科技运行及维护

在信息科技运行领域，需要重点关注是否确立并执行了信息科技运行与维护管理规范，包括：是否建立技术基础设施采购与维护管理规范；是否建立生产事件分级处置管理规范；是否建立问题分级处置管理规范；是否建立性能和容量管理规范；是否建立生产变更及维护管理规范；是否建立运行操作管理规范；是否建立系统运行监控及预警管理规范；重要信息系统变更是否符合相关监管合规性要求等。

6. 业务连续性管理

商业银行对于面向客户、涉及账务处理、时效性要求较高的业务，应当按照《商业银行业务连续性监管指引》等要求，建设应急响应、恢复机制和管理能力框架，建立包括策略、组织架构、方法、标准和程序在内的一整套管理机制和体制，以有效应对运营中断事件。

在业务连续性管理体系方面，商业银行应做到：建立日常业务连续性管理组织，制定业务连续性管理政策和制度，业务连续性组织架构健全，职责清晰完善。业务连续性管理相关参与部门设置合理。完成所有重要业务影响分析；明确业务恢复优先级和恢复目标；制定所有重要业务的业务连续性计划，相关资源建设到位等。

7. 信息科技外包管理

信息科技外包原则上划分为**咨询规划类、开发测试类、运行维护类、安全服务类、业务支持类**等类别。

银行保险机构应当对符合重要外包标准的非驻场外包服务进行实地检查，原则上**每三年**覆盖所有重要的非驻场外包服务。

商业银行每年应当至少开展一次全面的信息科技外包风险管理评估，并向董（理）事会或高级管理层提交评估报告。商业银行应当开展信息科技外包及其风险管理的审计工作，定期对信息科技外包活动进行审计，至少每三年覆盖所有重要外包。

关联外包是指银行保险机构的母公司或其所属集团子公司、关联公司或附属机构作为服务提供商,为其提供信息科技外包服务的行为。同业外包是指依法设立的银行保险机构为其他同行业金融机构提供外包服务的行为。

🔵 要点点拨

银行保险机构应承担内部审计职能和责任,内部审计项目可委托母公司或同一集团下属子公司实施,或聘请独立第三方实施。

8.信息科技审计

在信息科技内外部审计方面,商业银行应重视以下几点:

(1)近三年信息科技审计覆盖率。

(2)近两年信息科技内(外)审整改率。

(3)近两年内(外)审工作中信息科技专项审计占比。

9.重大监管关注事项

信息科技监管人员可依据商业银行信息科技治理结构重大变化、重要信息系统重大突发事件、涉及信息科技的案件情况、现场检查发现重大风险隐患等重大监管关注事项,对照信息科技管理的监管要求进行调整。

💡 真题精练

【例2·单项选择题】下列不属于信息科技监管目标的是(　　)。

A.信息安全　　　　　　　　　B.合法合规

C.风险控制　　　　　　　　　D.业务连续性

　C　信息科技监管目标具体包括业务连续性、信息安全、公众满意度和合法合规。

【例3·多项选择题】在信息安全管理体系方面,商业银行应做到(　　)。

A.电子银行信息安全管理体系完整

B.建立合理的信息安全管理组织架构及制度体系

C.建立信息安全违规问责制度

D.建立信息科技风险损失评估及处置机制

E.信息安全管理体系完整,信息安全管理策略覆盖全面

　A　B　E　在信息安全管理体系方面,商业银行应做到:(1)建立合理的信息安全管理组织架构及制度体系。(2)信息安全管理体系完整,信息安全管理策略覆盖全面。(3)电子银行信息安全管理体系完整。

↓ 码上看总结 ↓

➕ 章节自测

一、单项选择题（在以下各小题所给出的四个选项中，只有一个选项符合题目要求，请将正确选项的代码填入括号内）

1. 银行信息科技发展呈现的特征不包括（　　）。
   A. 信息科技的内部性特点显著 　　　　　B. 系统环境日益复杂
   C. 银行业务高度依赖信息科技 　　　　　D. 业务与信息科技不断融合

2. （　　）是识别机构单体高风险、定位信息科技风险管理重大缺陷、传导监管机构监管要求、核实银行业金融机构信息科技风险实际状况，提供更为准确的风险评估依据的最直接有效方式。
   A. 持续监管 　　　　　　　　　　　　B. 非现场检查
   C. 现场检查 　　　　　　　　　　　　D. 风险控制

3. 银行保险机构应当对符合重要外包标准的非驻场外包服务进行实地检查，原则上每（　　）年覆盖所有重要的非驻场外包服务。
   A. 一 　　　　　　　　　　　　　　　B. 二
   C. 三 　　　　　　　　　　　　　　　D. 四

4. 在信息科技内外部审计方面，商业银行应重视（　　）。
   A. 近两年信息科技审计覆盖率
   B. 近三年信息科技内（外）审整改率
   C. 近一年信息科技内（外）审整改率
   D. 近两年内（外）审工作中信息科技专项审计占比

5. （　　）是指银行保险机构的母公司或其所属集团子公司、关联公司或附属机构作为服务提供商，为其提供信息科技外包服务的行为。
   A. 关联外包 　　　　　　　　　　　　B. 重要外包
   C. 同业外包 　　　　　　　　　　　　D. 跨境外包

二、多项选择题（在以下各小题所给出的选项中，至少有两个选项符合题目要求，请将正确选项的代码填入括号内）

1. 银行业信息科技风险具有的特点包括（　　）。
   A. 影响范围广 　　　　　　　　　　　B. 风险因素复杂
   C. 不确定性突出 　　　　　　　　　　D. 风险外延性强
   E. 损失难以计量

2. 监管机构面向机构单体的风险控制可采取（　　）手段督促机构削减、控制风险。
   A. 风险提示 　　　　　　　　　　　　B. 行政处罚
   C. 行业通报 　　　　　　　　　　　　D. 市场准入
   E. 资本计提

3. 在业务连续性管理体系方面，商业银行应做到（　　）。
   A. 重点关注重要信息系统灾备覆盖率指标
   B. 业务连续性管理相关参与部门设置合理
   C. 制定业务连续性管理政策和制度
   D. 明确业务恢复优先级和恢复目标
   E. 制定运营中断事件等级划分标准

4. 信息科技外包原则上划分为(　　　)等类别。
    A. 咨询规划类　　　　　　　　　　B. 开发测试类
    C. 业务支持类　　　　　　　　　　D. 安全服务类
    E. 运行维护类

三、判断题(请判断以下各小题的正误,正确的选 A,错误的选 B)

1. 商业银行每年应当至少开展一次全面的信息科技外包风险管理评估,并向监事会提交评估报告。　　　　　　　　　　　　　　　　　　　　　　　(　　　)
    A. 正确　　　　　　　　　　　　　B. 错误
2. 银行保险机构应承担内部审计职能和责任,内部审计项目可委托母公司或同一集团下属子公司实施,或聘请独立第三方实施。　　　　　　　　　　　　(　　　)
    A. 正确　　　　　　　　　　　　　B. 错误

答案详解

一、单项选择题

1. A。【解析】银行信息科技发展呈现的特征有:(1)银行业务高度依赖信息科技。(2)系统环境日益复杂。(3)业务与信息科技不断融合。(4)信息科技的外部性特点显著。

2. C。【解析】现场检查是识别机构单体高风险、定位信息科技风险管理重大缺陷、传导监管机构监管要求、核实银行业金融机构信息科技风险实际状况,提供更为准确的风险评估依据的最直接有效方式。

3. C。【解析】银行保险机构应当对符合重要外包标准的非驻场外包服务进行实地检查,原则上每三年覆盖所有重要的非驻场外包服务。

4. D。【解析】在信息科技内外部审计方面,商业银行应重视:(1)近三年信息科技审计覆盖率。(2)近两年信息科技内(外)审整改率。(3)近两年内(外)审工作中信息科技专项审计占比。

5. A。【解析】关联外包是指银行保险机构的母公司或其所属集团子公司、关联公司或附属机构作为服务提供商,为其提供信息科技外包服务的行为。

二、多项选择题

1. ABCDE。【解析】银行业信息科技风险具有以下特点:(1)风险因素复杂。(2)不确定性突出。(3)损失难以计量。(4)影响范围广。(5)风险外延性强。

2. ABDE。【解析】监管机构面向机构单体的风险控制可采取风险提示、资本计提、市场准入、行政处罚等手段。面向银行业整体的风险控制可采取行业通报、专项治理与处置、行业规范调整等方式。

3. BCD。【解析】在业务连续性管理体系方面,商业银行应做到:(1)建立日常业务连续性管理组织,制定业务连续性管理政策和制度,业务连续性组织架构健全,职责清晰完善。(2)业务连续性管理相关参与部门设置合理。(3)完成所有重要业务影响分析;明确业务恢复优先级和恢复目标;制定所有重要业务的业务连续性计划,相关资源建设到位等。

4. ABCDE。【解析】信息科技外包原则上划分为咨询规划类、开发测试类、运行维护类、安全服务类、业务支持类等类别。

三、判断题

1. B。【解析】商业银行每年应当至少开展一次全面的信息科技外包风险管理评估,并向董(理)事会或高级管理层提交评估报告。

2. A。【解析】银行保险机构应承担内部审计职能和责任,内部审计项目可委托母公司或同一集团下属子公司实施,或聘请独立第三方实施。

第十六章

开发性金融机构与政策性银行业务与监管

◈ 考情直击

　　本章的主要内容是政策性银行的概况和改革发展进程、开发性金融机构和政策性银行经营与管理、开发性金融机构和政策性银行监管等。分析近几年的考试情况，本章的常考点有开发性金融机构和政策性银行职能定位、开发性金融机构和政策性银行的业务范围、风险管理、内部控制、资本管理等。

📖 考纲要求

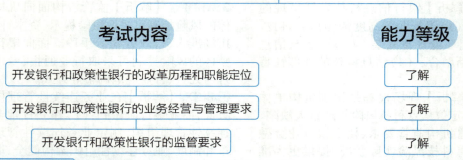

📚 知识解读

第一节　概　述

一、政策性银行改革 ★

　　2014年12月和2015年3月、4月，国务院先后批复中国农业发展银行、国家开发银行、中国进出口银行改革实施总体方案，批复还明确将国家开发银行定位为开发性金融机构。

二、开发性金融机构和政策性银行职能定位 ★

　　国家开发银行应坚持开发性金融定位，贯彻落实国家经济金融方针政策，充分运用服务国家战略、依托信用支持、市场运作、保本微利的开发性金融功能，发挥中长期投融资作用，加大对经济社会重点领域和薄弱环节的支持力度，促进经济社会持续健康发展。

　　中国进出口银行应坚持政策性金融定位，依托国家信用，紧紧围绕国家战略，充分发挥政策性金融机构在支持国民经济发展方面的重要作用，重点支持外经贸发展、对外开放、国际合作、"走出去"等领域。

　　中国农业发展银行应坚持政策性金融定位，依托国家信用，服务经济社会发展的重点领域和薄弱环节，主要服务维护国家粮食安全、脱贫攻坚、实施乡村振兴战略、促进农业农村现代化、改善农村基础设施建设等领域，在农村金融体系中发挥主体和骨干作用。

教你一招

国家开发银行是开发性金融机构,中国进出口银行和中国农业发展银行是政策性银行。

第二节　开发性金融机构和政策性银行经营与管理

一、业务范围 ★

1. 国家开发银行业务范围

国家开发银行应根据依法确定的服务领域和经营范围开展业务,**以开发性业务为主,辅以商业性业务**。

国家开发银行的经营范围包括:吸收对公存款;发放短期、中期和长期贷款;委托贷款;依托中小金融机构发放转贷款;办理国内外结算;办理票据承兑与贴现;发行金融债券和其他有价证券;代理发行,代理兑付,承销政府债券、金融债券和信用债券;买卖政府债券、金融债券、信用债券;从事同业拆借;买卖、代理买卖外汇;办理结汇、售汇业务;开展自营和代客衍生品业务;提供信用证服务及担保;代理收付款项及代理保险业务;资产管理业务;资产证券化业务;顾问咨询等经国务院银行业监督管理机构批准的其他业务。

2. 中国进出口银行业务范围

中国进出口银行应根据依法确定的服务领域和经营范围开展**政策性业务**和**自营性业务**。

中国进出口银行的经营范围包括:经批准办理配合国家对外贸易和"走出去"领域的短期、中期和长期贷款,含出口信贷、进口信贷、对外承包工程贷款、境外投资贷款等;办理国务院指定的特种贷款;发行金融债券;办理国内外结算和结售汇业务;办理保函、信用证、福费廷等其他方式的贸易融资业务;办理与对外贸易相关的委托贷款业务;办理与对外贸易相关的担保业务;买卖、代理买卖和承销债券;从事同业拆借、存放业务;办理票据承兑与贴现;代理收付款项及代理保险业务;资产证券化业务;企业财务顾问服务;组织或参加银团贷款等经国务院银行业监督管理机构批准的其他业务。

3. 中国农业发展银行业务范围

中国农业发展银行应根据依法确定的服务领域和经营范围开展政策性业务和自营性业务。

中国农业发展银行的经营范围包括:办理粮食、棉花、油料、食糖、猪肉、化肥等重要农产品收购、储备、调控和调销贷款,办理农业农村基础设施和水利建设、流通体系建设贷款,办理农业综合开发、生产资料和农业科技贷款;吸收业务范围内开户企事业单位的存款,吸收县域范围内的单位存款,吸收财政存款,发行金融债券等经国务院银行业监督管理机构批准的其他业务。

真题精练

【例1·多项选择题】下列属于国家开发银行业务范围的有(　　　)。

A. 吸收对公存款　　　　　　B. 办理国内外结算

C. 委托贷款　　　　　　　　D. 代理发行,代理兑付

E. 办理保函、信用证

A B C D　E项属于中国进出口银行业务的经营范围。

二、公司治理 ★

开发性金融机构和政策性银行不设股东大会。开发性金融机构和政策性银行董事会由执行董事、非执行董事组成。

开发性金融机构和政策性银行监事会由国务院派出，对国务院负责。

开发性金融机构和政策性银行高级管理层由行长、副行长、董事会秘书及国务院银行业监督管理机构行政许可的其他高级管理人员组成，可根据实际需要设置首席财务官、首席风险官、首席审计官、首席信息官等高级管理人员职位。

三、风险管理 ★

开发性金融机构和政策性银行应当遵循风险管理实质性原则，充分考虑金融业务和金融风险的相关性，按照相关规定确定会计并表、资本并表和风险并表管理范围，并将各类表内外、境内外、本外币业务纳入并表管理范围。

开发性金融机构和政策性银行应当建立与业务性质、规模和复杂程度相适应的操作风险管理体系，制定规范员工行为和道德操守的相关制度，加强员工行为管理和案件防控，确保有效识别、评估、监测和控制操作风险。

开发性金融机构和政策性银行应当监测分析市场流动性情况，合理安排政策性金融债券发行计划和信贷投放计划，控制资产负债期限错配，建立并完善适合本行资金来源和资金运用特点的流动性风险管理体系。

四、内部控制 ★

开发性金融机构和政策性银行应当结合业务特点，按照内控先行原则，对各项业务活动和管理活动制定全面、系统、规范的业务制度和管理制度。

开发性金融机构和政策性银行应当根据经营管理需要，合理确定部门、岗位的职责及权限，明确业务流程和管理活动中的重要岗位和不相容岗位。实行重要岗位轮岗或强制休假制度和不相容岗位分离制度。

开发性金融机构和政策性银行应当建立独立、垂直管理的内部审计体系及相应的报告制度和报告路径，审查评价并督促改善经营活动、风险状况、内部控制和治理机制，促进合规经营、履职尽责和稳健发展。内部审计部门应当对董事会负责，按照规定及时向董事会报告工作和审计情况。

🔍 要点点拨

开发性金融机构和政策性银行应当结合机构层级、人员分布、业务特点等因素，建立内部控制评价制度，明确内部控制评价的实施主体、频率、内容、程序、方法和标准等。内部控制评价由董事会指定的部门组织实施，至少每年开展一次，年度内部控制评价报告应当报送银行业监督管理机构。

五、资本管理 ★

开发性金融机构和政策性银行应当建立稳健的内部资本充足评估程序。内部资本充足评估应当至少每年开展一次，评估结果应当作为资本预算与分配、授信决策和战略规划的重要依据。

开发性金融机构和政策性银行应当建立内源性资本积累与外源性资本补充相结合的动态资本补充机制。当资本充足率不足时，应当通过优化资产结构、盘活资产存量、减少或免于分红、利润转增资本、国家追加注资、发行符合监管要求的各类资本补充工具等措施，确保资本充足率达到监管标准。

💡 真题精练

【例2·单项选择题】开发性金融机构和政策性银行的内部资本充足评估应当至少(　　)开展一次,评估结果应当作为资本预算与分配、授信决策和战略规划的重要依据。

A. 每季度　　　　　　　　B. 每半年

C. 每年　　　　　　　　　D. 每月

C　开发性金融机构和政策性银行应当建立稳健的内部资本充足评估程序。内部资本充足评估应当至少每年开展一次,评估结果应当作为资本预算与分配、授信决策和战略规划的重要依据。

六、激励约束 ★

开发性金融机构和政策性银行应当结合本行职能定位、发展战略、业务特点以及风险偏好等因素,建立科学的绩效考核体系,合理确定绩效考核的定性、定量指标及权重。对于开发性或政策性业务,应当侧重对依法合规、履职尽责、服务国家战略成效的考核;对于商业性或自营性业务,应当侧重对风险管理、合规经营以及可持续发展能力的考核。绩效考核指标至少包括落实国家政策类、合规经营类和风险管理类,上述三类指标权重应当高于其他类型指标。

第三节　开发性金融机构和政策性银行监管

一、市场准入 ★

银行业监督管理机构依照相关行政许可规定对开发性金融机构和政策性银行的机构设立、机构变更、机构终止、业务范围以及董事和高级管理人员任职资格等事项实施行政许可。

二、监管政策 ★

银行业监督管理机构按照有关规定对开发性金融机构和政策性银行的资本充足率及其管理情况实施监督检查,主要包括全面风险管理框架、资本充足率计量准确性、各类风险及压力测试情况等。开发性金融机构和政策性银行资本充足率未达到监管要求时,银行业监督管理机构有权根据具体情况采取责令控制风险资产增长、责令暂停自营性业务、限制分配红利和其他收入、停止批准增设机构等监管措施。

银行业监督管理机构对开发性金融机构和政策性银行实施持续的非现场监管。

💡 真题精练

【例3·单项选择题】银行业监督管理机构按照有关规定对开发性金融机构和政策性银行的资本充足率及其管理情况实施监督检查不包括(　　)。

A. 全面风险管理框架　　　　B. 资本充足率计量准确性

C. 各类风险及压力测试情况　　D. 责令控制风险资产增长

D　银行业监督管理机构按照有关规定对开发性金融机构和政策性银行的资本充足率及其管理情况实施监督检查,主要包括全面风险管理框架、资本充足率计量准确性、各类风险及压力测试情况等。

↓ 码上看总结 ↓

章节自测

一、单项选择题（在以下各小题所给出的四个选项中，只有一个选项符合题目要求，请将正确选项的代码填入括号内）

1. 国家开发银行应根据依法确定的服务领域和经营范围开展业务，以（　　）为主，辅以（　　）。
   A. 开发性业务；自营性业务　　　　　　B. 政策性业务；商业性业务
   C. 政策性业务；自营性业务　　　　　　D. 开发性业务；商业性业务

2. 中国农业发展银行监事会依照《国有重点金融机构监事会暂行条例》等有关法律法规设置和管理，由（　　）派出，对国务院负责。
   A. 国务院　　　　　　　　　　　　　　B. 财政部
   C. 股东　　　　　　　　　　　　　　　D. 国家金融监督管理总局

3. 开发性金融机构和政策性银行应当遵循风险管理（　　）原则，充分考虑金融业务和金融风险的相关性，按照相关规定确定会计并表、资本并表和风险并表管理范围，并将各类表内外、境内外、本外币业务纳入并表管理范围。
   A. 实质性　　　　　　　　　　　　　　B. 及时性
   C. 可控性　　　　　　　　　　　　　　D. 相关性

4. 对于开发性或政策性业务，应当侧重对依法合规、履职尽责、（　　）的考核。
   A. 风险管理　　　　　　　　　　　　　B. 服务国家战略成效
   C. 合规经营　　　　　　　　　　　　　D. 可持续发展能力

二、多项选择题（在以下各小题所给出的选项中，至少有两个选项符合题目要求，请将正确选项的代码填入括号内）

1. 2014年12月和2015年3月、4月，国务院先后批复（　　）改革实施总体方案，批复还明确将国家开发银行定位为开发性金融机构。
   A. 中国农业发展银行　　　　　　　　　B. 国家开发银行
   C. 中国进出口银行　　　　　　　　　　D. 中国银行
   E. 中国人民银行

2. 中国进出口银行的主要业务范围包括（　　）。
   A. 办理国务院指定的特种贷款
   B. 办理出口信贷和进口信贷
   C. 办理对外承包工程和境外投资贷款
   D. 办理与对外贸易相关的担保业务
   E. 办理农业小企业贷款和产业化龙头企业贷款

3. 开发性金融机构和政策性银行董事会由（　　）组成。
   A. 独立董事　　　　　　　　　　　　　B. 一般董事
   C. 执行董事　　　　　　　　　　　　　D. 非执行董事
   E. 劳工董事

三、判断题(请判断以下各小题的正误,正确的选 A,错误的选 B)

1. 开发性金融机构和政策性银行设股东大会、董事会、监事会。 ( )

   A. 正确 B. 错误

2. 开发性金融机构和政策性银行应当根据经营管理需要,合理确定部门、岗位的职责及权限,明确业务流程和管理活动的重要岗位和不相容岗位。 ( )

   A. 正确 B. 错误

答案详解

一、单项选择题

1. D。【解析】国家开发银行应根据依法确定的服务领域和经营范围开展业务,以开发性业务为主,辅以商业性业务。

2. A。【解析】开发性金融机构和政策性银行监事会由国务院派出,对国务院负责。

3. A。【解析】开发性金融机构和政策性银行应当遵循风险管理实质性原则,充分考虑金融业务和金融风险的相关性,按照相关规定确定会计并表、资本并表和风险并表管理范围,并将各类表内外、境内外、本外币业务纳入并表管理范围。

4. B。【解析】开发性金融机构和政策性银行应当结合本行职能定位、发展战略、业务特点以及风险偏好等因素,建立科学的绩效考核体系,合理确定绩效考核的定性、定量指标及权重。对于开发性或政策性业务,应当侧重对依法合规、履职尽责、服务国家战略成效的考核。

二、多项选择题

1. ABC。【解析】2014 年 12 月和 2015 年 3 月、4 月,国务院先后批复中国农业发展银行、国家开发银行、中国进出口银行改革实施总体方案,批复还明确将国家开发银行定位为开发性金融机构。

2. ABCD。【解析】中国进出口银行的经营范围包括:经批准办理配合国家对外贸易和"走出去"领域的短期、中期和长期贷款,含出口信贷、进口信贷、对外承包工程贷款、境外投资贷款等;发行金融债券;办理国内外结算和结售汇业务;办理保函、信用证、福费廷等其他方式的贸易融资业务;办理与对外贸易相关的委托贷款业务;办理与对外贸易相关的担保业务等。

3. CD。【解析】开发性金融机构和政策性银行董事会由执行董事、非执行董事组成。

三、判断题

1. B。【解析】开发性金融机构和政策性银行不设股东大会。

2. A。【解析】开发性金融机构和政策性银行应当根据经营管理需要,合理确定部门、岗位的职责及权限,明确业务流程和管理活动中的重要岗位和不相容岗位。实行重要岗位轮岗或强制休假制度和不相容岗位分离制度。

第十七章
金融资产管理公司业务与监管

⊕ 考情直击

　　本章的主要内容是金融资产管理公司概述、金融资产管理公司经营与管理、金融资产管理公司监管、金融资产投资公司业务与监管等。分析近几年的考试情况，本章的常考点有不良资产业务、财务性投资业务监管要求、托管清算、金融资产管理公司不同阶段的业务监管、资本监管、金融资产投资公司的经营规则等。

考纲要求

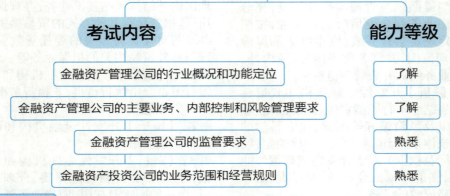

金融资产管理公司业务与监管	
考试内容	能力等级
金融资产管理公司的行业概况和功能定位	了解
金融资产管理公司的主要业务、内部控制和风险管理要求	了解
金融资产管理公司的监管要求	熟悉
金融资产投资公司的业务范围和经营规则	熟悉

知识解读

第一节　概　述

一、行业发展情况概述 ★

　　1999 年，我国先后成立的中国信达资产管理公司、中国东方资产管理公司、中国长城资产管理公司和中国华融资产管理公司称为金融资产管理公司。

　　金融资产管理公司逐步完成以下两个历史性转变：

　　(1)从政策性非银行金融机构向商业化的现代金融企业转变。

　　(2)从单一的银行不良资产管理和处置业务向以不良资产业务为核心、多元化金融服务并存发展的业务格局转变。

二、功能定位 ★

　　随着金融资产管理公司商业化改革转型的逐步推进，其功能定位的内涵也在不断扩展，具体表现为：

　　(1)不良资产管理和处置市场的培育者。

（2）各类存量资产的盘活者。

（3）多元化金融服务的实践者。

真题精练

【例1·多项选择题】在我国，金融资产管理公司是指1999年我国先后成立的（   ）。

A. 中国信达资产管理公司
B. 中国东方资产管理公司
C. 中国长城资产管理公司
D. 中国汇金资产管理公司
E. 中国华融资产管理公司

A B C E　1999年，我国先后成立的中国信达资产管理公司、中国东方资产管理公司、中国长城资产管理公司和中国华融资产管理公司称为金融资产管理公司。

第二节　金融资产管理公司经营与管理

一、不良资产业务 ★

金融资产管理公司集团的母公司主要经营不良资产业务、投资业务和中间业务等，其中，不良资产业务是金融资产管理公司的传统业务和核心业务。不良资产业务是指金融资产管理公司根据市场原则购买转让方的不良资产，并通过资产转让、资产重组、追加投资等方式，对收购的债权资产进行经营、管理和处置，最终实现价值提升。金融资产管理公司根据不良资产的特点采用不同的经营模式，主要包括传统类不良资产经营模式和附重组条件类不良资产经营模式两类。按收购不良资产来源分类，主要包括金融类不良资产业务和非金融类不良资产业务。

1. 金融类不良资产经营模式

金融类不良资产是指处于不良状态的资产。金融类不良资产，除银行不良资产外，还包含证券、保险、信托等非银行金融机构形成的不良资产。对于金融类不良资产，金融资产管理公司一般采取对账面原值打折收购并择机进行处置以回收现金这一传统的不良资产经营模式，主要包括收购、管理及处置三个环节。其中，估值定价是收购环节的核心。

知识加油站

根据《不良金融资产处置尽职指引》，对债权进行重组的，包括以物抵债、修改债务条款、资产置换等方式或其组合。

2. 非金融类不良资产经营模式

非金融类不良资产从资产形态来讲，主要包括债权、股权、实物资产。实践中以债权类不良资产为主，通常包括因提供商品、劳务形成的材料款、工程款，企业间形成的往来款以及其他应收款等。

3. 不良资产业务范围的扩展

近年来，金融资产管理公司在做好金融类不良资产业务的基础上，逐步探索开展非金融类不良资产业务，部分不良资产业务的外延有所扩展，如部分金融资产管理公司积极参与收购违约债券和资产管理产品、国企改革主辅分离、参与地方融资平台债务风险化解等新产品、新业务。

4.不良资产业务的作用及效果

金融不良资产业务的作用及效果表现为以下两个方面：

（1）非金融类不良资产业务对实体经济复苏和产业结构调整发挥流动性弥补作用。

（2）金融不良资产业务在防范与化解金融风险方面发挥了不可替代的作用。

💡 真题精练

【例2·判断题】金融类不良资产是指银行不良资产。（　　）

A. 正确　　　　　　　　　　　　B. 错误

B　金融类不良资产,除银行不良资产外,还包含证券、保险、信托等非银行金融机构形成的不良资产。

二、投资业务 ★

1.不良资产相关投资业务

（1）含义。与不良资产相关的投资业务主要包括在处置不良资产过程中获取的股权、不良资产追加投资及银行业监督管理机构规定或认可的其他形式投资业务。处置不良资产过程中获取的股权业务,主要包括**不良债权转股权、主动实施的以股抵债、司法裁定的被动以股抵债**等方式。

（2）监管要求。

①关于处置不良资产过程中获取的股权。金融资产管理公司在处置不良资产时,可通过置换、以股抵债等方式获取股权,最典型的即市场化债转股业务。

②关于不良资产追加投资业务。总体来说,金融资产管理公司应当审慎开展追加投资业务,并确保追加投资用于项目建设或企业恢复正常生产经营。

③关于通过投资特殊目的实体(简称SPV),开展不良资产业务。

2.财务性投资业务

（1）含义。按照监管部门要求,金融资产管理公司的财务性投资业务主要包括**财务性股权投资和其他财务性投资业务**。

（2）监管要求。金融资产管理公司开展财务性股权投资的对象仅限于金融机构,不得投资非金融企业股权(与不良资产相关业务除外)。

💡 真题精练

【例3·单项选择题】金融资产管理公司在处置不良资产时,可通过置换、以股抵债等方式获取股权,最典型的是(　　)业务。

A. 主动实施的以股抵债　　　　　　B. 市场化债转股

C. 司法裁定的被动以股抵债　　　　D. 不良资产追加投资

B　金融资产管理公司在处置不良资产时,可通过置换、以股抵债等方式获取股权,最典型的即市场化债转股业务。

三、中间业务 ★

1.概述

金融资产管理公司中间业务是指代理客户办理委托事项而收取手续费的业务,金融资产管理公司不需动用自己的资金,依托不良资产业务牌照、技术、机构、信誉和人才等优势,以中间人的身份代理客户承办的委托事项,提供各种金融服务并据以收取手续费。

2.托管清算

(1)托管。为清理企业债权债务,论证其重组重整的可能性,对其采取由第三方托管的方式,主要包括:**整体托管、部分委托、行政托管**。

(2)清算。清算包括股东清算、行政清算和司法清算三类。

(3)行政清理。

(4)托管清算。

(5)停业整顿。

> ⏱ **要点点拨**
>
> 目前市场上参与托管清算的受托机构较多,主要有四类:第一类是同业从业机构;第二类是专业中介机构;第三类是特定金融机构;第四类是法院指定的破产清算组。

3.受托代理

受托代理是指金融资产管理公司接受委托方的委托,按双方约定,代理委托方对其资产进行管理和处置的业务。受托代理业务是一种**无负债、低风险、收益相对固定**的中间业务。

4.财务顾问

财务顾问业务可按服务期间和服务内容分为**专项财务顾问**和**常年财务顾问**两种服务方式。

第三节　金融资产管理公司监管

一、业务监管 ★★

1.政策性不良资产处置阶段的业务监管

政策性不良资产处置阶段,国务院银行业监督管理机构依据相关法律、行政法规、部门规章和规范性文件,对金融资产管理公司不良资产收购、管理和处置等业务进行的监管,重视合规风险,防范道德风险和操作风险。

2.商业化改革转型阶段的业务监管

表17-1　业务监管的要点

要点	内容
监管法规制度方面	(1)内部控制方面:总体原则是"评处分离、审处分离、集体审查、分级批准,上报备案"。 (2)资产处置方面。 金融资产管理公司转让资产原则上应采取公开竞价方式,包括但不限于招投标、拍卖、要约邀请公开竞价、公开询价等方式。 以要约邀请公开竞价、公开询价等方式处置时,至少要有两人以上参加竞价,当只有一人竞价时,需按照公告程序补登公告,公告7个工作日后,如确定没有新的竞价者参加竞价才能成交。 对债权类资产处置有三种方式。 对债权类资产进行追偿的,包括**直接催收、诉讼(仲裁)追偿、委托第三方追偿、破产清偿**等方式;对债权进行重组的,包括**以物抵债、修改债务条款、资产置换**等方式或其组合;对不良金融资产进行转让的,包括**拍卖、竞标、竞价转让和协议转让**等方式
非现场监管方面	国务院银行业监督管理机构分别于2016年2月和5月发布了修订后的《金融资产管理公司非现场监管报表指标体系》和《中国银监会办公厅关于金融资产管理公司综合信息报送有关事项的通知》。 新的报表指标体系包括39张报表,26个监管指标,其中,监控类指标10个,监测类指标16个,取消了指导类指标

表 17-1（续）

要点	内容
现场检查方面	坚持监管部门外部检查与机构自查自纠有机结合，以外部检查推动金融资产管理公司提高自身风险管控能力
市场准入方面	具体来说，包括但不限于金融资产管理公司分公司的设立，投资设立、参股、收购境内外法人金融机构，发行金融债券，资产证券化业务和衍生产品交易资格，其他新业务的开办，董事和高级管理人员任职资格等

3. 新时期全面加强金融监管

《关于引导金融资产管理公司聚焦主业积极参与中小金融机构改革化险的指导意见》规定，相关金融机构可以将下列风险资产转让给资产管理公司：涉及债委会项目；债务人已进入破产程序；本金或利息等权益已逾期 90 天以上；债务人在公开市场发债已出现违约；因疫情影响延期还本付息后再次出现逾期的资产或相关抵债资产。

💡 **真题精练**

【例 4 · 单项选择题】金融资产管理公司转让资产原则上应采取公开竞价方式，以要约邀请公开竞价、公开询价等方式处置时，至少要有（   ）人以上参加竞价。

A. 1　　　　　　　　　　　　　B. 3
C. 2　　　　　　　　　　　　　D. 4

C　金融资产管理公司转让资产原则上应采取公开竞价方式，包括但不限于招投标、拍卖、要约邀请公开竞价、公开询价等方式。以要约邀请公开竞价、公开询价等方式处置时，至少要有两人以上参加竞价，当只有一人竞价时，需按照公告程序补登公告，公告 7 个工作日后，如确定没有新的竞价者参加竞价才能成交。

二、资本监管 ★★

资本监管的主要内容包括：

（1）设定适宜的资本监管标准。在集团层面，未使用合并资本充足率作为监管指标，而代之以集团超额资本，要求集团超额资本不得低于 0。在法人层面，与商业银行基本保持一致，集团母公司总资本包括核心一级资本、其他一级资本和二级资本（不再区分为核心资本和附属资本），各级资本充足率最低监管要求分别为：核心一级资本充足率不得低于 9%，一级资本充足率不得低于 10%，资本充足率不得低于 12.5%。

（2）明确提出第二支柱附加资本要求。《金融资产管理公司资本管理办法（试行）》第六十八条规定，除已明确提出的最低资本要求外，国务院银行业监督管理机构有权根据日常监管和现场检查情况提出更审慎的附加资本要求，即集团母公司资本充足率要求将高于 12.5%，集团超额资本要求不得低于 0，并列举了可以提高资本监管要求的具体情形。

（3）按照"相对集中，突出主业"的原则，设定差异化的信用风险加权资产风险权重，引导金融资产管理公司调整优化业务布局和结构。

（4）将非金融子公司纳入集团资本监管范围，消除监管套利空间。

三、风险监管 ★★

1. 集团战略风险

集团母公司及各附属法人机构应关注集团关键资源能力、集团文化、协同和考核机制能否支持业务发展战略。

2. 集团集中度风险

集团集中度风险是指单个风险暴露或风险暴露组合可能带来大到足以威胁集团整体

偿付能力或财务状况,导致集团风险状况发生实质性变化的风险。

3.集团流动性风险

金融资产管理公司及其附属法人机构应建立与其业务规模、性质、复杂程度和经营范围相适应的流动性风险管理体系,从而维持足以覆盖其所承担或可能承担的流动性风险性质及水平的资金需求。

4.集团声誉风险

集团声誉风险主要涉及因市场人士知悉,或是媒体报道确实与集团经营活动相关的风险事项,或是不实谣言,以及恶意诽谤而使得集团商誉受损而致的有形或无形损失。

四、并表监管(集团监管)　★★

1.公司治理

从金融集团公司治理的特殊性角度出发,提出集团统一平衡机制、集团组织管理结构适当性、集团母公司在集团管理中的适当性、内部利益冲突管理以及内部控制、风险管理等核心要素。

金融资产管理公司可以根据自身特点自主设定其职能部门、集团层级、业务条线、区域单位等组织结构,但必须满足基本的审慎监管要求。

集团母公司有责任确保附属法人机构依法合规经营,其管控权主要通过公司章程确定的合理程序来实施,主要基础是业务流程而非法人实体,重心在于战略、财务、人事、资金等方面。

集团母公司的董事和高级管理人员应具备同集团运营复杂的组织和业务结构相匹配的任职资格。集团母公司的董事、高级管理人员以及负责内控、风险管理等关键职位的人员原则上不能兼任。

2.集团内部交易

金融资产管理公司集团内部交易应遵循诚信、公允、审慎、透明的原则,确保内部交易的必要性、合理性、合规性。

金融资产管理公司的内部交易不得存在以下行为:在集团母公司层面,不得利用其控股地位损害附属法人机构、附属法人机构的其他股东和客户的合法权益;禁止通过内部交易产生监管套利,对集团稳健经营造成负面影响。

3.特殊目的实体管理

特殊目的实体是指为特殊目的而建立的法人和其他经济组织。金融资产管理公司应对特殊目的实体加强管理,在特殊目的实体从事各项业务时,有效识别、计量、监测和控制相关风险。

4.信息资源管理

信息资源管理主要包括金融资产管理公司集团数据管理、信息科技治理、信息系统建设和信息安全管理四个方面。

🔎 真题精练

【例5·多项选择题】金融资产管理公司集团内部交易应遵循(　　　　)的原则,确保内部交易的必要性、合理性、合规性。

A.诚信　　　　　　　　　　B.公允

C.公正　　　　　　　　　　D.审慎

E.透明

A B D E　金融资产管理公司集团内部交易应遵循诚信、公允、审慎、透明的原则,确保内部交易的必要性、合理性、合规性。

第四节　金融资产投资公司业务与监管

一、业务范围 ★★

表 17-2　业务范围

要点	内容
与主业相关的资产类业务	包括典型的"债转股业务"——即收购银行对企业的债权并转为股权，以及非典型的"股换债业务"——即先投资企业的股权，再以股权投资资金偿还债权
负债业务	为获取开展债转股业务的相关资金，除自有资金外，金融资产投资公司可通过发行金融债券、债券回购、同业拆借、同业借款等方式融入资金
资产管理业务	金融资产投资公司可依法依规面向合格投资者募集资金，发行私募资产管理产品支持实施债转股
固定收益类证券投资业务	根据资金来源不同，自营资金可以开展存放同业、拆放同业、购买国债或其他固定收益类证券等业务，原则上不得开展与债转股主业无关的其他投资，包括长期股权投资、阶段性股权投资、其他非标投资等；募集资金的使用应当符合资金募集约定用途，原则上应当用于债转股业务
中间业务及其他	该类业务属于表外的中间类业务，金融资产投资公司以收取中间业务费用的方式获利，一般不涉及风险承担问题

二、经营规则 ★★

（1）突出主业规则。

（2）资金来源限定。金融资产投资公司可以充分利用各种市场化方式和渠道筹集资金，但需遵守以下规则：发行私募资产管理产品的对象需为合格投资者；发行私募股权投资基金需通过设立附属机构，并向基金业协会申请成为私募股权投资基金管理人；发行金融债券募集的资金应当主要用于流动性管理和收购银行债权；使用银行理财资金需确保资产洁净转让和真实出售，并依法依规用于交叉实施债转股。

（3）风险隔离机制。金融资产投资公司在开展债转股业务过程中，既要防范业务经营中的固有风险，也要防范道德风险。

（4）规范行使股东权利。金融资产投资公司开展债转股业务，既要切实降低企业杠杆率，还需以此为契机，推动深化企业改革，完善债转股企业公司治理结构，强化激励约束机制，提升管理水平和创新能力，为转股企业长期持续健康发展奠定基础。

（5）风险管理要求。参考金融资产管理公司债转股业务方面的经验，《金融资产投资公司管理办法（试行）》对公司治理结构、风险管理框架、资本管理、信用风险、流动性风险、操作风险管理等方面提出了具体监管要求。

🔵要点点拨

债转股投资计划可以投资单笔市场化债转股资产，也可以采用资产组合方式进行投资。在资产组合投资中，市场化债转股资产原则上不低于债转股投资计划净资产的60%。债转股投资计划可以投资的其他资产包括合同约定的存款（包括大额存单）、标准化债权类资产等。关于资产管理产品的分类，债转股投资计划原则上应当为权益类产品或混合类产品，权益类产品的分级比例不得超过1:1，混合类产品的分级比例不得超过2:1。

↓ 码上看总结 ↓

章节自测

一、单项选择题（在以下各小题所给出的四个选项中,只有一个选项符合题目要求,请将正确选项的代码填入括号内）

1. 随着金融资产管理公司商业化改革转型的逐步推进,其功能定位的内涵也在不断扩展,其具体表现不包括( )。
   A. 各类存量资产的盘活者　　　　　　B. 多元化金融服务的实践者
   C. 不良资产管理和处置市场的培育者　D. 金融业务创新的开拓者

2. 金融资产管理公司集团的母公司主要经营不良资产业务、投资业务和中间业务等,其中,( )是金融资产管理公司的传统业务和核心业务。
   A. 投资业务　　　　　　　　　　　　B. 不良资产业务
   C. 中间业务　　　　　　　　　　　　D. 贷款业务

3. 不良资产经营中,收购环节的核心是( )。
   A. 估值定价　　　　　　　　　　　　B. 分类管理
   C. 价值提升　　　　　　　　　　　　D. 以股抵债

4. 《关于引导金融资产管理公司聚焦主业积极参与中小金融机构改革化险的指导意见》规定,本金或利息等权益已逾期( )天以上的,相关金融机构可以其转让给资产管理公司。
   A. 60　　　　　　　　　　　　　　　B. 90
   C. 30　　　　　　　　　　　　　　　D. 120

5. 在法人层面,金融资产管理集团母公司核心一级资本充足率不得低于( )。
   A. 9%　　　　　　　　　　　　　　　B. 10%
   C. 12%　　　　　　　　　　　　　　D. 12.5%

二、多项选择题（在以下各小题所给出的选项中,至少有两个选项符合题目要求,请将正确选项的代码填入括号内）

1. 非金融类不良资产从资产形态来讲,主要包括( )。
   A. 实物　　　　　　　　　　　　　　B. 债权
   C. 股权　　　　　　　　　　　　　　D. 期权
   E. 期货

2. 金融资产管理公司在处置不良资产过程中获取的股权业务,主要包括( )等方式。
   A. 损失债权转股权　　　　　　　　　B. 不良债权转股权
   C. 主动实施的以股抵债　　　　　　　D. 司法裁定的被动以股抵债
   E. 追加投资

3. 金融资产管理公司的清算包括( )。
   A. 行政清算　　　　　　　　　　　　B. 股东清算
   C. 司法清算　　　　　　　　　　　　D. 债权人清算
   E. 第三方机构清算

4. 金融资产管理公司商业化改革转型阶段的业务监管内部控制方面的总体原则有（　　）。

  A. 审处分离   B. 评处分离

  C. 集体审查   D. 分级批准

  E. 上报备案

三、判断题（请判断以下各小题的正误，正确的选 A，错误的选 B）

1. 金融资产投资公司以收取中间业务费用的方式获利，一般还涉及风险承担问题。（　　）

  A. 正确   B. 错误

2. 财务顾问业务可按服务期间和服务内容分为专项财务顾问和全面财务顾问两种服务方式。（　　）

  A. 正确   B. 错误

📋 答案详解

一、单项选择题

1. D。【解析】随着金融资产管理公司商业化改革转型的逐步推进，其功能定位的内涵也在不断扩展，具体表现为：（1）不良资产管理和处置市场的培育者。（2）各类存量资产的盘活者。（3）多元化金融服务的实践者。

2. B。【解析】金融资产管理公司集团的母公司主要经营不良资产业务、投资业务和中间业务等，其中，不良资产业务是金融资产管理公司的传统业务和核心业务。

3. A。【解析】估值定价是收购环节的核心。

4. B。【解析】《关于引导金融资产管理公司聚焦主业积极参与中小金融机构改革化险的指导意见》规定，相关金融机构可以将下列风险资产转让给资产管理公司：涉及债委会项目；债务人已进入破产程序；本金或利息等权益已逾期 90 天以上；债务人在公开市场发债已出现违约；因疫情影响延期还本付息后再次出现逾期的资产或相关抵债资产。

5. A。【解析】在法人层面，资本监管标准与商业银行基本保持一致，金融资产管理集团母公司总资本包括核心一级资本、其他一级资本和二级资本（不再区分为核心资本和附属资本），其中，核心一级资本充足率不得低于 9%。

二、多项选择题

1. ABC。【解析】非金融类不良资产从资产形态来讲，主要包括债权、股权、实物资产。

2. BCD。【解析】金融资产管理公司在处置不良资产过程中获取的股权业务，主要包括不良债权转股权、主动实施的以股抵债、司法裁定的被动以股抵债等方式。

3. ABC。【解析】清算包括股东清算、行政清算和司法清算三类。

4. ABCDE。【解析】内部控制方面的总体原则是"评处分离、审处分离、集体审查、分级批准，上报备案"。

三、判断题

1. B。【解析】中间业务及其他业务属于表外的中间类业务，金融资产投资公司以收取中间业务费用的方式获利，一般不涉及风险承担问题。

2. B。【解析】财务顾问业务可按服务期间和服务内容分为专项财务顾问和常年财务顾问两种服务方式。

第十八章
信托公司业务与监管

⊕ 考情直击

　　本章的主要内容是信托概述、信托公司经营与管理、信托监管等。分析近几年的考试情况,本章的常考点有信托的定义和基本分类、信托财产管理运用或处分的方式、内部控制与风险管理、市场准入与监管评级、风险监管等。

📖 考纲要求

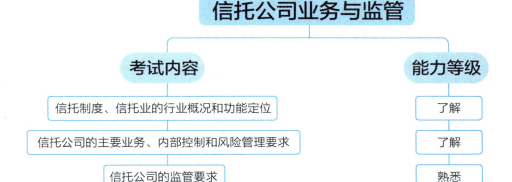

考试内容	能力等级
信托制度、信托业的行业概况和功能定位	了解
信托公司的主要业务、内部控制和风险管理要求	了解
信托公司的监管要求	熟悉

📚 知识解读

第一节　　概　　述

一、信托基础 ★

1.信托的定义

　　信托是指委托人基于对受托人的信任,将其财产权委托给受托人,由受托人按委托人的意愿以自己的名义,为受益人的利益或者特定目的,进行管理或者处分的行为。因此,信托的设立至少包括信托当事人、信托财产、信托目的和信托行为四个构成要素。

　　(1)信托当事人。**信托当事人至少包括委托人、受托人和受益人三方,从而区别于只有两方当事人的合同关系。**

　　(2)信托财产。信托的设立是以具有确定的信托财产为前提的。

　　(3)信托目的。《中华人民共和国信托法》要求信托目的具有合法性,只能在法律许可的范围内管理运用财产,不允许利用信托去实现非法的目的。

　　(4)信托行为。形成信托关系应当有信托文件,即**设立信托应当采取书面形式**。《中华人民共和国信托法》允许以合同、遗嘱和其他法定书面方式设立信托。

2. 信托的基本分类

（1）根据信托目的的性质不同，可以分为私益信托和公益信托。

（2）根据受托人是否为营业性信托机构，可以将信托区分为民事信托和营业信托。

（3）根据信托的设立是否需要委托人的意思表示，可以将信托区分为意定信托和非意定信托。

二、信托行业概况 ★

信托公司要回归主业，向直接金融、资产管理等收费型业务转型。引导和支持信托公司在风险可控的前提下，广泛探索、推进创新实践，实现差异化经营、特色化发展。其具体内容如下：

（1）探索混合所有制改革，研究符合条件的信托公司上市与并购重组，优化股权结构和激励约束机制，完善现代企业制度。

（2）推动信托公司逐步改造信贷类、通道类业务模式，研究推出债权型信托直接融资工具。

（3）支持开展资产证券化和企业并购重组业务，有效盘活存量资金，为产业升级改造提供资金支持。

（4）积极探索信托公司融入"互联网＋"时代的路径和方式，研究建立大数据平台，优化风控手段和产品结构。

📖 知识加油站

根据《信托公司治理指引》，信托公司的薪酬分配制度应获得董事会的批准。董事会应当向股东（大）会就公司高级管理人员履行职责的情况、绩效评价情况、薪酬情况做出专项说明。

💡 真题精练

【例1·多项选择题】根据信托目的的性质不同，信托可以分为（　　）。

A. 私益信托　　　　　　　　B. 公益信托
C. 意定信托　　　　　　　　D. 非意定信托
E. 民事信托

A B　　根据信托目的的性质不同，信托可以分为私益信托和公益信托。

第二节　信托公司经营与管理

一、固有业务 ★

信托公司运用资本金开展的业务称为固有业务。

信托公司固有业务项下可以开展存放同业、拆放同业、贷款、租赁、投资等业务。投资业务限定为金融类公司股权投资、金融产品投资和自用固定资产投资。信托公司不得以固有财产进行实业投资，但银行业监督管理机构另有规定的除外。信托公司可以开展对外担保业务，但对外担保余额不得超过其净资产的50%。信托公司不得开展除同业拆入业务以外的其他负债业务，且同业拆入余额不得超过其净资产的20%，银行业监督管理机构另有规定的除外。

二、信托业务 ★

1. 信托业务概述

表 18-1　信托业务的要点

要点	内容
分类	《关于规范信托公司信托业务分类的通知》要求信托公司以信托目的、信托成立方式、信托财产管理内容为分类维度，将信托业务分为资产服务信托、资产管理信托、公益慈善信托三大类共 25 个业务品种
信托财产管理运用或处分的方式	信托公司管理运用或处分信托财产时，可以依照信托文件的约定，采取投资、出售、存放同业、买入返售、租赁、贷款等方式进行。信托公司不得以卖出回购方式管理运用信托财产。 信托公司应当亲自处理信托事务。信托文件另有约定或有不得已事由时，可委托他人代为处理，但信托公司应尽足够的监督义务，并对他人处理信托事务的行为承担责任
信托公司开展信托业务，不得有的行为	(1) 将信托财产挪用于非信托目的的用途。 (2) 利用受托人地位谋取不当利益。 (3) 以信托财产提供担保。 (4) 承诺信托财产不受损失或者保证最低收益。 (5) 法律法规和银行业监督管理机构禁止的其他行为
集合资金信托计划	由信托公司担任受托人，按照委托人意愿，为了受益人的利益，将两个以上 (含两个) 委托人交付的资金进行集中管理、运用或处分的资金信托业务活动称为集合资金信托计划 (以下简称信托计划)
信托公司设立信托计划，应当符合的要求	(1) 委托人为合格投资者。 (2) 参与信托计划的委托人为唯一受益人。 (3) 信托期限不少于 1 年。 (4) 信托资金有明确的投资方向和投资策略，且符合国家产业政策以及其他有关规定。 (5) 单个信托计划的自然人人数不得超过 50 人，但单笔委托金额在 300 万元以上的自然人投资者和合格的机构投资者数量不受限制。 (6) 信托受益权划分为等额份额的信托单位。 (7) 信托合同应约定受托人报酬，除合理报酬外，信托公司不得以任何名义直接或间接以信托财产为自己或他人牟利。 (8) 银行业监督管理机构规定的其他要求

💡 真题精练

【例 2 · 单项选择题】信托公司不得以（　　）方式管理运用信托财产。

A. 投资　　　　　　　　　　　B. 卖出回购

C. 买入返售　　　　　　　　　D. 贷款

B　信托公司管理运用或处分信托财产时，可以依照信托文件的约定，采取投资、出售、存放同业、买入返售、租赁、贷款等方式进行。信托公司不得以卖出回购方式管理运用信托财产。

2.目前主流信托业务

（1）基础设施信托业务。目前基础设施信托业务主要有以下四种业务模式：一是**基础设施贷款信托模式**；二是**基础设施股权投资信托模式**；三是**基础设施财产权信托模式**；四是**基础设施产业基金模式**。

（2）房地产信托业务。目前，房地产信托业务主要有以下四种业务模式：一是房地产债权融资信托模式；二是房地产权益投资信托模式；三是基金化房地产信托模式；四是房地产投资信托基金（REITs）。根据投资业务的不同，REITs主要分为抵押型、权益型和混合型三种类型，具有专业化管理、组合投资、风险分散、流动性强的特点。

（3）证券投资信托业务。目前，证券投资信托业务的投资范围主要包括国内证券交易所挂牌交易的A股股票、封闭式证券投资基金、开放式证券投资基金（含ETF和LOF）、企业债、可转换公司债券（含分离式可转债申购）、国债、1天和7天国债逆回购、银行存款以及中国证监会核准发行的基金可以投资的其他投资品种。

证券投资信托业务可采取以下投资方式：**一级市场申购，包括网上/网下申购、以战略投资者身份参与配售等；二级市场交易**。

（4）银信类业务。银信类业务是指商业银行作为委托人，将表内外资金或资产（收益权）委托给信托公司，投资或设立资金信托或财产权信托，由信托公司按照信托文件的约定进行管理、运用和处分的行为。

（5）资产证券化业务。我国目前的资产证券化主要有三种类型：银行业监督管理机构、人民银行主管的信贷资产证券化，证监会主管的企业资产证券化，银行间市场交易商协会主导的资产支持票据。

（6）慈善信托业务。慈善信托属于公益信托，是指委托人基于慈善目的，依法将其财产委托给受托人，由受托人按照委托人意愿以受托人名义进行管理和处分，开展慈善活动的行为。

（7）风险处置类信托。风险处置受托服务信托，是指信托公司作为受托人，接受面临债务危机、处于重组或破产过程中的企业（困境企业）或其他利益相关方委托，为提高风险处置效率而设立的信托。根据困境企业的风险处置方式，即困境企业是否已经进入司法破产重整程序，风险处置受托服务信托分为企业市场化重组受托服务信托和企业破产受托服务信托。

🔵 要点点拨

信托公司所开展的证券投资信托业务模式，目前主要有以下三种：一是阳光私募证券投资信托产品；二是结构化证券投资信托产品；三是TOT（信托中的信托）产品。

💡 真题精练

【例3·多项选择题】根据投资业务的不同，REITs主要分为抵押型、权益型和混合型三种类型，具有（　　）的特点。

A.组合投资　　　　　　　　B.风险分散

C.流动性强　　　　　　　　D.保障安全

E.专业化管理

ABCE　根据投资业务的不同，REITs主要分为抵押型、权益型和混合型三种类型，具有专业化管理、组合投资、风险分散、流动性强的特点。

真题精练

【例4·判断题】资产证券化业务是指商业银行作为委托人,将表内外资金或资产(收益权)委托给信托公司,投资或设立资金信托或财产权信托,由信托公司按照信托文件的约定进行管理、运用和处分的行为。(　　　)

A. 正确　　　　　　　　　　B. 错误

B　银信类业务是指商业银行作为委托人,将表内外资金或资产(收益权)委托给信托公司,投资或设立资金信托或财产权信托,由信托公司按照信托文件的约定进行管理、运用和处分的行为。

三、内部控制与风险管理　★

1. 公司治理

信托公司治理即通过股东会、董事会、监事会、经理层所构成的组织结构及其相互间的监督制衡关系以及以内部治理为基础的外部机制实施共同治理,达到实现受益人利益最大化,从而保证公司决策的科学化,最终维护各相关方的利益。

信托公司治理应当遵循以下原则:一是受益人利益最大化原则;二是治理组织完备原则;三是治理制度完备原则;四是全面风险管理原则;五是优化治理结构原则;六是合规管理原则。

信托公司股东不得有下列行为:要求信托公司为其提供担保;利用股东地位牟取不当利益;与信托公司违规开展关联交易;要求信托公司作出最低回报或分红承诺;虚假出资、出资不实、抽逃出资或变相抽逃出资;直接或间接干涉信托公司的日常经营管理;挪用信托公司固有财产或信托财产;通过股权托管、信托文件、秘密协议等形式处分其出资;损害信托公司、其他股东和受益人合法权益的其他行为。

2. 内部控制要求

(1)自营业务和信托业务必须相互分离。

(2)按照职责分离的原则设立相应的工作岗位。

(3)公司固有财产应当与信托财产分开管理,分别核算;对公司管理的每项信托业务,应分别核算。

(4)分别建立自营业务和信托业务的授权体系。

(5)建立业务的风险责任制和尽职问责制。

(6)设立相对独立的内部稽核监督部门,对公司所有业务每半年至少进行一次稽核,对公司自营业务和信托业务分离情况按季进行稽核,对终止或结束的业务要在一个月内进行稽核,对业务开展过程中发现的问题要随时进行稽核,并将稽核情况按季向董事会报告一次,并每半年向监管部门报告一次内部稽核情况。

3. 信托公司风险管理体系

信托公司的风险管理体系和模式的特征:

(1)区分固有业务和信托业务,实施不同的风险管理策略。

(2)信托产品的风险收益与投资者风险偏好要匹配。

(3)风险揭示和信息披露。

第三节　信托监管

一、市场准入与监管评级　★★

1.市场准入

境内非金融机构作为信托公司出资人,应当具备以下条件:依法设立,具有法人资格;具有良好的社会声誉、诚信记录和纳税记录;经营管理良好,最近 2 年内无重大违法违规经营记录;具有良好的公司治理结构或有效的组织管理方式;财务状况良好,且最近 2 个会计年度连续盈利;最近 1 个会计年度末净资产不低于资产总额的 30%;单个出资人及其关联方投资入股信托公司不得超过 2 家,其中绝对控股不得超过 1 家;入股资金为自有资金,不得以委托资金、债务资金等非自有资金入股;承诺 5 年内不转让所持有的信托公司股权(银行业监督管理机构依法责令转让的除外)、不将所持有的信托公司股权进行质押或设立信托,并在拟设公司章程中载明;银行业监督管理机构规章规定的其他审慎性条件。

信托公司申请投资设立、参股、收购境外机构,应当符合以下条件:具有良好的公司治理结构,内部控制健全有效,业务条线管理和风险管控能力与境外业务发展相适应;具有清晰的海外发展战略;具有良好的并表管理能力;符合审慎监管指标要求;权益性投资余额原则上不超过其净资产的 50%;最近 2 个会计年度连续盈利;具备与境外经营环境相适应的专业人才队伍;最近 2 年无严重违法违规行为和因内部管理问题导致的重大案件;银行业监督管理机构规章规定的其他审慎性条件。信托公司申请投资设立、参股、收购境外机构由所在地监管局受理、审查并决定。监管局自受理之日起 6 个月内作出批准或不批准的书面决定,并抄报银行业监督管理机构。

2.监管评级

(1)监管评级的构成要素。信托公司的监管评级要素由定量和定性两部分组成,包括资本要求、资产质量、盈利能力、跨业纪律、从属关系、风险治理、投资者关系和外部评价等内容。

(2)监管评级的组织实施。信托公司的监管评级周期为一年,评价期间为上一年 1 月 1 日至 12 月 31 日,评级工作原则上应于每年 6 月底前完成。

(3)信托公司的分类监管。信托公司的监管评级结果分为创新类(A +、A −)、发展类(B +、B −)和成长类(C +、C −)三大类六个级别。其中,监管评级最终得分在 90 分(含)以上为 A +,85 分(含)至 90 分为 A −;80 分(含)至 85 分为 B +,70 分(含)至 80 分为 B −;60 分(含)至 70 分为 C +,60 分以下为 C −。

🔆 真题精练

【例 5·单项选择题】境内非金融机构作为信托公司出资人,单个出资人及其关联方投资入股信托公司不得超过(　　)家。

A. 1　　　　　　　　　　　　B. 2
C. 3　　　　　　　　　　　　D. 4

　B　境内非金融机构作为信托公司出资人,应当具备的条件之一为:单个出资人及其关联方投资入股信托公司不得超过 2 家,其中绝对控股不得超过 1 家。

二、风险监管 ★★

健全风险治理体系，完善全面风险管理框架

信托公司董事会要将风险战略纳入公司战略规划，明确风险偏好，建立与风险挂钩的薪酬制度，培育良好的风险文化，并根植于从董事会、高级管理层直至一线员工的经营管理各个环节中。

信用风险监管

(1)完善资产质量管理。
(2)提升风险处置质效。
(3)加强重点领域信用风险防控。

市场风险监管

(1)加强信托业务市场风险防控。
(2)加强固有业务市场风险防控。

拨备和资本监管

(1)足额计提拨备。
(2)加强资本管理。

操作风险监管

(1)完善操作风险防控机制。
(2)强化从业人员管理。

流动性风险监管

(1)实现流动性风险防控全覆盖。
(2)加强信托业务流动性风险监测。

跨行业、跨市场的交叉产品风险监管

(1)提高复杂信托产品透明度。
(2)建立交叉产品风险防控机制。

三、业务监管 ★★

1. 特定业务准入监管

信托公司申请调整业务范围，增加以下业务资格，应当向银行业监督管理机构提交申请：企业年金基金管理业务资格；特定目的受托机构资格；受托境外理财业务资格；股指期货交易等衍生品交易业务资格；发行金融债券、次级债券；开办其他新业务。

2. 信托产品事先报告制度

从2014年起，银行业监督管理机构对信托公司业务范围项下的具体产品实行报告制度。凡新入市的产品都必须按程序和统一要求在入市前10天逐笔向监管部门报告。

3. 信托产品推介行为监管

坚持合格投资人标准，信托公司应在产品说明书中明确，投资人不得违规汇集他人资金购买信托产品，违规者要承担相应责任及法律后果。坚持私募标准，信托公司推介集合资金信托计划不得公开宣传，不得通过手机短信等方式向不特定客户发送产品信息。准确划分投资人群，坚持把合适的产品卖给适合的对象，切实承担售卖责任。

四、信托业保障基金与信托产品登记机制 ★★

1. 信托业保障基金

具备下列情形之一的，保障基金公司可以使用保障基金：信托公司依法进入破产程

序,并进行重整的;信托公司因违法违规经营,被责令关闭、撤销的;信托公司因资不抵债,在实施恢复与处置计划后,仍需重组的;信托公司因临时资金周转困难,需要提供短期流动性支持的;需要使用保障基金的其他情形。

2.信托产品登记机制

2017 年 8 月,银行业监督管理机构印发《信托登记管理办法》,9 月 1 日,信托登记系统正式上线运行,标志着全国统一的信托产品登记制度初步建立。该办法规定,信托登记包括预登记、初始登记、变更登记、终止登记和更正登记,信托登记公司接受信托登记申请,依法办理信托登记业务。

↓ 码上看总结 ↓

✦ 章节自测

一、单项选择题(在以下各小题所给出的四个选项中,只有一个选项符合题目要求,请将正确选项的代码填入括号内)

1.信托是指委托人基于对受托人的信任,将其财产权委托给受托人,由受托人按委托人的意愿以自己的名义,为( )的利益或者特定目的,进行管理或者处分的行为。
　A.委托人　　　　　　　　　　　B.受益人
　C.受托人　　　　　　　　　　　D.受托人及受益人

2.根据信托的设立是否需要委托人的意思表示,可以将信托区分为( )。
　A.私益信托和公益信托　　　　　B.民事信托和营业信托
　C.意定信托和非意定信托　　　　D.主动管理信托和被动管理信托

3.信托公司可以开展对外担保业务,但对外担保余额不得超过其净资产的( )。
　A.50%　　　　　　　　　　　　B.60%
　C.40%　　　　　　　　　　　　D.20%

4.信托公司设立信托计划,其信托期限不少于( )。
　A.3 个月　　　　　　　　　　　B.1 年
　C.2 年　　　　　　　　　　　　D.6 个月

二、多项选择题(在以下各小题所给出的选项中,至少有两个选项符合题目要求,请将正确选项的代码填入括号内)

1.信托公司开展信托业务,禁止性行为包括( )。
　A.以信托财产提供担保　　　　　B.利用受托人地位谋取不当利益
　C.将信托财产挪用于非信托目的的用途　D.承诺信托财产不受损失
　E.承诺保证最低收益

2.我国目前的资产证券化主要有( )。
　A.银行业协会主管的信贷资产证券化
　B.证监会主管的企业资产证券化
　C.中国人民银行主管的信贷资产证券化
　D.银行业监督管理机构主管的信贷资产证券化
　E.银行间市场交易商协会主导的资产支持票据

3. 信托公司治理应当遵循( )原则。

A. 全面风险管理
B. 合规管理
C. 优化治理结构
D. 治理制度完备
E. 委托人利益最大化

4. 境内非金融机构作为信托公司出资人,应当具备的条件有( )。

A. 依法设立,具有法人资格
B. 具有良好的社会声誉、诚信记录和纳税记录
C. 经营管理良好,最近 3 年内无重大违法违规经营记录
D. 具有良好的公司治理结构或有效的组织管理方式
E. 财务状况良好,且最近 3 个会计年度连续盈利

三、判断题(请判断以下各小题的正误,正确的选 A,错误的选 B)

1. 信托公司的监管评级周期为一年,评价期间为上一年 1 月 1 日至 12 月 31 日,评级工作原则上应于每年 4 月底前完成。 ( )

A. 正确
B. 错误

2. 2017 年 8 月,银行业监督管理机构印发《信托登记管理办法》,9 月 1 日,信托登记系统正式上线运行,标志着全国统一的信托产品登记制度初步建立。 ( )

A. 正确
B. 错误

📖 答案详解

一、单项选择题

1. B。【解析】信托是指委托人基于对受托人的信任,将其财产权委托给受托人,由受托人按委托人的意愿以自己的名义,为受益人的利益或者特定目的,进行管理或者处分的行为。

2. C。【解析】根据信托的设立是否需要委托人的意思表示,可以将信托区分为意定信托和非意定信托。

3. A。【解析】信托公司可以开展对外担保业务,但对外担保余额不得超过其净资产的 50%。

4. B。【解析】信托公司设立信托计划,应当符合的要求之一为:信托期限不少于 1 年。

二、多项选择题

1. ABCDE。【解析】信托公司开展信托业务,不得有下列行为:(1)将信托财产挪用于非信托目的的用途。(2)利用受托人地位谋取不当利益。(3)以信托财产提供担保。(4)承诺信托财产不受损失或者保证最低收益。(5)法律法规和银行业监督管理机构禁止的其他行为。

2. BCDE。【解析】我国目前的资产证券化主要有三种类型:银行业监督管理机构、人民银行主管的信贷资产证券化,证监会主管的企业资产证券化,银行间市场交易商协会主导的资产支持票据。

3. ABCD。【解析】信托公司治理应当遵循以下原则:一是受益人利益最大化原则。二是治理组织完备原则。三是治理制度完备原则。四是全面风险管理原则。五是优化治理结构原则。六是合规管理原则。

4. ABD。【解析】C 项应为:经营管理良好,最近 2 年内无重大违法违规经营记录。E 项应为:财务状况良好,且最近 2 个会计年度连续盈利。

三、判断题

1. B。【解析】信托公司的监管评级周期为一年,评价期间为上一年 1 月 1 日至 12 月 31 日,评级工作原则上应于每年 6 月底前完成。

2. A。【解析】2017 年 8 月,银行业监督管理机构印发《信托登记管理办法》,9 月 1 日,信托登记系统正式上线运行,标志着全国统一的信托产品登记制度初步建立。

第十九章
企业集团财务公司业务与监管

⊕ 考情直击

本章的主要内容是企业集团财务公司概述、企业集团财务公司经营与管理、企业集团财务公司监管等。分析近几年的考试情况,本章的常考点有企业集团财务公司功能定位、企业集团财务公司的主要业务、财务公司内部控制的基本原则、市场准入等。

📖 考纲要求

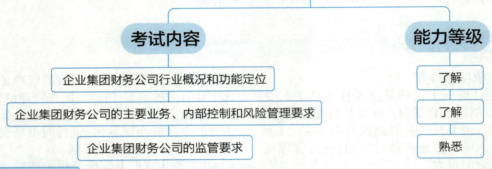

考试内容	能力等级
企业集团财务公司行业概况和功能定位	了解
企业集团财务公司的主要业务、内部控制和风险管理要求	了解
企业集团财务公司的监管要求	熟悉

📚 知识解读

第一节　概　述

一、企业集团财务公司行业概况 ★

1987年5月,中国人民银行批准设立东风汽车工业财务公司(后更名为东风汽车财务有限公司),标志着财务公司在中国诞生。

二、企业集团财务公司功能定位 ★

财务公司的基本定位包括以下三个方面:

(1)紧紧围绕成员单位业务和产品,促进成员单位业务的拓展和产品的销售。

(2)通过作为内部银行的金融机构地位,提高企业集团内部资金融通的效率,最大程度地降低财务费用。

(3)利用自身金融机构在信息、资金等方面的优势,为成员单位提供全方位的顾问服务。

> **真题精练**
>
> 【例1·单项选择题】（　　）的设立标志着财务公司在中国的诞生。
>
> A.东风汽车工业财务公司　　　　　　B.中国中金财务公司
>
> C.东风集团投资公司　　　　　　　　D.中信财务公司
>
> --
>
> **A**　1987年5月,中国人民银行批准设立东风汽车工业财务公司,标志着财务公司在中国诞生。

第二节　企业集团财务公司经营与管理

一、主要业务 ★

《企业集团财务公司管理办法》规定,财务公司可以经营下列部分或者全部业务:办理成员单位资金结算与收付;办理成员单位贷款;办理成员单位票据贴现;提供成员单位委托贷款、债券承销、非融资性保函、财务顾问、信用鉴证及咨询代理业务;吸收成员单位的存款。

符合条件的财务公司,可以向银行业监督管理机构及其派出机构申请经营下列本外币业务:办理成员单位票据承兑;办理成员单位产品买方信贷和消费信贷;从事固定收益类有价证券投资;从事同业拆借;从事套期保值类衍生产品交易;银行业监督管理机构批准的其他业务。

二、资产类业务 ★

（1）**对成员单位办理贷款**。对成员单位办理贷款是指财务公司按一定利率和必须归还等条件向成员单位出借贷款资金的一种信用活动形式。财务公司可以向成员单位开展全部种类本外币的贷款业务。

（2）**办理成员单位产品的消费信贷业务**。财务公司办理成员单位产品的消费信贷业务是财务公司向消费者发放的以消费成员单位产品为目的的贷款。

（3）**办理成员单位产品的买方信贷**。买方信贷是指成员单位与买方企业（经销商）签订购销合同后,应买方申请及成员单位的推荐,由财务公司向购买成员单位产品的买方提供贷款,仅用于购买成员单位产品的信贷业务。

（4）**同业资产业务**。财务公司的同业资产业务主要包括以下两种:

①财务公司同业拆出,是指财务公司与经中国人民银行批准进入全国银行间同业拆借市场的金融机构之间,通过全国统一的同业拆借网络进行的无担保资金融通行为。

②买入返售,是指两家金融机构之间按照协议约定先买入金融资产,再按约定价格于到期日将该项金融资产返售的资金融通行为。买入返售业务项下的金融资产应当为银行承兑汇票、债券、央行票据等在银行间市场、证券交易所市场交易的具有合理公允价值和较高流动性的金融资产。

（5）**投资业务**。投资业务是财务公司资产业务的一部分,是财务公司主业的延伸和派生,可投资标的为固定收益类有价证券。

三、负债类业务 ★

（1）**吸收成员单位存款**。吸收成员单位存款是财务公司主要负债,也是财务公司货币资金主要来源之一。其品种包括单位活期存款、单位定期存款、单位通知存款和单位协定存款。

（2）**同业负债业务**。

①卖出回购。卖出回购业务项下的金融资产应当为银行承兑汇票、债券、央行票据等在银行间市场、证券交易所市场交易的具有合理公允价值和较高流动性的金融资产。

②同业拆入。财务公司拆入资金的最长期限为 7 天，最高拆入限额和最高拆出限额均不得超过实收资本的 100%。同业拆借业务是财务公司进行短期资金融通、调剂头寸和临时性资金余缺的重要工具。

四、中间业务 ★

（1）**结算业务**。外部结算业务包括代理收付款、信用证结算和托收承付结算。内部结算业务包括内部转账、委托收款和资金归集。

（2）**财务公司票据承兑业务**。财务公司票据承兑业务是指财务公司作为汇票付款人，承诺在汇票到期日支付汇票金额给收款人或持票人的票据行为。

（3）**委托贷款**。委托贷款是指财务公司作为受托人，根据委托人（成员单位 A）的委托，在委托人存放财务公司的资金额度内，向委托人指定的借款人（成员单位 B），按照委托人指定的贷款用途、期限、利率和金额等代为发放、到期协助收回贷款本息的业务。

（4）**对成员单位办理财务和融资顾问**。对成员单位办理财务和融资顾问是指财务公司根据成员单位的需求，为成员单位的投融资、资本运作、资产管理和债务管理等活动提供咨询、分析、方案设计等服务。

（5）**对成员单位提供非融资性保函**。非融资保函具体包括预付款保函、投标保函、履约保函、质量及维修保函等。

> 💡 **真题精练**
>
> 【例2·判断题】财务公司投资业务的可投资标的为混合类有价证券。（　　　）
> A. 正确　　　　　　　　　　　　B. 错误
>
> ------
>
> **B** 投资业务是财务公司资产业务的一部分，是财务公司主业的延伸和派生，可投资标的为固定收益类有价证券。

五、内部控制与风险管理 ★

1. 财务公司内部控制

（1）基本原则。财务公司内部控制的基本原则包括**有效性、独立性、制衡性、审慎性和全面性**。

（2）基本要求。财务公司应建立科学、有效的绩效评价机制，培育"诚信、业绩、创新"的经营理念和健康的内部控制文化，提高全体员工的职业操守和诚信意识，从而创造全体员工都充分了解且能履行其职责的环境。

财务公司应明确划分各机构、部门、各岗位的任务、职责和权限，建立职责分离、横向纵向相互监督制约的机制。关键岗位的人员实行定期轮岗制。

财务公司应建立完整的授权体系，包括董事会对高级管理层的授权；董事长对总经理、风险控制委员会的授权；总经理对副总经理、部门经理的授权；部门经理对工作人员的授权等。授权力求适当、明确，并采取书面形式。

2. 财务公司风险管控

（1）财务公司全面风险管理。

（2）财务公司风险管控体系。

（3）财务公司内控合规体系建设。

🛢️ 知识加油站

《企业集团财务公司管理办法》规定,财务公司的股东、董事、监事、高级管理人员等应当遵守法律法规、监管规定和公司章程,按照各司其职、各负其责、协调运转、有效制衡的原则行使权利、履行义务,维护财务公司合法权益。董事会应当下设风险管理委员会、审计委员会等专门委员会。

第三节　企业集团财务公司监管

一、市场准入　★★

1.法人机构设立

表 19-1　法人机构设立的要点

要点	内容
设立财务公司法人机构	设立财务公司法人机构应当具备下列条件: (1)有符合规定条件的出资人。 (2)有符合《中华人民共和国公司法》和监管规定的公司章程。 (3)建立了有效的公司治理、内部控制和风险管理体系。 (4)有与业务经营相适应的营业场所、安全防范措施和其他设施。 (5)注册资本为一次性实缴货币资本,最低限额为 10 亿元人民币或等值的可自由兑换货币,银行业监督管理机构根据财务公司的发展情况和审慎监管的需要,可以调整财务公司注册资本金的最低限额。 (6)财务公司从业人员中从事金融或财务工作 3 年以上的人员应当不低于总人数的 2/3、5 年以上的人员应当不低于总人数的 1/3,且至少引进 1 名具有 5 年以上银行业从业经验的高级管理人员。 (7)确属集中管理企业集团资金的需要,经合理预测能够达到一定的业务规模。 (8)建立了与业务经营和监管要求相适应的信息科技体系,具有支撑业务经营的必要、安全且合规的信息管理系统,具备保障业务持续运营的技术与措施。 (9)有符合任职资格条件的董事、高级管理人员,并且在风险管理、资金管理、信贷管理、结算等关键岗位上至少各有 1 名具有 3 年以上相关金融从业经验的人员。 (10)银行业监督管理机构规章规定的其他审慎性条件
成员单位作为财务公司出资人	成员单位作为财务公司出资人,应当具备下列条件: (1)依法设立,具有法人资格。 (2)具有良好的社会声誉、诚信记录和纳税记录。 (3)经营管理良好,最近 2 年无重大违法违规行为。 (4)具有良好的公司治理结构或有效的组织管理方式。 (5)入股资金为自有资金,不得以委托资金、债务资金等非自有资金入股。 (6)最近 1 个会计年度末净资产不低于总资产的 30%;作为财务公司控股股东的,最近 1 个会计年度末净资产不低于总资产的 40%。 (7)财务状况良好,最近 2 个会计年度连续盈利;作为财务公司控股股东的,最近 3 个会计年度连续盈利。 (8)权益性投资余额原则上不得超过本企业净资产的 50%(含本次投资金额);作为财务公司控股股东的,权益性投资余额原则上不得超过本企业净资产的 40%(含本次投资金额);国务院规定的投资公司和控股公司除外。 (9)该项投资符合国家法律法规规定。 (10)银行业监督管理机构规章规定的其他审慎性条件

真题精练

【例3·单项选择题】下列不属于设立财务公司法人机构应具备的条件的是(   )。

A. 建立了有效的公司治理、内部控制和风险管理体系

B. 注册资本为一次性实缴货币资本

C. 有符合任职资格条件的董事、高级管理人员

D. 财务公司从业人员中从事金融或财务工作3年以上的人员应当不低于总人数的1/3

D　设立财务公司法人机构,财务公司从业人员中从事金融或财务工作3年以上的人员应当不低于总人数的2/3、5年以上的人员应当不低于总人数的1/3,且至少引进1名具有5年以上银行业从业经验的高级管理人员。

2. 分支机构设立

财务公司发生合并与分立、跨省级派出机构迁址,或者所属集团被收购或重组的,根据业务需要,可申请在成员单位集中且业务量较大的地区设立分公司。

3. 市场退出

财务公司符合《中华人民共和国企业破产法》规定的破产情形的,经银行业监督管理机构同意,财务公司或其债权人可以向人民法院提出重整、和解或者破产清算申请。破产重整的财务公司,其重整后的企业集团应符合设立财务公司的行政许可条件。

要点点拨

按照监管规定,财务公司的市场退出方式包括解散、撤销、接管、重组、破产等。

二、监管指标 ★★

财务公司经营业务,应当遵守以下监管指标的要求:

(1)流动性比例不得低于**25%**。

(2)集团外负债总额不得超过资本净额。

(3)贷款余额不得高于存款余额与实收资本之和的**80%**。

(4)资本充足率不低于银行业监督管理机构的最低监管要求。

(5)票据承兑和转贴现总额不得高于资本净额。

(6)票据承兑余额不得高于存放同业余额的**3倍**。

(7)票据承兑余额不得超过资产总额的15%。

(8)承兑汇票保证金余额不得超过存款总额的10%。

(9)固定资产净额不得高于资本净额的20%。

(10)投资总额不得高于资本净额的**70%**。

(11)银行业监督管理机构规定的其他监管指标。

财务公司对单一股东发放贷款余额超过财务公司注册资本金50%或者该股东对财务公司的出资额的,应当及时向银行业监督管理机构报告。对于影响财务公司稳健运行的行为,银行业监督管理机构应予以监督指导,并可区别情形采取早期干预措施。

真题精练

【例4·判断题】财务公司经营业务,其票据承兑余额不得高于存放同业余额的2倍。(　　　)

A.正确　　　　　　　　　　　　　B.错误

B　财务公司经营业务,其票据承兑余额不得高于存放同业余额的3倍。

↓ 码上看总结 ↓

章节自测

一、单项选择题(在以下各小题所给出的四个选项中,只有一个选项符合题目要求,请将正确选项的代码填入括号内)

1.下列不属于企业集团财务公司资产类业务的是(　　　)。

A.投资业务　　　　　　　　　　B.结算业务

C.同业资产业务　　　　　　　　D.对成员单位办理贷款

2.(　　　)是指两家金融机构之间按照协议约定先买入金融资产,再按约定价格于到期日将该项金融资产返售的资金融通行为。

A.买入返售　　　　　　　　　　B.同业拆出

C.卖出回购　　　　　　　　　　D.同业拆入

3.财务公司拆入资金的最长期限为(　　　)天,拆入资金余额不得超过实收资本的100%。

A.3　　　　　　　　　　　　　　B.5

C.7　　　　　　　　　　　　　　D.10

4.财务公司内部控制的基本原则不包括(　　　)。

A.独立性　　　　　　　　　　　B.有效性

C.制衡性　　　　　　　　　　　D.合规性

5.财务公司对单一股东发放贷款余额超过财务公司注册资本金(　　　)或者该股东对财务公司的出资额的,应当及时向银行业监督管理机构报告。

A.50%　　　　　　　　　　　　B.40%

C.60%　　　　　　　　　　　　D.70%

二、多项选择题(在以下各小题所给出的选项中,至少有两个选项符合题目要求,请将正确选项的代码填入括号内)

1.同业拆借业务是财务公司进行(　　　)的重要工具。

A.调剂头寸　　　　　　　　　　B.短期资金融通

C.中长期资金余缺　　　　　　　D.临时性资金余缺

E.中长期资金融通

2. 财务公司对成员单位提供的非融资性保函包括（　　）。
　　A. 投标保函　　　　　　　　　　B. 履约保函
　　C. 维修保函　　　　　　　　　　D. 质量保函
　　E. 预付款保函
3. 成员单位作为财务公司出资人，应当具备的条件有（　　）。
　　A. 具有良好的社会声誉、诚信记录和纳税记录
　　B. 经营管理良好，最近 2 年无重大违法违规行为
　　C. 入股资金为自有资金，不得以委托资金、债务资金等非自有资金入股
　　D. 最近 1 个会计年度末净资产不低于总资产的 40%
　　E. 作为财务公司控股股东的，最近 3 个会计年度连续盈利

三、判断题（请判断以下各小题的正误，正确的选 A，错误的选 B）
1. 财务公司应建立完整的授权体系，授权力求适当、明确，可采取书面或口头形式。（　　）
　　A. 正确　　　　　　　　　　　　B. 错误
2. 财务公司发生合并与分立、跨省级派出机构迁址，或者所属集团被收购或重组的，根据业务需要，可申请在成员单位集中且业务量较大的地区设立分公司。（　　）
　　A. 正确　　　　　　　　　　　　B. 错误

答案详解

一、单项选择题

1. B。【解析】企业集团财务公司的资产类业务主要有：（1）对成员单位办理贷款。（2）办理成员单位产品的消费信贷业务。（3）办理成员单位产品的买方信贷。（4）同业资产业务。（5）投资业务。

2. A。【解析】买入返售，是指两家金融机构之间按照协议约定先买入金融资产，再按约定价格于到期日将该项金融资产返售的资金融通行为。

3. C。【解析】财务公司拆入资金的最长期限为 7 天，拆入资金余额不得超过实收资本的 100%。

4. D。【解析】财务公司内部控制的基本原则包括有效性、独立性、制衡性、审慎性和全面性。

5. A。【解析】财务公司对单一股东发放贷款余额超过财务公司注册资本金 50% 或者该股东对财务公司的出资额的，应当及时向银行业监督管理机构报告。对于影响财务公司稳健运行的行为，银行业监督管理机构应予以监督指导，并可区别情形采取早期干预措施。

二、多项选择题

1. ABD。【解析】同业拆借业务是财务公司进行短期资金融通、调剂头寸和临时性资金余缺的重要工具。

2. ABCDE。【解析】财务公司对成员单位提供的非融资性保函具体包括预付款保函、投标保函、履约保函、质量及维修保函等。

3. ABCE。【解析】成员单位作为财务公司出资人，应当具备的条件之一为：最近 1 个会计年度末净资产不低于总资产的 30%；作为财务公司控股股东的，最近 1 个会计年度末净资产不低于总资产的 40%。

三、判断题

1. B。【解析】财务公司应建立完整的授权体系，授权力求适当、明确，并采取书面形式。

2. A。【解析】财务公司发生合并与分立、跨省级派出机构迁址，或者所属集团被收购或重组的，根据业务需要，可申请在成员单位集中且业务量较大的地区设立分公司。

第二十章

金融租赁公司业务与监管

◈ 考情直击

　　本章的主要内容是金融租赁行业概述、金融租赁公司的经营与管理、金融租赁公司监管。分析近几年的考试情况,本章的常考点有融资租赁业务的主要业务模式、负债业务、创新业务、内部控制和风险管理、市场准入和主要监管政策等。

考纲要求

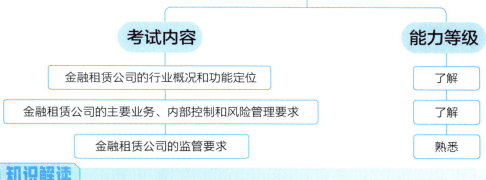

金融租赁公司业务与监管	
考试内容	**能力等级**
金融租赁公司的行业概况和功能定位	了解
金融租赁公司的主要业务、内部控制和风险管理要求	了解
金融租赁公司的监管要求	熟悉

知识解读

第一节　概　述

一、概念 ★

　　金融租赁公司是指经银行业监督管理机构批准,以经营融资租赁业务为主的非银行金融机构。

二、金融租赁行业发展历史及现状 ★

　　1981 年 4 月和 7 月中国东方国际租赁公司和中国租赁公司的先后建立,标志着我国融资租赁业的创立。

　　金融租赁在我国经过四十余年的发展,在实践中不断探索成长,截至 2022 年末,全国共有 68 家金融租赁公司,其中 5 家公司设立了境内或境外专业子公司。金融租赁行业积极融入实体经济产业链,持续拓展业务覆盖面,服务实体经济取得显著成效。

三、金融租赁行业的功能定位 ★

　　金融租赁行业在发展过程中逐步确立了五个方面的功能优势:
　　(1)促进社会投资。
　　(2)拉动产品需求。
　　(3)推动经济调整结构。

（4）增加企业融资渠道。

（5）平衡国际贸易。

第二节　金融租赁公司经营与管理

一、金融租赁公司可以经营与开办的本外币业务 ★

根据《金融租赁公司管理办法》的规定，经银行业监督管理机构批准，金融租赁公司可以经营下列部分或全部本外币业务：

（1）融资租赁业务。

（2）转让和受让融资租赁资产。

（3）固定收益类证券投资业务。

（4）接受承租人的租赁保证金。

（5）吸收非银行股东3个月（含）以上定期存款。

（6）同业拆借。

（7）向金融机构借款。

（8）境外借款。

（9）租赁物变卖及处理业务。

（10）经济咨询。

经银行业监督管理机构批准，经营状况良好、符合条件的金融租赁公司可以开办下列部分或全部本外币业务：

（1）发行债券。

（2）在境内保税地区设立项目公司开展融资租赁业务。

（3）资产证券化。

（4）为控股子公司、项目公司对外融资提供担保。

💡 真题精练

【例1·单项选择题】根据《金融租赁公司管理办法》的规定，经银行业监督管理机构批准，金融租赁公司可以经营的本外币业务不包括（　　）。

A.融资租赁业务　　　　　　　　B.转让和受让融资租赁资产

C.同业拆借　　　　　　　　　　D.发行债券

D　D项属于经营状况良好、符合条件的金融租赁公司可以开办的本外币业务之一。

二、融资租赁业务 ★

1.定义

按照《金融租赁公司管理办法》，融资租赁业务是指出租人根据承租人对租赁物和供货人的选择或认可，将其从供货人处取得的租赁物按合同约定出租给承租人占有、使用，向承租人收取租金的交易活动。

《中华人民共和国民法典》规定，融资租赁合同是出租人根据承租人对出卖人、租赁物的选择,向出卖人购买租赁物,提供给承租人使用,承租人支付租金的合同。

2. 作用与意义

(1)融资租赁兼具融资、经营和资产管理多重功能,可满足市场多样化的金融服务需求。

(2)融资租赁兼具融资、融物双重性质,有助于提高经济效率,直接支持实体经济乃至国民经济的发展。

3. 主要业务模式

表 20-1　主要业务模式

主要业务	内容
直接融资租赁	直接融资租赁是指租赁公司根据承租人对租赁物和供货人的选择或认可,向供货人购买选定设备,提供给承租人使用,承租人按期支付租金的业务形式。 租赁期满,设备归承租企业所有
转租赁	转租赁是指以同一物件为标的物的多次融资租赁业务,即金融租赁公司根据最终用户(承租人)对租赁物件的选择,从原始出租人处租入该租赁物件后、再转租给最终用户(承租人)使用的一种租赁交易安排,租赁物件的所有权归原始出租人
售后回租	售后回租是指承租人为了提高资产流动性、均衡税负、改善资产负债表等需要,将自有设备等固定资产以公允价值出卖给金融租赁公司,然后再从金融租赁公司租回使用并按期支付租金的业务形式,其业务特点是承租人和供货人为同一人
联合租赁	联合租赁是指金融租赁公司之间的一种业务合作方式。 就是由一家金融租赁公司牵头召集,由若干金融租赁公司参与和承租人签订融资租赁合同,金融租赁公司按出资比例或约定的方式提供资金、承担风险和分享收益
厂商租赁	厂商租赁是指金融租赁公司与设备制造商或其租赁子公司结成营销战略联盟,对于需要采用租赁方式使用该企业产品的用户,由与该设备制造商结有战略联盟的金融租赁公司以租赁方式提供,双方在租赁设备的价格确定、利润分配、承租人风险控制和期末租赁设备处置等方面作出互惠互利的安排

💡 真题精练

【例 2 · 判断题】对于直接融资租赁业务,租赁期满,设备归租赁公司所有。(　　　)

A. 正确　　　　　　　　　　　　　B. 错误

B　直接融资租赁的租赁期满,设备归承租企业所有。

三、负债业务 ★

表 20-2　负债业务的要点

负债业务	内容
向金融机构借款	向金融机构借款是指金融租赁公司向银行和非银行金融机构借款的行为
发行金融债券	金融租赁公司发行金融债券是指金融租赁公司为改善资产负债结构,通过发行金融债券融入资金的行为
吸收股东 3 个月以上定期存款	金融租赁公司可以吸收非银行股东 3 个月(含)以上的定期存款

表 20-2（续）

负债业务	内容
境外借款	金融租赁公司境外借款是指金融租赁公司向境外机构借入资金的融资方式，包括两种方式：一种是境外银行直接认可后发放贷款，并承担风险，内地银行只作结算行；另一种是内地银行进行尽职调查、贷前贷后管理，由境内银行向境外行提供信用保证，然后境外银行将资金借给用款企业，也就是"内保内贷"
同业拆入	金融租赁公司拆入资金的最长期限为 3 个月，拆入资金余额不得超过实收资本的 100%。同业拆借业务是金融租赁公司进行短期资金融通、调剂头寸和临时性资金余缺的重要工具
接受承租人租赁保证金	租赁保证金是指在开展融资租赁业务时，承租人向金融租赁公司一次支付的除租金外的资金，作为承租人能够履行合同的保证金

💡 真题精练

【例 3·多项选择题】金融租赁公司的负债业务主要包括（　　　）。

A.向金融机构借款　　　　　　B.吸收股东 3 个月以上定期存款

C.境外借款　　　　　　　　　D.发行金融债券

E.接受承租人租赁保证金

A B C D E 金融租赁公司的负债业务主要有：向金融机构借款、发行金融债券、吸收股东 3 个月以上定期存款、境外借款、同业拆入、接受承租人租赁保证金。

四、业务与创新 ★

1.租赁资产证券化

租赁资产证券化业务是指金融租赁公司作为发起机构，将金融租赁公司应收融资租赁款信托给受托机构，由受托机构以资产支持证券的形式向投资机构发行受益证券，以该资产所产生的现金支付资产支持证券收益的结构性融资活动。

租赁资产证券化的作用与意义
（1）减少资本占用，提高资产回报率。 （2）创新融资渠道，降低融资成本。 （3）改善资产负债结构。

2.项目公司

国际上飞机、船舶等融资租赁业务通常采取设立单机单船项目公司（SPV）的方法进行项目融资。项目公司（SPV）作为名义出租人，是实际出租人的子公司。设立 SPV 开展融资租赁业务是国际市场的通用做法，也已被国内航空/航运公司接受。

SPV 模式具备较多优势：

（1）实现了风险隔离，规避了出租人母公司或其他隶属项目公司由于经营不善而导致对出租人及项目的不良影响，而且形成了项目的封闭运作，有利于控制项目风险。

（2）有利于降低项目成本，方便出租人采用成本更低的外币和本币融资，降低融资成本。

（3）由于出租人的成本降低，相应地也减少了承租人的成本支出。

3. 租赁资产交易

租赁资产交易是从事融资租赁业务的公司之间以租赁资产为媒介进行的买卖交易。

租赁资产包括境内出租人与承租人签订的租赁合同而形成的租赁物所有权、应收租金请求权及其一切附属担保权益,以及以租赁资产为基础资产的资产支持证券等。

租赁资产交易包括转入、转出两个方向,其中,转入是指金融租赁公司从交易对手方转入租赁资产,转出是指向交易对手方转出金融租赁公司存量租赁资产、新增租赁资产或已转入的租赁资产。

知识加油站

租赁资产交易模式:

(1)转收益权模式。转收益权模式为交易对手方与企业形成租赁关系后,将应收账款或资产收益权进行转让。由于租赁关系没有发生改变,租赁物的所有权仍然属于交易对手,金融租赁公司享有租赁资产的收益权。

(2)转债权及物权模式。转债权及物权模式为交易对手方与承租人形成租赁关系后,将租赁物的所有权、收益权等全部权利转让给金融租赁公司。由于物权发生了转移,交易对手方不再是出租人,而由金融租赁公司成为出租人,替代其在租赁关系的地位。

五、内部控制与风险管理 ★

1. 租赁物的真实性管理

融资租赁业务以租赁物为核心,金融租赁公司必须确保租赁物真实、所有权清晰无瑕疵。

对于动产作为租赁物的,金融租赁公司应当高度关注租赁物的真实性。

2. 租赁物的所有权取得

在确认租赁物真实性的基础上,金融租赁公司还应当合法取得租赁物的所有权。对于直接租赁业务来说,金融租赁公司应当在签订融资租赁合同或明确融资租赁业务意向的前提下,按照承租人要求购置租赁物。特殊情况下需提前购置租赁物的,应当与自身现有业务领域或业务规划保持一致,且与自身风险管理能力和专业化经营水平相符。对于售后回租业务来说,租赁物必须由承租人真实拥有并有权处分。金融租赁公司不得接受已设置任何抵押、权属存在争议或已被司法机关查封、扣押的财产或所有权存在瑕疵的财产作为售后回租业务的租赁物。

由于融资租赁同时具有融资、融物的属性,金融租赁公司作为租赁物的所有权人,应当通过签订合同、办理登记等方式确保取得租赁物的所有权。一般情况下,对于以动产为租赁物的,金融租赁公司可以通过签订融资租赁合同的方式,将租赁物所有权转移至其名下。对于不动产等法律法规规定所有权转移必须到登记部门进行登记的,金融租赁公司应当办理相关登记,方可发生权属变更的法律效果。对于船舶、飞机、机动车等特殊动产,按照法律规定不办理登记不得对抗善意第三人的,金融租赁公司也应当办理登记,否则将承担较大法律风险。

3. 租赁物的价值管理

租赁物的价值是融资租赁功能中融资额度的重要依据,金融租赁公司除了需要对承租人的偿债能力和意愿进行评估外,还需高度关注租赁物的价值。

对于售后回租业务来说,由于租赁物本为承租人持有,其权属真实性和价值准确性就显得尤为重要,因此,金融租赁公司对租赁物的买入价格应当有合理的、不违反会计准则的定价依据作为参考,不得低值高买。

4. 租后管理和处置

租后管理主要是监控租赁物运营维护状况、价值变动情况、流通性以及保险到期续保等情况,确保租赁物价值平稳,风险缓释能力持续充分。

5. 租赁业务的减值准备

对于融资租赁业务来说,金融租赁公司应当参照信贷资产风险分类和拨备计提要求执行。加强租赁物未担保余值的估值管理,定期评估未担保余值,并开展减值测试。对于经营租赁业务来说,由于租赁物一般计入金融租赁公司的固定资产科目,一般按照折旧方式处理。对于承租人应当支付的租金部分,可以参照信贷资产管理。

第三节　金融租赁公司监管

一、市场准入 ★★

银行业监督管理机构依据相关规定对金融租赁公司以下事项实施行政许可:机构设立,机构变更,机构终止,调整业务范围和增加业务品种,董事和高级管理人员任职资格,以及法律、行政法规规定和国务院决定的其他行政许可事项。

1. 法人机构设立

(1)金融租赁公司法人机构设立条件:

①有符合《中华人民共和国公司法》和银行业监督管理机构规定的公司章程。

②有符合规定条件的发起人。

③注册资本为一次性实缴货币资本,最低限额为1亿元人民币或等值的可自由兑换货币。

④有符合任职资格条件的董事、高级管理人员,并且从业人员中具有金融或融资租赁工作经历3年以上的人员应当不低于总人数的50%。

⑤建立了有效的公司治理、内部控制和风险管理体系。

⑥建立了与业务经营和监管要求相适应的信息科技架构,具有支撑业务经营的必要、安全且合规的信息系统,具备保障业务持续运营的技术与措施。

⑦有与业务经营相适应的营业场所、安全防范措施和其他设施。

⑧银行业监督管理机构规章规定的其他审慎性条件。

(2)金融租赁公司的发起人。金融租赁公司的发起人包括在中国境内外注册的具有独立法人资格的商业银行,在中国境内注册的、主营业务为制造适合融资租赁交易产品的大型企业,在中国境外注册的具有独立法人资格的融资租赁公司以及银行业监督管理机构认可的其他发起人。

在发起人中,至少应当有一名符合以下条件的主要发起人,包括在中国境内外注册的具有独立法人资格的商业银行、在中国境内注册主营业务为制造适合融资租赁交易产品的大型企业、在中国境外注册的具有独立法人资格的融资租赁公司作为发起人,且其出资比例不低于拟设金融租赁公司全部股本的30%。

表 20-3　发起人的条件

发起人	应当具备的条件
商业银行作为主要发起人	在中国境内外注册的具有独立法人资格的商业银行作为金融租赁公司发起人，应当具备以下条件： ①满足所在国家或地区监管当局的审慎监管要求。 ②具有良好的公司治理结构、内部控制机制和健全的风险管理体系。 ③最近 1 个会计年度末总资产不低于 800 亿元人民币或等值的可自由兑换货币。 ④财务状况良好，最近 2 个会计年度连续盈利。 ⑤为拟设立金融租赁公司确定了明确的发展战略和清晰的盈利模式。 ⑥遵守注册地法律法规，最近 2 年内未发生重大案件或重大违法违规行为，或者已整改到位并经银行业监督管理机构认可。 ⑦境外商业银行作为发起人的，其所在国家或地区金融监管当局已经与银行业监督管理机构建立良好的监督管理合作机制。 ⑧入股资金为自有资金，不得以委托资金、债务资金等非自有资金入股。 ⑨权益性投资余额原则上不得超过本企业净资产的 50%（含本次投资金额），国务院规定的投资公司和控股公司除外。 ⑩银行业监督管理机构规章规定的其他审慎性条件
境内大型企业作为主要发起人	在中国境内注册的、主营业务为制造适合融资租赁交易产品的大型企业作为金融租赁公司发起人，应当具备以下条件： ①有良好的公司治理结构或有效的组织管理方式。 ②最近 1 个会计年度的营业收入不低于 50 亿元人民币或等值的可自由兑换货币。 ③财务状况良好，最近 2 个会计年度连续盈利；作为金融租赁公司控股股东的，最近 3 个会计年度连续盈利。 ④最近 1 个会计年度末净资产不低于总资产的 30%。 ⑤最近 1 个会计年度主营业务销售收入占全部营业收入的 80% 以上。 ⑥为拟设立金融租赁公司确定了明确的发展战略和清晰的盈利模式。 ⑦有良好的社会声誉、诚信记录和纳税记录。 ⑧遵守国家法律法规，最近 2 年内未发生重大案件或重大违法违规行为，或者已整改到位并经银行业监督管理机构认可。 ⑨入股资金为自有资金，不得以委托资金、债务资金等非自有资金入股。 ⑩权益性投资余额原则上不得超过本企业净资产的 50%（含本次投资金额）；作为金融租赁公司控股股东的，权益性投资余额原则上不得超过本企业净资产的 40%（含本次投资金额）；国务院规定的投资公司和控股公司除外。 ⑪银行业监督管理机构规章规定的其他审慎性条件
境外融资租赁公司作为主要发起人	在中国境外注册的具有独立法人资格的融资租赁公司作为金融租赁公司发起人，应当具备以下条件： ①具有良好的公司治理机构、内部控制机制和健全的风险管理体系。 ②最近 1 个会计年度末总资产不低于 100 亿元人民币或等值的可自由兑换货币。 ③财务状况良好，最近 2 个会计年度连续盈利；作为金融租赁公司控股股东的，最近 3 个会计年度连续盈利。 ④最近 1 个会计年度末净资产不低于总资产的 30%。

表 20-3（续）

发起人	应当具备的条件
境外融资租赁公司作为主要发起人	⑤遵守注册地法律法规，最近 2 年内未发生重大案件或重大违法违规行为，或者已整改到位并经银行业监督管理机构认可。 ⑥所在国家或地区经济状况良好。 ⑦入股资金为自有资金，不得以委托资金、债务资金等非自有资金入股。 ⑧权益性投资余额原则上不得超过本企业净资产的 50%（含本次投资金额）；作为金融租赁公司控股股东的，权益性投资余额原则上不得超过本企业净资产的 40%（含本次投资金额）。 ⑨银行业监督管理机构规章规定的其他审慎性条件

真题精练

【例 4 · 单项选择题】在中国境内外注册的具有独立法人资格的商业银行作为金融租赁公司发起人，关于其应当具备的条件说法错误的是（　　）。

A. 满足所在国家或地区监管当局的审慎监管要求
B. 具有良好的公司治理结构、内部控制机制和健全的风险管理体系
C. 最近 1 个会计年度末总资产不低于 800 亿元人民币或等值的可自由兑换货币
D. 财务状况良好，最近 3 个会计年度连续盈利

D　选项 D 的正确说法为：财务状况良好，最近 2 个会计年度连续盈利。

2. 专业子公司设立

金融租赁专业子公司是指金融租赁公司依照相关法律法规在中国境内自由贸易区、保税地区及境外，为从事特定领域融资租赁业务而设立的专业化租赁子公司。所谓特定领域是指金融租赁公司已开展且运营相对成熟的融资租赁业务领域，包括飞机、船舶以及经银行业监督管理机构认可的其他租赁业务领域。

要点点拨

金融租赁公司设立境内专业子公司原则上应 100% 控股，有特殊情况需引进其他投资者的，金融租赁公司的持股比例不得低于 51%。

按照监管规定，金融租赁公司通过专业子公司可以在境外设立项目公司开展融资租赁业务，未经批准设立专业子公司的金融租赁公司不得在境外设立项目公司。专业子公司在境外设立项目公司开展融资租赁业务时，应遵循项目公司所在地法律法规，并参照执行金融租赁公司在境内保税地区设立项目公司开展融资租赁业务的相关报告规定。

二、主要监管政策 ★★

金融租赁公司的监管法规体系主要涵盖法律、部门规章、规范性文件三个层面。

1. 国务院相关政策

2015 年 9 月，国务院办公厅出台《关于促进金融租赁行业健康发展的指导意见》。

2. 关联交易监管

根据《银行保险机构关联交易管理办法》《金融租赁公司管理办法》相关规定，金融租赁公司重大关联交易是指金融租赁公司与单个关联方之间单笔交易金额达到金融租赁公

司上季末资本净额5%以上，或累计达到金融租赁公司上季末资本净额10%以上的交易。金融租赁公司与单个关联方的交易金额累计达到前款标准后，其后发生的关联交易，每累计达到上季末资本净额的5%以上，应当重新认定为重大关联交易。一般关联交易是指除重大关联交易以外的其他关联交易。

> 🔵 **要点点拨**
>
> 　　金融租赁公司及其设立的控股子公司、项目公司之间的关联交易不适用监管法规关于关联交易的规定。金融租赁公司对单个关联方的融资余额不得超过上季末资本净额的30%。金融租赁公司对全部关联方的全部融资余额不得超过上季末资本净额的50%。金融租赁公司对单个股东及其全部关联方的融资余额不得超过该股东在金融租赁公司的出资额，且对单个关联方的融资余额不得超过上季末资本净额的30%。

金融租赁公司与关联方开展以资产、资金为基础的关联交易发生损失的，自发现损失之日起两年内不得与该关联方新增以资产、资金为基础的关联交易。但为减少损失，经金融租赁公司董事会批准的除外。

3. 监管指标

金融租赁公司的资本充足率是指金融租赁公司资本净额与风险加权资产的比例。金融租赁公司资本充足率监管要求，2018年前实行过渡期的资本充足率监管标准，2014—2018年年底要求分别达到8.9%、9.3%、9.7%、10.1%、10.5%。

单一客户融资集中度是指金融租赁公司对单一承租人的全部融资租赁业务余额占金融租赁公司资本净额的比例。金融租赁公司的单一客户融资集中度不得超过资本净额的30%。

单一集团客户融资集中度是指金融租赁公司对单一集团的全部融资租赁业务余额占金融租赁公司资本净额的比例。金融租赁公司的单一集团客户融资集中度不得超过资本净额的50%。

同业拆借比例是指金融租赁公司同业拆入资金余额占金融租赁公司资本净额的比例。金融租赁公司的同业拆借比例不得超过资本净额的100%。

> 💡 **真题精练**
>
> 　　【例5·单项选择题】金融租赁公司的单一客户融资集中度不得超过资本净额的（　　）。
>
> 　A. 50%　　　　　　　　　　B. 30%
>
> 　C. 80%　　　　　　　　　　D. 100%
>
> ──────────────────────────────
>
> 　　**B**　金融租赁公司的单一客户融资集中度不得超过资本净额的30%。

4. 项目公司监管

项目公司是指金融租赁公司、金融租赁公司专业子公司依照相关法律法规，为从事融资租赁业务等特定目的而专门设立的项目子公司。项目公司的租赁物包括飞机（含发动机）、船舶、集装箱、海洋工程结构物、工程机械、车辆以及经银行业监督管理机构认可的其他设备资产。

表 20-4　项目公司监管业务

要点	内容
业务区域	金融租赁公司、境内专业子公司可以在境内保税地区、自由贸易试验区、自由贸易港等境内区域设立项目公司开展融资租赁业务。专业子公司可以在境外设立项目公司开展融资租赁业务
业务资质	金融租赁公司设立项目公司开展融资租赁业务应当按照《中国银保监会非银行金融机构行政许可事项实施办法》相关规定，经批准取得设立项目公司开展融资租赁业务资格
业务范围	项目公司可以开展融资租赁以及与融资租赁相关的进出口业务、接受承租人的租赁保证金、转让和受让融资租赁资产、向金融机构借款、向股东借款、境外借款、租赁物变卖及处理业务、经济咨询等业务，以及经银行业监督管理机构认可的其他业务
管理要求	金融租赁公司、专业子公司应当按照并表管理和穿透原则，加强对项目公司的管理。金融租赁公司、专业子公司应当全资设立、持有项目公司，其下设的所有项目公司的资本金之和均不得超过自身净资产（合并报表口径）的 50%。每个项目公司对应一笔租赁合同或单一承租人；每个项目公司实行单独核算，并按照相关规定编制财务和税务报告
项目公司分类	专业子公司可以在境外设立以投资管理其他项目公司或以发行债券等方式向其他项目公司融资为目的的管理型项目公司。专业子公司原则上最多可以设立 3 家管理型项目公司。管理型项目公司应付债券余额原则上不得超过专业子公司（合并报表口径）资本净额的 5 倍
项目公司层级要求	境内项目公司应当保持 1 个层级，不得投资下设其他项目公司；境外项目公司原则上不得超过 2 级，专业子公司应当按照依法合规、风险可控原则，保持境外项目公司层级结构清晰、简单、透明
清算关闭	项目公司项下无尚未履行的与融资租赁业务有关的合同及未决事项满 6 个月的，金融租赁公司、专业子公司应当依法组织清算关闭

↓ 码上看总结 ↓

👤✚ 章节自测

一、单项选择题（在以下各小题所给出的四个选项中，只有一个选项符合题目要求，请将正确选项的代码填入括号内）

1. 下列不属于金融租赁行业在发展过程中的功能优势的是（　　）。
   A. 促进社会投资　　　　　　　　　　B. 实现充分就业
   C. 拉动产品需求　　　　　　　　　　D. 平衡国际贸易

2. 中国的金融租赁公司起始于（　　）年。
   A. 1981　　　　　　　　　　　　　　B. 1983
   C. 1985　　　　　　　　　　　　　　D. 1987

3. 下列不属于金融租赁公司的融资租赁业务类型的是(　　　)。

    A. 间接租赁　　　　　　　　　　　B. 直接融资租赁

    C. 售后回租　　　　　　　　　　　D. 厂商租赁

4. 以同一物件为标的物的多次融资租赁业务是(　　　)。

    A. 直接融资租赁　　　　　　　　　B. 转租赁

    C. 售后回租　　　　　　　　　　　D. 联合租赁

5. 下列不属于金融租赁公司业务与创新的是(　　　)。

    A. 项目公司　　　　　　　　　　　B. 租赁资产证券化

    C. 接受承租人租赁保证金　　　　　D. 租赁资产业务

6. 金融租赁公司拆入资金的最长期限为(　　　)个月,拆入资金余额不得超过实收资本的(　　　)。

    A. 3;80%　　　　　　　　　　　　B. 3;100%

    C. 6;80%　　　　　　　　　　　　D. 6;100%

7. 关于金融租赁公司法人机构的设立应符合的条件说法错误的是(　　　)。

    A. 有符合规定条件的发起人

    B. 注册资本为一次性实缴货币资本,最低限额为 1 亿元人民币或等值的可自由兑换货币

    C. 建立了有效的公司治理、内部控制和风险管理体系

    D. 有符合任职资格条件的董事、高级管理人员,并且从业人员中具有金融或融资租赁工作经历 3 年以上的人员应当不低于总人数的 30%

8. 金融租赁公司对单个关联方的融资余额不得超过上季末资本净额的(　　　)。

    A. 50%　　　　　　　　　　　　　B. 20%

    C. 30%　　　　　　　　　　　　　D. 10%

二、多项选择题(在以下各小题所给出的选项中,至少有两个选项符合题目要求,请将正确选项的代码填入括号内)

1. 租赁资产证券化的作用与意义有(　　　)。

    A. 创新融资渠道,降低融资成本　　B. 增加金融市场上出售和流通的证券

    C. 改善资产负债结构　　　　　　　D. 减少资本占用,提高资产回报率

    E. 为投资者提供新的投资渠道

2. 在中国境内注册的、主营业务为制造适合融资租赁交易产品的大型企业作为金融租赁公司发起人,应当具备的条件包括(　　　)。

    A. 有良好的公司治理结构或有效的组织管理方式

    B. 最近 1 个会计年度的营业收入不低于 50 亿元人民币或等值的可自由兑换货币

    C. 入股资金为自有资金,不得以委托资金、债务资金等非自有资金入股

    D. 最近 1 个会计年度末净资产不低于总资产的 30%

    E. 有良好的社会声誉、诚信记录和纳税记录

3. 金融租赁公司的监管法规体系主要涵盖的三个层面有(　　　)。

    A. 法规　　　　　　　　　　　　　B. 规章制度

    C. 法律　　　　　　　　　　　　　D. 部门规章

    E. 规范性文件

4. 项目公司可以开展融资租赁以及与融资租赁相关的(　　　)。

    A. 进出口业务　　　　　　　　　　B. 接受承租人的租赁保证金

    C. 转让和受让融资租赁资产　　　　D. 租赁物变卖及处理业务

    E. 向股东借款

三、判断题（请判断以下各小题的正误，正确的选A，错误的选B）

1. 对于以动产为租赁物的，法律法规规定所有权转移必须到登记部门进行登记的，金融租赁公司应当办理相关登记，方可发生权属变更的法律效果。（　　）

   A. 正确　　　　　　　　　　　　　　　　B. 错误

2. 金融租赁公司设立境内专业子公司原则上应100%控股，有特殊情况需引进其他投资者的，金融租赁公司的持股比例不得低于51%。（　　）

   A. 正确　　　　　　　　　　　　　　　　B. 错误

答案详解

一、单项选择题

1. B.【解析】金融租赁行业在发展过程中逐步确立了五个方面的功能优势：促进社会投资、拉动产品需求、推动经济调整结构、增加企业融资渠道、平衡国际贸易。

2. A.【解析】1981年4月和7月中国东方国际租赁公司和中国租赁公司的先后建立，标志着我国融资租赁业的创立。

3. A.【解析】融资租赁业务包括直接融资租赁、转租赁、售后回租、联合租赁、厂商租赁等方式。

4. B.【解析】转租赁是指以同一物件为标的物的多次融资租赁业务，即金融租赁公司根据最终用户（承租人）对租赁物件的选择，从原始出租人处租入该租赁物件后，再转租给最终用户（承租人）使用的一种租赁交易安排，租赁物件的所有权归原始出租人。

5. C.【解析】金融租赁公司业务与创新包括：租赁资产证券化、项目公司、租赁资产业务。

6. B.【解析】金融租赁公司拆入资金的最长期限为3个月，拆入资金余额不得超过实收资本的100%。

7. D.【解析】选项D应为：有符合任职资格条件的董事、高级管理人员，并且从业人员中具有金融或融资租赁工作经历3年以上的人员应当不低于总人数的50%。

8. C.【解析】金融租赁公司对单个关联方的融资余额不得超过上季末资本净额的30%。

二、多项选择题

1. ACD.【解析】租赁资产证券化的作用与意义：（1）减少资本占用，提高资产回报率。（2）创新融资渠道，降低融资成本。（3）改善资产负债结构。

2. ABCDE.【解析】五个选项均属于在中国境内注册的、主营业务为制造适合融资租赁交易产品的大型企业作为金融租赁公司发起人，应当具备的条件。

3. CDE.【解析】金融租赁公司的监管法规体系主要涵盖法律、部门规章、规范性文件三个层面。

4. ABCDE.【解析】项目公司可以开展融资租赁以及与融资租赁相关的进出口业务、接受承租人的租赁保证金、转让和受让融资租赁资产、向金融机构借款、向股东借款、境外借款、租赁物变卖及处理业务、经济咨询等业务，以及经银行业监督管理机构认可的其他业务。

三、判断题

1. B.【解析】对于以动产为租赁物的，金融租赁公司可以通过签订融资租赁合同的方式，将租赁物所有权转移至其名下。对于不动产等法律法规规定所有权转移必须到登记部门进行登记的，金融租赁公司应当办理相关登记，方可发生权属变更的法律效果。

2. A.【解析】金融租赁公司设立境内专业子公司原则上应100%控股，有特殊情况需引进其他投资者的，金融租赁公司的持股比例不得低于51%。

第二十一章

汽车金融公司、消费金融公司、货币经纪公司业务与监管

⊕ 考情直击

　　本章的主要内容是汽车金融公司、消费金融公司、货币经纪公司的基本情况、经营与管理、机构监管。分析近几年的考试情况，本章的常考点有三类非银行金融机构的功能定位、主营业务、业务创新、监管政策。

📖 考纲要求

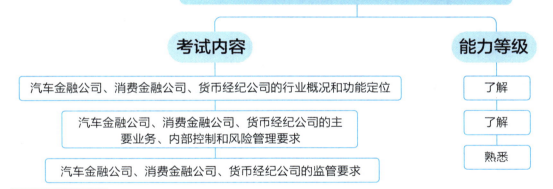

考试内容	能力等级
汽车金融公司、消费金融公司、货币经纪公司的行业概况和功能定位	了解
汽车金融公司、消费金融公司、货币经纪公司的主要业务、内部控制和风险管理要求	了解
汽车金融公司、消费金融公司、货币经纪公司的监管要求	熟悉

📚 知识解读

第一节　概　述

　　汽车金融公司、消费金融公司以及货币经纪公司三类非银行金融机构（以下简称三类非银行金融机构）是我国进入 21 世纪之后新发展设立的三类专业化金融机构，进一步丰富和完善了我国的金融体系。

一、三类非银机构概况　★

1. 汽车金融公司

　　汽车金融公司是指经银行业监督管理机构批准设立的、专门提供汽车金融服务的非银行金融机构。

　　汽车金融公司始于 1919 年的美国通用汽车票据承兑公司。1998 年 9 月，中国人民银

行颁布实施《汽车消费贷款管理办法》，商业银行汽车消费信贷业务正式启动。2004年7月，我国第一家汽车金融公司——上汽通用汽车金融有限责任公司正式开业，标志着这类专业化、特色化的新型非银行金融机构成功引入我国。

2.消费金融公司

消费金融公司是指经银行业监督管理机构批准，在中华人民共和国境内设立的，不吸收公众存款，以小额、分散为原则，为中国境内居民个人提供以消费为目的的贷款的非银行金融机构。

3.货币经纪公司

货币经纪公司是指经批准在中国境内设立的，通过电子技术或其他手段，专门从事促进金融机构间资金融通和外汇交易等经纪服务，并从中收取佣金的非银行金融机构。

货币经纪公司最早起源于英国外汇市场，其盛行始于20世纪70年代的美国。2005年12月，中国首家货币经纪公司——上海国利货币经纪有限公司正式获准开业经营。此后，多家货币经纪公司相继开业。

💡 真题精练

【例1·单项选择题】货币经纪公司最早起源于英国外汇市场，其盛行始于（　　　）。

A.19世纪60年代 　　　　　　　B.19世纪70年代

C.20世纪70年代 　　　　　　　D.20世纪80年代

C　货币经纪公司最早起源于英国外汇市场，其盛行始于20世纪70年代的美国。

二、三类非银行金融机构功能定位 ★

表21-1　三类非银行金融机构功能定位

三类非银行金融机构	功能定位
汽车金融公司	（1）汽车金融公司凭借专业化金融服务和个性化金融产品，以市场需求为导向，有效刺激我国的汽车消费需求。 （2）通过汽车金融服务促进汽车制造、销售、售后服务与汽车金融的有机结合，延长企业价值链纵深发展，促进了我国汽车消费信贷市场竞争主体多元化发展，以创新、灵活、个性化的金融产品，增加了消费者的金融产品选择
消费金融公司	以"无抵押、无担保""小、快、灵"为特色的经营模式，面向中低收入群体，提供除住房和汽车之外的消费信贷服务
货币经纪公司	货币经纪公司是资金、债券和外汇等交易的集合点，发挥交易媒介作用，通过掌握的多头和空头需求，撮合最匹配的双方进行交易，而不与双方发生交易，仅仅起中介作用。货币经纪公司只能向金融机构提供有关外汇、货币市场产品、衍生产品等交易的经纪服务，不允许从事自营交易，不允许向自然人提供经纪服务，也不允许商业银行向货币经纪公司投资。 作为专业的信息生产机构，货币经纪公司主要是提供信息服务，解决市场上信息不对称问题，通过规模化、专业化的信息生产创造价值，降低零散的交易商间个别搜寻交易对手所发生的市场交易成本，为交易商提供交易红利，并从这部分红利中分得一定比例来维持公司运营及实现自身盈利，从而提高交易效率，降低交易成本；改善市场流动性和透明度，促进价格发现

第二节　三类非银行金融机构经营与管理

一、汽车金融公司主营业务 ★

根据《汽车金融公司管理办法》的规定,经银行业监督管理机构批准,汽车金融公司可从事下列部分或全部本外币业务:

(1)接受股东及其所在集团母公司和控股子公司的定期存款或通知存款。

(2)接受汽车经销商和售后服务商贷款保证金和承租人汽车租赁保证金。

(3)同业拆借业务。

(4)向金融机构借款。

(5)发行非资本类债券。

(6)汽车及汽车附加品贷款和融资租赁业务。

(7)汽车经销商和汽车售后服务商贷款业务,包括库存采购、展厅建设、零配件和维修设备购买等贷款。

(8)转让或受让汽车及汽车附加品贷款和融资租赁资产。

(9)汽车残值评估、变卖及处理业务。

(10)与汽车金融相关的咨询、代理和服务。

> 💡 **真题精练**
>
> 【例2·多项选择题】汽车金融公司可从事的本外币业务包括(　　　　)。
>
> A.同业拆借业务
>
> B.发行非资本类债券
>
> C.汽车及汽车附加品贷款和融资租赁业务
>
> D.汽车残值评估、变卖及处理业务
>
> E.接受汽车经销商和售后服务商贷款保证金和承租人汽车租赁保证金
>
> ----
>
> 　A　B　C　D　E　　　五项均属于汽车金融公司可从事的本外币业务。

1.资产业务

(1)与汽车消费相关的贷款。

表21-2　与汽车消费相关的贷款

要点	内容
购车贷款	自用传统动力汽车贷款最高发放比例为80%,商用传统动力汽车贷款最高发放比例为70%;自用新能源汽车贷款最高发放比例为85%,商用新能源汽车贷款最高发放比例为75%;二手车贷款最高发放比例为70%。 贷款期限一般为1~3年,最长不超过5年,其中:二手车贷款的贷款期限不得超过3年
向汽车经销商发放汽车贷款	汽车金融公司可以向汽车经销商发放采购车辆贷款和营运设备贷款,用于库存采购、展厅建设、零配件贷款和维修设备购买等

（2）提供汽车融资租赁业务。汽车融资租赁是指汽车金融公司根据用车人对汽车的特定要求和对销售商的选择，出资向销售商购买汽车，并租给消费者使用，消费者分期支付租金。在租赁期内，汽车的所有权属于汽车金融公司所有，消费者拥有汽车的使用权。

（3）提供汽车售后服务商融资服务。

💡 真题精练

【例3·单项选择题】自用传统动力汽车贷款最高发放比例为（　　）。

A. 80%　　　　　　　　　　　　B. 70%

C. 75%　　　　　　　　　　　　D. 85%

A 自用传统动力汽车贷款最高发放比例为80%。

2. 负债业务

（1）接受汽车经销商和售后服务商采购车辆贷款保证金和承租人汽车租赁保证金。接受汽车经销商和售后服务商采购车辆贷款保证金是指汽车金融公司在发放贷款前，对借款人按贷款金额的一定比例预收一定款项的行为，这部分保证金在贷款发放前缴存。

汽车金融公司接受承租人租赁保证金是指在汽车融资租赁时，除租金照付外，承租人一次总付的金额称为租赁保证金。汽车租赁保证金应视为是某种形式的承租人预付款，是其自行承担该融资租赁项目中的风险的基金。

（2）吸收股东等的定期存款。

⛽ 知识加油站

《汽车金融公司管理办法》规定，汽车金融公司可以接受股东及其所在集团母公司和控股子公司的定期存款（含通知存款）。

（3）同业拆入。开展同业拆入是指汽车金融公司与进入全国银行间同业拆借市场的金融机构之间，通过全国统一的同业拆借市场进行的无担保资金融通行为。同业拆借业务是汽车金融公司进行短期资金融通、调剂头寸和临时性资金余缺的重要工具。根据中国人民银行《同业拆借管理办法》，汽车金融公司拆入资金的最长期限为3个月，最高拆入限额和最高拆出限额均不得超过实收资本的100%。

（4）向金融机构借款。向金融机构借款是指汽车金融公司在全国银行间同业拆借市场之外向金融机构借款的行为。

（5）发行非资本类债券。汽车金融公司发行非资本类债券是指汽车金融公司为改善资产负债结构，通过发行金融债券以及其他具有吸收损失功能、不属于资本的金融债券，而融入资金的行为。

3. 其他业务

（1）资产证券化。资产证券化这种金融创新，一方面，可以提高信贷资产的流动性，缓解汽车金融公司的资金压力和资金来源不足的问题；另一方面，通过这种方式还可以合理调整公司的信贷资产结构，提高财务安全性。

（2）向金融机构出售或回购汽车贷款应收款和汽车融资租赁应收款业务。

二、汽车金融公司的业务创新 ★

> **汽车金融公司的业务创新**
>
> (1)零售业务:简化流程、丰富产品。
> (2)批发业务:创新管理模式。
> (3)创新风险控制模式。
> (4)网上金融:以"互联网+"思维助力转型升级。

三、消费金融公司主营业务 ★

根据《消费金融公司试点管理办法》的规定,经银行业监督管理机构批准,消费金融公司可以经营下列部分或者全部人民币业务:

(1)发放个人消费贷款。
(2)接受股东境内子公司及境内股东的存款。
(3)向境内金融机构借款。
(4)经批准发行金融债券。
(5)境内同业拆借。
(6)与消费金融相关的咨询、代理业务。
(7)代理销售与消费贷款相关的保险产品。
(8)固定收益类证券投资业务。
(9)经国务院银行业监督管理机构批准的其他业务。

1.资产业务

(1)**发放个人消费贷款**。消费金融公司发放个人消费信贷是指消费金融公司采取**信用、抵押、质押担保或保证方式**,以货币形式向个人消费者提供的贷款,但个人住房贷款和购车贷款除外。

🔵 **要点点拨**

> 消费金融公司向个人发放消费贷款不应超过客户风险承受能力且借款人贷款余额最高不得超过人民币 20 万元。

(2)**固定收益类证券投资**。固定收益证券投资是指消费金融公司投资于可以在特定的时间内取得固定的收益并预先知道取得收益的数量和时间的证券。

💡 **真题精练**

【例 4·判断题】消费金融公司向个人发放消费贷款不应超过客户风险承受能力且借款人贷款余额最高不得超过人民币 50 万元。(　　　)
　　A.正确　　　　　　　　　　B.错误

　　B　消费金融公司向个人发放消费贷款不应超过客户风险承受能力且借款人贷款余额最高不得超过人民币 20 万元。

2.负债业务

表 21-3　负债业务的内容

要点	内容
接受股东境内子公司及境内股东的存款	消费金融公司可以接受股东境内子公司及境内股东的存款，《消费金融公司试点管理办法》未规定存款期限，但须符合人民银行关于企业存款的管理规定
同业拆借	消费金融公司开展同业拆借是指消费金融公司与经中国人民银行批准进入全国银行间同业拆借市场的金融机构之间，通过全国统一的同业拆借市场进行的无担保资金融通行为
向金融机构借款	向金融机构借款是指消费金融公司在全国银行间同业拆借市场之外向金融机构借款的行为
发行金融债券	消费金融公司发行金融债券是指消费金融公司为改善资产负债结构，通过发行金融债券融入资金的行为

要点点拨

消费金融公司拆入资金的最长期限为 3 个月，最高拆入限额和最高拆出限额均不得超过实收资本的 100%。同业拆借业务是消费金融公司进行短期资金融通、调剂头寸和临时性资金余缺的重要工具。

四、消费金融公司的业务创新 ★

（1）消费信贷管理模式。

（2）消费信贷产品创新。

（3）加大对新消费重点领域的金融支持力度。

五、货币经纪公司主营业务 ★

根据《货币经纪公司试点管理办法》的规定，货币经纪公司及其分公司按照银行业监督管理机构批准经营的业务范围，可以经营下列全部或部分经纪业务。

1.境内外外汇市场交易经纪业务

货币经纪公司外汇市场交易经纪业务主要是提供人民币对外币、外币对外币的汇兑交易撮合服务，产品范围包括外汇即期交易、外汇远期交易、外汇掉期交易和外汇期权交易等。

2.境内外货币市场交易经纪业务

货币市场作为短期资金融通最主要的平台，在全球金融市场中一直发挥着重要的基础性作用。中国的货币市场是银行间市场的重要组成部分。

要点点拨

货币经纪公司的货币市场服务，包括人民币信用拆借、外币信用拆借以及人民币债券回购等交易的撮合服务，为境内外的银行类金融机构和非银行类金融机构提供撮合服务、即时报价服务、结算服务以及相关市场信息。

3.境内外债券市场交易经纪业务

货币经纪公司境内外债券市场经纪业务主要是提供债券现券买卖、债券远期买卖等金融产品的交易撮合服务。货币经纪公司该项业务的服务对象为开发性金融机构和政策性银行、商业银行、农村信用社、证券公司、资产管理公司、保险公司、基金公司、信托公司等银行间债券市场活跃的大小金融机构，为他们寻找最符合要求的交易对手、提供具有竞争力的市场价格和结算服务。

4. 境内外衍生产品交易经纪业务

金融衍生产品是指其价值依赖于基础资产价值变动的合约。这种合约可以是标准化的，也可以是非标准化的。货币经纪公司境内外衍生品交易经纪业务主要是为参与衍生品交易的各类金融机构提供衍生产品的报价和交易撮合服务，服务对象具体包括各大商业银行、证券公司等已经获批该项业务资格的金融机构。

六、货币经纪公司的业务创新 ★

（1）鼓励货币经纪公司积极参与金融市场创新产品的制度设计和试点。

（2）积极推动技术进步。

第三节　三类非银行金融机构监管

一、市场准入 ★★

1. 汽车金融公司法人机构设立

《汽车金融公司管理办法》规定，非金融机构作为汽车金融公司出资人，应当具备以下条件：

（1）最近 1 个会计年度营业收入不低于 500 亿元人民币或等值的可自由兑换货币；作为主要出资人的，还应当具有足够支持汽车金融业务发展的汽车产销规模。

（2）最近 1 个会计年度末净资产不低于总资产的 30%；作为汽车金融公司控股股东的，最近 1 个会计年度末净资产不低于总资产的 40%。

（3）财务状况良好，且最近 2 个会计年度连续盈利；作为汽车金融公司控股股东的，最近 3 个会计年度连续盈利。

（4）入股资金为自有资金，不得以借贷资金入股，不得以他人委托资金入股。

（5）权益性投资余额原则上不得超过本企业净资产的 50%（含本次投资金额）；作为汽车金融公司控股股东的，权益性投资余额原则上不得超过本企业净资产的 40%（含本次投资金额）；国务院规定的投资公司和控股公司除外。

（6）遵守注册地法律，近 2 年无重大违法违规行为。

（7）主要股东自取得股权之日起 5 年内不得转让所持有的股权，承诺不将所持有的汽车金融公司股权进行质押或设立信托，并在拟设公司章程中载明。

（8）国家金融监督管理总局规定的其他审慎性条件。

前款第（1）（2）（3）（5）项涉及的财务指标要求均为合并会计报表口径。

非银行金融机构作为汽车金融公司出资人，除应具备上述第（4）（6）（7）项规定的条件外，还应当具备以下条件：

（1）注册资本不低于 3 亿元人民币或等值的可自由兑换货币。

（2）具有良好的公司治理结构、内部控制机制和健全的风险管理体系；作为主要出资人的，还应当具有 5 年以上汽车消费信贷业务管理和风险控制经验。

（3）财务状况良好，最近 2 个会计年度连续盈利。

（4）权益性投资余额原则上不得超过本企业净资产的 50%（含本次投资金额）。

（5）满足所在国家或地区监管当局的审慎监管要求。

前款第（3）（4）项涉及的财务指标要求均为合并会计报表口径。

🔵 要点点拨

汽车金融公司注册资本的最低限额为 10 亿元人民币或等值的可自由兑换货币。注册资本为一次性实缴货币资本。国家金融监督管理总局可以根据汽车金融业务发展情况及审慎监管需要，调高注册资本的最低限额。汽车金融公司可以在全国范围内开展业务。未经国家金融监督管理总局批准，汽车金融公司不得设立分支机构。

2. 消费金融公司法人机构设立

（1）消费金融公司的出资人应当为中国境内外依法设立的企业法人，并分为主要出资人和一般出资人。主要出资人是指出资数额最多并且出资额不低于拟设消费金融公司全部股本 30% 的出资人，一般出资人是指除主要出资人以外的其他出资人。这里所讲的主要出资人须为境内外金融机构或主营业务为提供适合消费贷款业务产品的境内非金融企业。

（2）金融机构作为消费金融公司的主要出资人，应具备以下条件：

①具有 5 年以上消费金融领域的从业经验。

②最近 1 个会计年度末总资产不低于 600 亿元人民币或等值的可自由兑换货币。

③财务状况良好，最近 2 个会计年度连续盈利。

④信誉良好，最近 2 年内无重大违法违规行为，或者已整改到位并经国务院银行业监督管理机构或其派出机构认可。

⑤入股资金为自有资金，不得以委托资金、债务资金等非自有资金入股。

⑥权益性投资余额原则上不得超过本企业净资产的 50%（含本次投资金额），国务院规定的投资公司和控股公司除外。

⑦具有良好的公司治理结构、内部控制机制和健全的风险管理制度。

⑧满足所在国家或地区监管当局的审慎监管要求。

⑨境外金融机构应对中国市场有充分的分析和研究，且所在国家或地区金融监管当局已经与银行业监督管理机构建立良好的监督管理合作机制。

⑩银行业监督管理机构规章规定的其他审慎性条件。

金融机构作为消费金融公司一般出资人，除应具备上述第③项至第⑨项规定的条件外，注册资本应不低于 3 亿元人民币或等值的可自由兑换货币。

（3）非金融企业作为消费金融公司主要出资人，应当具备以下条件：

①最近 1 个会计年度营业收入不低于 300 亿元人民币或等值的可自由兑换货币。

②最近 1 个会计年度末净资产不低于资产总额的 30%。

③财务状况良好，最近 3 个会计年度连续盈利。

④信誉良好，最近 2 年内无重大违法违规行为，或者已整改到位并经国务院银行业监督管理机构或其派出机构认可。

⑤入股资金为自有资金，不得以委托资金、债务资金等非自有资金入股。

⑥权益性投资余额原则上不得超过本企业净资产的 40%（含本次投资金额），国务院规定的投资公司和控股公司除外。

⑦银行业监督管理机构规章规定的其他审慎性条件。

非金融企业作为消费金融公司一般出资人，除应具备上述第②④⑤项条件外，还应当具备以下条件：

①财务状况良好，最近 2 个会计年度连续盈利。

②权益性投资余额原则上不得超过本企业净资产的 50%（含本次投资金额），国务院规定的投资公司和控股公司除外。

💡 真题精练

【例 5·多项选择题】金融机构作为消费金融公司的主要出资人，应具备的条件包括（   ）。

A. 具有 5 年以上消费金融领域的从业经验

B. 最近 1 个会计年度末总资产不低于 600 亿元人民币或等值的可自由兑换货币

C. 财务状况良好，最近 2 个会计年度连续盈利

D. 信誉良好，最近 3 年内无重大违法违规行为，或者已整改到位并经国务院银行业监督管理机构或其派出机构认可

E. 入股资金为自有资金，不得以委托资金、债务资金等非自有资金入股

A B C E 选项 D 的正确说法为：信誉良好，最近 2 年内无重大违法违规行为，或者已整改到位并经国务院银行业监督管理机构或其派出机构认可。

3. 货币经纪公司法人机构设立

（1）申请在境内独资或者与境内出资人合资设立货币经纪公司的境外出资人应当具备以下条件：

①为所在国家或地区依法设立的货币经纪公司。

②所在国家或地区金融监管当局已经与银行业监督管理机构建立良好的监督管理合作机制。

③从事货币经纪业务 20 年以上，经营稳健，内部控制健全有效。

④有良好的社会声誉、诚信记录和纳税记录。

⑤最近 2 年内无重大违法违规经营记录，或者已整改到位并经银行业监督管理机构认可。

⑥财务状况良好，最近 2 个会计年度连续盈利。

⑦权益性投资余额原则上不得超过本企业净资产的 50%（含本次投资金额）。

⑧有从事货币经纪服务所必需的全球机构网络和资讯通信网络。

⑨具有有效的反洗钱措施。

⑩银行业监督管理机构规章规定的其他审慎性条件。

（2）申请设立货币经纪公司或者与境外出资人合资设立货币经纪公司的境内出资人应当具备以下条件：

①为依法设立的非银行金融机构，符合审慎监管要求。

②从事货币市场、外汇市场等代理业务 5 年以上。

③具有良好的公司治理结构、内部控制机制和健全的风险管理体系。

④有良好的社会声誉、诚信记录和纳税记录，最近 2 年内无重大违法违规行为，或者已整改到位并经银行业监督管理机构认可。

⑤财务状况良好，最近 2 个会计年度连续盈利。

⑥权益性投资余额原则上不得超过本企业净资产的50%（含本次投资金额）。

⑦银行业监督管理机构规章规定的其他审慎性条件。

📘 知识加油站

根据《中国银保监会非银行金融机构行政许可事项实施办法》的规定，三类非银行金融机构的行政许可事项范围包括：机构设立，机构变更，机构终止，调整业务范围和增加业务品种，董事和高级管理人员任职资格，以及法律、行政法规规定和国务院决定的其他行政许可事项。

二、监管政策 ★★

支持消费金融和汽车金融发展：

(1)消费金融公司试点扩大至全国。

(2)鼓励创新，拓宽融资渠道。2016年3月发布的《关于加大对新消费领域金融支持的指导意见》，专门涉及消费金融公司和汽车金融公司的内容主要有：鼓励汽车金融公司业务产品创新、拓宽消费金融机构多元化融资渠道。

(3)增强可持续发展能力，提升服务实体经济质效。

三、监管指标 ★★

1. 汽车金融公司监管指标

(1)资本充足率、杠杆率不低于国家金融监管总局的最低监管要求。**资本充足率是指资本与风险加权资产之比，应不小于10.5%；核心资本充足率是指核心资本与风险加权资产之比，应不小于7.5%。**

(2)风险集中度指标包括单一借款人的授信比例和单一集团客户授信比例两个指标。对单一借款人的授信余额不得超过资本净额的15%。对单一集团客户的授信余额不得超过资本净额的50%。

(3)关联交易监控指标主要是单一股东及其关联人授信比例，要求对单一股东及其关联方的授信余额不得超过该股东在汽车金融公司的出资额。

(4)**流动性比例是流动性资产与流动性负债之比，应当不低于50%。**

(5)**自用固定资产比例不得超过资本净额的40%。**

📘 知识加油站

汽车金融公司开展汽车附加品贷款和融资租赁业务应当客观评估汽车附加品价值，制定单类附加品融资限额。汽车附加品融资金额不得超过附加品合计售价的80%；合计售价超过20万元人民币的，融资金额不得超过合计售价的70%。

2. 消费金融公司监管指标

(1)资本充足率是指资本与风险加权资产之比，消费金融公司应不低于银行业监督管理机构有关监管要求。

(2)同业拆入是指消费金融公司与经中国人民银行批准进入全国银行间同业拆借市场的金融机构之间，通过全国统一的同业拆借市场进行的无担保资金融通行为。**同业拆入资金余额不高于资本净额的100%。**

(3)**资产损失准备充足率是指信用风险资产实际计提准备与信用风险资产应提准备之比，应不低于100%。**

（4）**消费金融公司可以开展固定收益类证券投资业务，投资余额不高于资本净额的 20%。**

3.货币经纪公司监管指标

货币经纪公司以现金资产或等值国债形式存在的资本金必须至少能够维持 3 个月的运营支出，不得将资本金投资于非自用的固定资产。

↓码上看总结↓

章节自测

一、**单项选择题**（在以下各小题所给出的四个选项中，只有一个选项符合题目要求，请将正确选项的代码填入括号内）

1.下列不属于汽车金融公司资产业务的是（　　）。

　　A.与汽车消费相关的贷款　　　　　　　　B.提供汽车融资租赁业务

　　C.吸收股东等的定期存款　　　　　　　　D.提供汽车售后服务商融资服务

2.汽车金融公司拆入资金的最长期限为（　　）个月。

　　A.2　　　　　　　　　　　　　　　　　　B.3

　　C.5　　　　　　　　　　　　　　　　　　D.6

3.下列选项中属于消费金融公司可以经营的业务的是（　　）。

　　A.向个人发放不超过 30 万元额度的消费贷款

　　B.吸收公众存款

　　C.向境内金融机构借款

　　D.发行理财产品

4.二手车贷款的贷款期限不得超过（　　）年。

　　A.3　　　　　　　　　　　　　　　　　　B.5

　　C.2　　　　　　　　　　　　　　　　　　D.4

5.货币经纪公司的服务对象是（　　）。

　　A.地方政府　　　　　　　　　　　　　　B.上市公司

　　C.事业单位　　　　　　　　　　　　　　D.金融机构

6.汽车金融公司核心资本充足率应不小于（　　）。

　　A.10.5%　　　　　　　　　　　　　　　　B.8%

　　C.7.5%　　　　　　　　　　　　　　　　D.8.5%

7.消费金融公司可以开展固定收益类证券投资业务，投资余额不高于资本净额的（　　）。

　　A.5%　　　　　　　　　　　　　　　　　B.10%

　　C.15%　　　　　　　　　　　　　　　　D.20%

二、多项选择题(在以下各小题所给出的选项中,至少有两个选项符合题目要求,请将正确选项的代码填入括号内)

1. 汽车金融公司的负债业务包括(　　)。
    A. 接受汽车经销商和售后服务商采购车辆贷款保证金和承租人汽车租赁保证金
    B. 吸收股东等的定期存款
    C. 同业拆入
    D. 向金融机构借款
    E. 发行非资本类债券

2. 下列属于汽车金融公司业务创新内容的是(　　)。
    A. 零售业务:简化流程、丰富产品
    B. 批发业务:创新管理模式
    C. 创新风险控制模式
    D. 网上金融:以"互联网＋"思维助力转型升级
    E. 积极推动技术进步

3. 根据《中国银保监会非银行金融机构行政许可事项实施办法》的规定,汽车金融公司、消费金融公司、货币经纪公司的行政许可事项范围包括(　　)。
    A. 机构设立　　　　　　　　　　B. 机构变更
    C. 机构终止　　　　　　　　　　D. 调整业务范围和增加业务品种
    E. 董事和高级管理人员任职资格

4. 申请设立货币经纪公司或者与境外出资人合资设立货币经纪公司的境内出资人应当具备的条件包括(　　)。
    A. 为依法设立的非银行金融机构,符合审慎监管要求
    B. 从事货币市场、外汇市场等代理业务 5 年以上
    C. 具有良好的公司治理结构、内部控制机制和健全的风险管理体系
    D. 有良好的社会声誉、诚信记录和纳税记录,最近 2 年内无重大违法违规行为,或者已整改到位并经银行业监督管理机构认可
    E. 财务状况良好,最近 2 个会计年度连续盈利

三、判断题(请判断以下各小题的正误,正确的选 A,错误的选 B)

1. 发行金融债券是消费金融公司进行短期资金融通、调剂头寸和临时性资金余缺的重要工具。　　　　　　　　　　　　　　　　　　　　　　　　　　　　　(　　)
    A. 正确　　　　　　　　　　　　B. 错误

2. 汽车金融公司自用固定资产比例不得超过资本净额的40%。　　　　　(　　)
    A. 正确　　　　　　　　　　　　B. 错误

🖹 答案详解

一、单项选择题

1. C。【解析】选项 C 属于汽车金融公司的负债业务。

2. B。【解析】汽车金融公司拆入资金的最长期限为 3 个月。

3. C。【解析】消费金融公司向个人发放消费贷款不应超过客户风险承受能力且借款人贷款余额最高不得超过人民币 20 万元。消费金融公司可以接受股东境内子公司及境内股东的存款。消费金融公司经批

准发行金融债券,不能发行理财产品。

4. A。【解析】二手车贷款的贷款期限不得超过 3 年。

5. D。【解析】货币经纪公司只能向金融机构提供有关外汇、货币市场产品、衍生产品等交易的经纪服务,不允许从事自营交易,不允许向自然人提供经纪服务,也不允许商业银行向货币经纪公司投资。

6. C。【解析】汽车金融公司资本充足率是指资本与风险加权资产之比,应不小于 10.5%;核心资本充足率是指核心资本与风险加权资产之比,应不小于 7.5%。

7. D。【解析】消费金融公司可以开展固定收益类证券投资业务,投资余额不高于资本净额的 20%。

二、多项选择题

1. ABCDE。【解析】汽车金融公司的负债业务包括接受汽车经销商和售后服务商采购车辆贷款保证金和承租人汽车租赁保证金、吸收股东等的定期存款、同业拆入、向金融机构借款、发行非资本类债券。

2. ABCD。【解析】选项 E 属于货币经纪公司的业务创新。

3. ABCDE。【解析】根据《中国银保监会非银行金融机构行政许可事项实施办法》的规定,三类非银行金融机构的行政许可事项范围包括:机构设立,机构变更,机构终止,调整业务范围和增加业务品种,董事和高级管理人员任职资格,以及法律、行政法规规定和国务院决定的其他行政许可事项。

4. ABCDE。【解析】五个选项说法均正确。

三、判断题

1. B。【解析】同业拆借业务是消费金融公司进行短期资金融通、调剂头寸和临时性资金余缺的重要工具。

2. A。【解析】题干说法正确。

　　本章的主要内容是金融创新概述、金融创新实践、金融创新管理与监管。分析近几年的考试情况，本章的常考点有金融创新的原则、大额存单、结构性存款、互联网银行、互联网销售、金融创新的风险管理等。

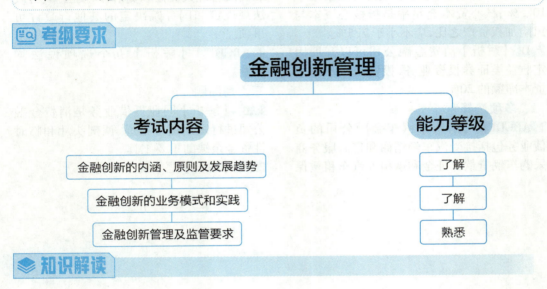

第一节　金融创新概述

一、金融创新的概念 ★

　　广义的金融创新是指金融机构出于提高利润、降低成本、分散风险、提升经营效率、满足市场需求、扩大市场份额等目的，而创造出的原本不存在的新产品、新市场、新技术、新过程、新组织、新制度，或者对既有产品、市场、技术、过程、组织和制度的较大改进与新应用。狭义的金融创新是指微观金融主体的金融创新，主要是指由于金融管制的放松而引发的一系列金融业务和金融工具的创新。

二、金融创新的原则 ★

商业银行开展金融创新，需要遵循以下基本原则：

(1)合法合规原则。

(2)公平竞争原则。

(3)加强知识产权保护原则。

(4)成本可算原则。

(5)强化业务监测原则。

（6）客户适当性原则。

（7）防范交易对手风险原则。

（8）维护客户利益原则。

（9）审慎原则。

三、金融创新的趋势 ★

近年来,随着经济金融市场化、全球化以及信息技术的快速发展,金融创新呈现出以下发展趋势:

（1）金融产品、金融工具的多样化。

（2）融资方式证券化。

（3）表外业务重要性增强。

（4）金融市场一体化。

（5）个性化金融服务将成为银行业务创新主流。

（6）金融产品和金融服务的综合化趋势日趋明显,多种金融产品整合起来共同服务于实体经济成为金融市场的主流。

（7）随着社会生产方式和生活方式越来越呈现网络化、数字化特点,信息化成为商业银行金融创新的主要趋势之一。

第二节　金融创新实践

一、组织架构创新 ★

根据综合化经营的股权架构不同,综合化经营的模式可以分为**金融控股公司模式、银行母公司模式和全能银行模式**三种。

金融控股公司模式是指以控股公司的形式在同一机构框架内通过相互独立的子公司来从事其他金融业务。在这种模式中,综合化主要体现在集团层面,其主要特征在于:集团全资拥有或绝对控股商业银行、投资银行、保险公司、金融服务公司以及非金融性实体等附属机构或子公司,这些附属公司或子公司都具有独立法人资格,分别具有相关的营业执照,独立对外开展相关的业务和承担相应的民事责任,子公司的最高决策权和人事权都直接受制于集团公司。

银行母公司模式则是以银行作为母公司,下设证券、保险等子公司,进而涉足多个金融领域。

全能银行模式是最为彻底的综合化模式,允许同一家金融机构以内设事业部的形式经营全部或多项(至少应包括银行和证券)金融业务。

💡 真题精练

【例1·多项选择题】根据综合化经营的股权架构不同,综合化经营的模式可以分为（　　　　）三种。

　　A. 金融控股公司模式　　　　　　B. 国有控股公司模式

　　C. 银行母公司模式　　　　　　　D. 全能银行模式

　　E. 金融机构联营模式

A C D　根据综合化经营的股权架构不同,综合化经营的模式可以分为金融控股公司模式、银行母公司模式和全能银行模式三种。

二、业务模式和产品创新 ★

1. 大额存单

表 22-1　大额存单的要点

要点	内容
概念	大额存单（CDs）是指由银行业存款类金融机构面向非金融机构投资人发行的、以人民币计价的记账式大额存款凭证，是银行存款类金融产品，属一般性存款
期限	大额存单采用标准期限的产品形式
利率	大额存单发行利率以市场化方式确定：固定利率存单采用票面年化收益率的形式计息，浮动利率存单以上海银行间同业拆借利率（Shibor）为浮动利率基准计息
还款方式	大额存单自认购之日起计息，付息方式分为到期一次还本付息和定期付息、到期还本

2. 结构性存款

结构性存款是指商业银行吸收的嵌入金融衍生产品的存款，通过与利率、汇率、指数等的波动挂钩或者与某实体的信用情况挂钩，使存款人在承担一定风险的基础上获得相应的收益。

> **要点点拨**
>
> 结构性存款挂钩的标的虽不尽相同，但其基本构成均为"存款＋期权"，一方面通过存款产生基础收益，另一方面则通过与衍生品标的的波动挂钩，从而有在基础收益之上取得更高投资报酬率的可能。

商业银行销售结构性存款，单一投资者的销售起点金额**不得低于 1 万元人民币（或等值外币）**；宣传销售文本应当全面、客观反映结构性存款的重要特性和与产品有关的重要事实，使用通俗易懂的语言，向投资者充分揭示风险，不得将结构性存款作为其他存款进行误导销售，避免投资者产生混淆。在销售文件中约定**不少于 24 小时的投资冷静期**，并载明投资者在投资冷静期内的权利。在投资冷静期内，如果投资者改变决定，商业银行应当遵从投资者意愿，解除已签订的销售文件，并及时退还投资者的全部投资款项。

> **真题精练**
>
> 【例 2·判断题】商业银行销售结构性存款，单一投资者的销售起点金额不得低于 5 万元人民币（或等值外币）。（　　）
>
> 　A. 正确　　　　　　　　　　　B. 错误
>
> ---
>
> 　**B**　商业银行销售结构性存款，单一投资者的销售起点金额不得低于 1 万元人民币（或等值外币）。

3. 理财产品创新与转型

理财产品是指商业银行按照约定条件和实际投资收益情况向投资者支付收益、不保证本金支付和收益水平的非保本理财产品。

根据《商业银行理财子公司净资本管理办法（试行）》，理财子公司净资本管理应当符合两方面标准：一是净资本不得低于 5 亿元人民币，且不得低于净资产的 40%；二是净资本不得低于风险资本，确保理财子公司保持足够的净资本水平。理财子公司董事会应当承担本公司净资本管理的最终责任，高级管理层负责组织实施净资本管理工作。

4. 投联贷

投联贷业务主要有两种模式。第一种模式是指商业银行对于合作名单范围内的私募股权投资机构（简称 PE）拟投或已投的中小企业（简称授信申请人），在综合考虑 PE 的投资管理能力和授信申请人未来发展前景等因素的基础上，以信用、股权质押、PE 保证或类保证等方式，向授信申请人发放的融资业务。投联贷业务项下发生的贷款属于流动资金贷款范畴，贷款用途为流动资金周转。第二种模式是指银行业金融机构以"信贷投放"与本集团设立的具有投资功能的子公司"股权投资"相结合的方式，通过相关制度安排，由投资收益抵补信贷风险，实现企业信贷风险和收益的匹配，为企业提供持续资金支持的融资模式。

5. 可交换债券

可交换债券是指上市公司股份的持有者通过抵押其持有的股票给托管机构进而发行的公司债券，该债券的持有人在将来的某个时期内，能按照债券发行时约定的条件用持有的债券换取发债人抵押的上市公司股权。**可交换债券是一种内嵌期权的金融衍生品，是可转换债券的一种。**

🔵 要点点拨

可交换债券给筹资者提供了一种低成本的融资工具。另一方面，可交换债券也为上市公司股东提供了一种新的流动性管理工具。

6. 住房反向抵押贷款

住房反向抵押贷款是指拥有房屋产权的老年人将房屋产权抵押给金融机构，由相应的金融机构对借款人的年龄、预计寿命、房屋的现值、未来的增值折旧等情况进行综合评估后，将其房屋的价值化整为零，按月或按年支付现金给借款人，一直延续到借款人去世。这种设计使得借款人可以提前支用该房屋的销售款，在获得现金的同时，还能够继续获得房屋的居住权并负责维护。

三、金融互联网创新 ⭐

1. 直销银行

直销银行大多由传统银行设立，但基本不设物理网点，不发放实体银行卡，主要通过互联网、移动互联网、电话等工具实现后台处理中心与前端客户直接进行业务指令往来。目前，我国的直销银行主要业务以卖金融产品为主，包括存款类、银行理财、货币基金等，此外，还有账户管理、转账汇款支付等基础功能。

在资产运用方面，直销银行有两种选择：一是把资金批发出去，比如通过同业业务，或者购买其他金融机构的产品，或者干脆内部定价转让给总行；二是放贷给海量的小客户，后者收益率更高。

由于没有营业网点的经营和管理费用，直销银行可以降低运营成本，从而为客户提供更有竞争力的存贷款价格并收取更低的服务手续费。

真题精练

【例3·单项选择题】下列关于直销银行的说法中,错误的是( )。

A. 直销银行大多由传统银行设立,但基本不设物理网点
B. 直销银行与传统银行一样发放实体卡
C. 直销银行主要通过互联网、移动互联网、电话等工具实现后台处理中心与前端客户直接进行业务指令往来
D. 我国的直销银行主要业务以卖金融产品为主

B 直销银行大多由传统银行设立,但基本不设物理网点,不发放实体银行卡,主要通过互联网、移动互联网、电话等工具实现后台处理中心与前端客户直接进行业务指令往来。

2. 互联网银行

互联网银行一般是指以互联网技术、信息通信技术作为账户开立、风险管理、业务流程构建等关键方面的主导因素,在线为客户提供存款、贷款、支付、结算、资产管理等多种金融服务的新型银行机构或服务模式。

互联网银行的特征

(1)互联网银行是银行属性与时代智能技术融合进化的一种可行路径。
(2)互联网银行并没有改变银行的本质属性。
(3)互联网银行是一种提供金融产品和服务的新型渠道模式。
(4)运营成本低,并以此具有了低成本服务长尾客户的能力。
(5)具有全天候服务、全地域覆盖、业务高效处理的能力。

3. 互联网支付

互联网支付是指通过计算机、手机等设备,依托互联网发起支付指令、转移货币资金的服务。**网上银行、移动支付、第三方支付是互联网支付的主要表现形式**。

4. 互联网基金销售

互联网基金销售是指基金销售机构依托互联网和移动通信等技术,通过自营网络平台、第三方网络平台等与基金投资人进行交易的业务。

目前,互联网基金销售规模的增长主要来自于:以余额宝为代表的宝宝类货币基金;代销机构的互联网化水平不断提升,垫资银行、独立代销机构网站都是重要的交易额来源;传统基金公司为了谋求利润,开始自建平台,布局互联网,这也是另外一种重要的互联网化渠道。

知识加油站

互联网基金销售方面着重强调:
(1)积极鼓励互联网金融平台、产品和服务创新,激发市场活力。
(2)鼓励从业机构相互合作,实现优势互补。

第三节　金融创新管理与监管

一、金融创新管理 ★★

1.金融创新管理架构和流程

董事会要确保高级管理层有足够的资金和合格的专业人才,以有效实施战略并管理创新过程中带来的风险。董事会要确保金融创新的发展战略和风险管理政策与全行整体战略和风险管理政策相一致。

高级管理层要建立能够有效管理创新活动的风险管理和内部控制系统、文件档案和审计流程管理系统,以及培训和信息反馈制度。

> **🔍 要点点拨**
>
> 商业银行董事会负责制定金融创新发展战略及与之相适应的风险管理政策,并监督战略与政策的执行情况。高级管理层负责执行董事会制定的金融创新发展战略和风险管理政策。

商业银行应优化内部组织结构和业务流程,形成前台营销服务职能完善、中台风险控制严密、后台保障支持有力的业务运行架构,并可结合本行实际情况,减少管理层级,逐步改造现有的"部门银行",建立适应金融创新的"流程银行",实现前、中、后台的相互分离与有效的协调配合。

商业银行应制定和完善金融创新产品与服务的内部管理程序,至少应包括需求发起、立项、设计、开发、测试、风险评估、审批、投产、培训、销售、后评价和定期更新等各个阶段;应该进行详细的市场需求分析、目标客户分析和成本收益分析,进行科学的风险评估和风险定价,准确计量经风险调整后的收益。

商业银行推出金融创新产品和服务,应做到制度先行,制定与每一类业务相适应的操作规程、内部管理制度和客户风险提示内容,条件成熟的应制定产品手册。

2.系统支持和人才队伍

商业银行应加大对金融创新的信息科学技术投入,建立有效的创新业务技术支持系统和管理信息系统,保证数据信息的完整性、安全性,以及经营计划和业务流程的持续开展,提升金融创新的技术含量。

商业银行应结合本行实际,建立和完善以客户为中心的客户关系管理系统,有效整合客户信息,通过数据分析与挖掘,为客户提供更多创新产品和服务,不断提升客户服务水平,提高客户满意度。

商业银行应逐步制定适应金融创新活动的薪酬制度、培训计划和人力资源战略,不断吸引经验丰富的专业人才,提高金融创新专业能力。

商业银行应组织多种形式的金融创新培训活动,确保员工熟悉创新产品和服务的特性及业务操作流程,建立健全相关业务从业人员的资格认定与考核制度,保证从事创新业务的员工具备必要的专业资格和从业经验。

3.风险管理

商业银行董事会和高级管理层应将金融创新活动的风险管理纳入全行统一的风险管理体系。董事会下设的风险管理委员会应将金融创新活动的风险和其他传统业务的风险进行统一管理,制定恰当的风险管理程序和风险控制措施,清晰地界定各业务条线和相关部门的具体责任。应制定完善的风险管理政策、程序和风险限额,确保各类金融创新活动能与本行的管理能力和专业水平相适应。

商业银行应通过有效的管理信息系统,建立健全风险管理架构,充分识别、计量、监测和控制各类金融创新活动带来的风险。商业银行应建立与各类金融创新业务性质及规模相适应的完善的内部控制制度,通过独立的内部和外部审计检查内控制度的建立与执行情况。

商业银行应对计划开展的金融创新活动进行严格的合规性审查,准确界定其所包含的各种法律关系,明确可能涉及的法律、政策,研究制定相应的解决办法,切实防范合规风险。

商业银行应结合政策调整和市场环境变化,针对金融创新活动的特点,定期对关键模型、假设条件和模型参数进行验证和修正,制定风险预警和风险处置预案。董事会与高级管理层应负责制定业务应急性计划和连续性计划。

真题精练

【例4·单项选择题】商业银行应对计划开展的金融创新活动进行严格的合规性审查,准确界定其所包含的各种法律关系,明确可能涉及的法律、政策,研究制定相应的解决办法,切实防范(   )。

A.操作风险　　　　　　B.合规风险
C.法律风险　　　　　　D.政策风险

B　商业银行应对计划开展的金融创新活动进行严格的合规性审查,准确界定其所包含的各种法律关系,明确可能涉及的法律、政策,研究制定相应的解决办法,切实防范合规风险。

4.投资者教育

商业银行应及时向个人和机构投资者进行充分的信息披露,培训与创新产品相关的基础知识,提示相关风险,同时帮助投资者树立理性的投资观念,按照"买者自负"原则指导投资者的投资行为。商业银行还要切实建立完善良好的投诉处理机制,及时妥善处理好与投资者的纠纷。

二、金融创新监管 ★★

1.金融创新与金融监管的关系

金融创新与金融监管是矛盾的统一体,没有金融创新的发展就没有金融监管的发展。金融创新和金融监管之间的关系最终体现为金融效率和金融安全的关系。金融效率和金融安全之间既有互补性,又有替代性。互补性首先表现为金融效率的提高,有助于加强金融安全。其次,这种互补性还表现为,金融安全是金融效率的基础。

2.金融创新监管的基本要求

《商业银行金融创新指引》指出,鼓励商业银行与银行业监管机构就金融创新进行事前的专业沟通,就关注的风险点和风险控制措施交流意见。监管部门与银行业协会、商业银行等一道共同加强投资者教育工作,进一步增进公众对"买者自负"原则的认识,提高风险承受意识和承受能力。

对于现行法规未明确规定的创新业务和创新品种,《中资商业银行行政许可事项实施办法》设定了如下原则性要求:公司治理良好,具备与业务发展相适应的组织机构和规章制度,内部制度、风险管理和问责机制健全有效;与现行法律法规不相冲突;主要审慎监管指标符合监管要求;符合本行战略发展定位与方向;经董事会同意并出具书面意见;具备开展业务必需的技术人员和管理人员,并全面实施分级授权管理;具备与业务经营相适应的营业场所和相关设施;具有开展该项业务的必要、安全且合规的信息科技系统,具备保障信息科技系统有效安全运行的技术与措施;最近 3 年无严重违法违规行为和因内部管理问题导致的重大案件;监管规章规定的其他审慎性条件。该办法规定,商业银行申请开办创新业务,应该按照监管职责划分,向所在地的监管机构提出申请,监管机构在自受理之日起 3 个月内作出批准或不批准的书面决定。

💡 **真题精练**

【例 5 · 多项选择题】根据《中资商业银行行政许可事项实施办法》的规定,中资商业银行申请开办现行法规未明确规定业务品种的,应当符合的条件有( )。
   A. 与现行法律法规不相冲突
   B. 主要审慎监管指标符合监管要求
   C. 符合本行战略发展定位与方向
   D. 具备开展业务必需的技术人员和管理人员,并全面实施集中授权管理
   E. 最近 3 年无严重违法违规行为和因内部管理问题导致的重大案件

A B C E 中资商业银行应当具备开展业务必需的技术人员和管理人员,并全面实施分级授权管理。

3. 互联网银行监管

网络银行高度依赖信息网络,系统安全性风险尤为突出,如果系统的可靠性和完整性出现重大缺陷,可能给网络银行带来巨大损失。因此,对于虚拟化、数字化的网络银行来说,必须加强对系统风险和操作风险的监管。

4. 互联网金融的监管

互联网金融的监管遵循"**依法监管、适度监管、分类监管、协同监管、创新监管**"的原则,科学合理界定各业态的业务边界及准入条件,落实监管责任,明确风险底线,保护合法经营,坚决打击违法和违规行为。

🔵 **要点点拨**

在监管职责划分上,人民银行负责互联网支付业务的监督管理;原银监会负责包括个体网络借贷和网络小额贷款在内的网络借贷以及互联网信托和互联网消费金融的监督管理;证监会负责股权众筹融资和互联网基金销售的监督管理;原保监会负责互联网保险的监督管理。

互联网金融市场秩序规范的具体要求:
(1)加强互联网行业管理。
(2)建立客户资金第三方存管制度。

（3）健全信息披露、风险提示和合格投资者制度。

（4）强化消费者权益保护，着力加强消费者教育，完善合同条款、纠纷解决机制等。

（5）加强网络与信息安全，要求从业机构切实提升技术安全水平，妥善保管客户资料和交易信息。

（6）要求从业机构采取有效措施履行反洗钱义务，并协助公安和司法机关防范和打击互联网金融犯罪。

（7）加强互联网金融行业自律。

（8）规定了监管协调与数据统计监测的内容。

↓ 码上看总结 ↓

👤✚ 章节自测

一、单项选择题（在以下各小题所给出的四个选项中，只有一个选项符合题目要求，请将正确选项的代码填入括号内）

1. 商业银行开展金融创新需要遵循的原则不包括(　　　)。
   A.合法合规原则　　　　　　　　B.强化业务监测原则
   C.客户适当性原则　　　　　　　D.利益最大化原则

2. (　　　)是指商业银行吸收的嵌入金融衍生产品的存款，通过与利率、汇率、指数等的波动挂钩或者与某实体的信用情况挂钩，使存款人在承担一定风险的基础上获得相应收益的产品。
   A.大额存单　　　　　　　　　　B.理财业务
   C.结构性存款　　　　　　　　　D.可交换债券

3. 住房反向抵押贷款中，金融机构对借款人进行综合评估的内容不包括(　　　)。
   A.子女情况　　　　　　　　　　B.预计寿命
   C.房屋的现值　　　　　　　　　D.未来的增值折损情况

4. 下列关于大额存单的说法中，错误的是(　　　)。
   A.大额存单是银行存款类金融产品，属一般性存款
   B.大额存单采用标准期限的产品形式
   C.大额存单是由银行业存款类金融机构面向金融机构投资人发行的存款凭证
   D.大额存单自认购之日起计息，付息方式分为到期一次还本付息和定期付息、到期还本

5. 互联网支付的主要表现形式不包括(　　　)。
   A.网上银行　　　　　　　　　　B.快速支付
   C.移动支付　　　　　　　　　　D.第三方支付

6. 商业银行(　　)负责制定金融创新发展战略及与之相适应的风险管理政策,并监督战略与政策的执行情况。
    A. 董事会　　　　　　　　　　　　　B. 高级管理层
    C. 监事会　　　　　　　　　　　　　D. 股东会

7. 关于金融创新与金融监管的关系,下列说法错误的是(　　)。
    A. 金融创新与金融监管是矛盾的统一体
    B. 金融创新和金融监管之间的关系最终体现为金融效率和金融安全的关系
    C. 金融效率是金融安全的基础
    D. 没有金融创新的发展就没有金融监管的发展

8. 《商业银行理财子公司净资本管理办法(试行)》规定,理财子公司净资本不得低于(　　)亿元人民币,且不得低于净资产的(　　)。
    A. 3;40%　　　　　　　　　　　　　B. 3;50%
    C. 5;40%　　　　　　　　　　　　　D. 5;50%

二、多项选择题(在以下各小题所给出的选项中,至少有两个选项符合题目要求,请将正确选项的代码填入括号内)

1. 目前,互联网基金销售规模的增长主要来自(　　)。
    A. 以余额宝为代表的宝宝类货币基金
    B. 直销机构的互联网化水平不断提升,垫资银行、独立代销机构网站都是重要的交易额来源
    C. 以支付宝为代表的宝宝类货币基金
    D. 代销机构的互联网化水平不断提升,垫资银行、独立代销机构网站都是重要的交易额来源
    E. 传统基金公司为了谋求利润,开始自建平台,布局互联网,这也是另外一种重要的互联网化渠道

2. 相比传统银行而言,互联网银行具有的特征有(　　)。
    A. 互联网银行是银行属性与时代智能技术融合进化的一种可行路径
    B. 互联网银行并没有改变银行的本质属性
    C. 互联网银行是一种提供金融产品和服务的新型渠道模式
    D. 运营成本低,并以此具有了低成本服务长尾客户的能力
    E. 具有全天候服务、全地域覆盖、业务高效处理的能力

3. 互联网金融的监管遵循(　　)的原则,科学合理界定各业态的业务边界及准入条件,落实监管责任。
    A. 依法监管　　　　　　　　　　　　B. 适度监管
    C. 分类监管　　　　　　　　　　　　D. 协同监管
    E. 创新监管

4. 互联网金融市场秩序规范的具体要求包括(　　)。
    A. 加强互联网行业管理
    B. 建立客户资金第三方存管制度
    C. 健全信息披露、风险提示和合格投资者制度
    D. 强化消费者权益保护,着力加强消费者教育,完善合同条款、纠纷解决机制等
    E. 加强网络与信息安全,要求从业机构切实提升技术安全水平,妥善保管客户资料和交易信息

三、判断题（请判断以下各小题的正误，正确的选 A，错误的选 B）

1. 商业银行应及时向个人和机构投资者进行充分的信息披露，培训与创新产品相关的基础知识，提示相关风险，同时帮助投资者树立理性的投资观念，按照"卖者负责"原则指导投资者的投资行为。 （   ）

   A. 正确　　　　　　　　　　　　B. 错误

2. 高级管理层要确保金融创新的发展战略和风险管理政策与全行整体战略和风险管理政策相一致。 （   ）

   A. 正确　　　　　　　　　　　　B. 错误

答案详解

一、单项选择题

1. D。【解析】商业银行开展金融创新需要遵循的原则包括：（1）合法合规原则。（2）公平竞争原则。（3）加强知识产权保护原则。（4）成本可算原则。（5）强化业务监测原则。（6）客户适当性原则。（7）防范交易对手风险原则。（8）维护客户利益原则。（9）审慎原则。

2. C。【解析】结构性存款是指商业银行吸收的嵌入金融衍生产品的存款，通过与利率、汇率、指数等的波动挂钩或者与某实体的信用情况挂钩，使存款人在承担一定风险的基础上获得相应收益的产品。

3. A。【解析】住房反向抵押贷款是指拥有房屋产权的老年人将房屋产权抵押给金融机构，由相应的金融机构对借款人的年龄、预计寿命、房屋的现值、未来的增值折旧等情况进行综合评估后，将其房屋的价值化整为零，按月或按年支付现金给借款人，一直延续到借款人去世。

4. C。【解析】大额存单是指由银行业存款类金融机构面向非金融机构投资人发行的、以人民币计价的记账式大额存款凭证，是银行存款类金融产品，属一般性存款。

5. B。【解析】网上银行、移动支付、第三方支付是互联网支付的主要表现形式。

6. A。【解析】商业银行董事会负责制定金融创新发展战略及与之相适应的风险管理政策，并监督战略与政策的执行情况。董事会要确保高级管理层有足够的资金和合格的专业人才，以有效实施战略并管理创新过程中带来的风险。

7. C。【解析】金融效率和金融安全之间既有互补性，又有替代性。互补性首先表现为金融效率的提高，有助于加强金融安全。其次，这种互补性还表现为，金融安全是金融效率的基础。

8. C。【解析】2019年12月发布《商业银行理财子公司净资本管理办法（试行）》规定，理财子公司净资本管理应当符合两方面标准：一是净资本不得低于5亿元人民币，且不得低于净资产的40%；二是净资本不得低于风险资本，确保理财子公司保持足够的净资本水平。

二、多项选择题

1. ADE。【解析】目前，互联网基金销售规模的增长主要来自以下几个方面：（1）以余额宝为代表的宝宝类货币基金。（2）代销机构的互联网化水平不断提升，垫资银行、独立代销机构网站都是重要的交易额来源。（3）传统基金公司为了谋求利润，开始自建平台，布局互联网，这也是另外一种重要的互联网化渠道。

2. ABCDE。【解析】相比传统银行而言，互联网银行具有如下特征：（1）互联网银行是银行属性与时代智能技术融合进化的一种可行路径。（2）互联网银行并没有改变银行的本质属性。（3）互联网银行是一种提供金融产品和服务的新型渠道模式。（4）运营成本低，并以此具有了低成本服务长尾客户的能力。（5）具有全天候服务、全地域覆盖、业务高效处理的能力。

3. ABCDE。【解析】互联网金融的监管遵循"依法监管、适度监管、分类监管、协同监管、创新监管"的原则，科学合理界定各业态的业务边界及准入条件，落实监管责任，明确风险底线，保护合法经营，坚决打击违法和违规行为。

4. ABCDE。【解析】互联网金融市场秩序规范的具体要求，除了 ABCDE 五项外，还包括：（1）要求从业机构采取有效措施履行反洗钱义务，并协助公安和司法机关防范和打击互联网金融犯罪。（2）加强互联网金融行业自律。（3）规定了监管协调与数据统计监测的内容。

三、判断题

1. B。【解析】商业银行应及时向个人和机构投资者进行充分的信息披露，培训与创新产品相关的基础知识，提示相关风险，同时帮助投资者树立理性的投资观念，按照"买者自负"原则指导投资者的投资行为。

2. B。【解析】董事会要确保金融创新的发展战略和风险管理政策与全行整体战略和风险管理政策相一致。

第二十三章
银行业消费者权益保护

⊕ 考情直击

　　本章的主要内容是我国银行业消费者权益保护概述、主要银行业务的消费者权益保护、消费者投诉处理、银行业金融机构社会责任概述。分析近几年的考试情况，本章的常考点有银行消费者的主要权利、银行对消费者的主要义务、消费者权益保护、消费者投诉处理等。

📖 考纲要求

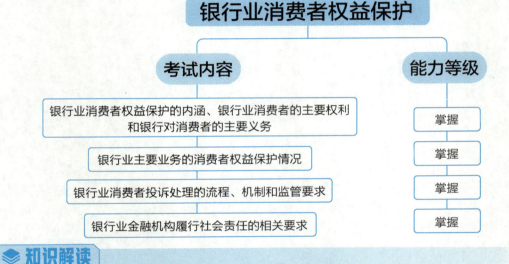

银行业消费者权益保护	
考试内容	**能力等级**
银行业消费者权益保护的内涵、银行业消费者的主要权利和银行对消费者的主要义务	掌握
银行业主要业务的消费者权益保护情况	掌握
银行业消费者投诉处理的流程、机制和监管要求	掌握
银行业金融机构履行社会责任的相关要求	掌握

📚 知识解读

第一节　我国银行业消费者权益保护概述

一、银行业消费者权益保护的发展与挑战 ★★★

　　银行业消费者已逐渐成为推动银行业持续健康发展的重要力量,金融消费者保护工作的重要性持续提升。在对现实需求和经验认识予以充分重视的基础上,消费者保护工作要从健全体制机制、规范经营行为、强化监管引领、加大宣传教育力度等四个方面,推动银行业消费者保护工作的发展。

　　我国银行业消费者保护面临的三个核心挑战:

　　(1)业务流程管控未能与挑战同步,漏洞危及金融消费者基本权益。

　　(2)银行对金融消费者投诉的沟通、反馈机制不足。

　　(3)金融消费者知识教育任重道远。

二、银行业消费者的主要权利 ★★★

银行业消费者的主要权利

(1)安全权,包括人身安全权和财产安全权。

(2)信息安全权。

(3)知情权。

(4)自主选择权。

(5)公平交易权。

(6)依法求偿权。

(7)受教育权,分为银行消费知识的教育权和消费者权益保护知识的教育权。

(8)受尊重权。

三、银行对消费者的主要义务 ★★★

(1)遵守相关法律。

(2)交易信息公开。

(3)妥善处理客户交易请求。

(4)交易有凭有据。

(5)保护消费者信息。

(6)妥善处理投诉。

四、银行业消费者权益保护的实施 ★★★

1. 基本原则

依法合规、诚实守信、公开透明、公平公正、文明规范。

2. 目标和基本要求

银行应积极履行保护消费者权益的社会责任,主动承担消费者教育工作,有效引导和培育消费者的金融意识和风险意识,公平对待消费者,加强消费者投诉管理,为消费者提供优质的文明规范服务,共同维护良好的市场秩序,推动银行业健康发展,促进社会和谐进步。

📖 知识加油站

为实现目标,应该认真履行以下基本要求:

(1)依法合规经营,诚信对待消费者。

(2)热情友好服务,营造和谐服务环境。

(3)客观披露信息,保障消费者知情选择权。

(4)保护客户信息,依法保障消费者信息安全。

(5)维护经营秩序,依法保障存款安全。

(6)忠实履行合约,保障消费者获得相应质量的服务。

(7)完善投诉处理机制,确保消费者投诉妥善处理。

(8)开展消费者教育,增强消费者的风险意识和风险防范能力。

真题精练

【例1·多项选择题】我国银行业消费者权益保护的基本原则是(   )。

A. 依法合规   B. 诚实守信

C. 公开透明   D. 公平公正

E. 文明规范

A B C D E 我国银行业消费者权益保护的基本原则是：依法合规、诚实守信、公开透明、公平公正、文明规范。

3. 制度保障

银行业金融机构应当加强银行业消费者权益保护工作机制建设：

(1)银行业金融机构应将消费者权益保护融入公司治理各环节。

①董事会承担消费者权益保护工作的最终责任。

②董事会应设立消费者权益保护委员会。

③高级管理层应确保消费者权益保护战略目标和政策得到有效执行。

(2)银行业金融机构应明确部门履行消费者权益保护职责。

(3)银行业金融机构应强化消费者权益保护决策执行和监督机制。

(4)银行业金融机构应建立消费者权益保护审查机制。

(5)银行业金融机构应完善消费者权益保护内部考核机制。

(6)银行业金融机构应加强和完善消费者权益保护信息披露机制。

(7)银行保险监督管理机构应加强对银行业金融机构消费者权益保护工作体制机制建设的监督管理。

(8)银行保险行业协会应成立消费者权益保护专业委员会。

要点点拨

消费者权益保护部门的主要职责包括：

①牵头拟定产品服务审查、投诉管理、内部考核、金融知识宣传教育等消费者权益保护工作制度，并根据监管要求及市场变化及时更新。

②组织开展消费者权益保护审查工作，确保在产品和服务设计开发、定价管理、协议制定等环节落实保护消费者合法权益的相关规定。

③组织落实投诉处理工作的管理、指导和考核，协调、督促相关部门和分支机构妥善处理各类消费者投诉。

④组织开展消费者权益保护监督检查，对产品和服务销售各环节进行监督，确保贯彻金融消费者适当性制度，协助规范营销宣传和信息披露内容，针对发现问题采取有效措施督促落实整改。

⑤组织开展金融知识宣传教育活动，提高消费者金融素养。开展内部教育和培训，强化员工消费者权益保护意识。

⑥组织开展消费者权益保护工作内部考核，定期向高级管理层汇报，适时向董事会及委员会汇报。

⑦推动落实对存在合作关系的中介机构和第三方机构消费者权益保护的监督评价工作，将消费者权益保护相关要求纳入中介机构和第三方机构的准入、清退条件。

4. 管理要点

（1）为消费者提供规范服务。

（2）履行信息披露要求。

（3）做好消费者信息管理。

（4）开展消费者金融知识教育。

（5）完善消费者投诉管理。

（6）加强员工日常行为的管理教育。

第二节　主要银行业务的消费者权益保护

一、储蓄消费者的主要权利 ★★★

（1）消费者有权选择任一银行营业网点开立个人银行账户。未经本人同意，任何单位和个人不得为消费者指定开户银行。

（2）消费者有权自己选择存款种类、期限、数额。

（3）消费者依法对自己的合法财产（包括储蓄存款）享有隐私权，银行对消费者的银行账户信息负有保密责任。

（4）消费者凭学校提供的正在接受非义务教育的学生身份证明一次支取教育储蓄存款本金和利息时，可以享受利率优惠，并免征教育储蓄存款利息所得税。

（5）消费者的本人外汇结算账户与外汇储蓄账户间资金可以划转，但外汇储蓄账户向外汇结算账户的划款限于划款当日的对外支付，不得划转后结汇。

二、支付结算消费者的主要权利与银行的主要义务 ★★★

1. 支付结算消费者的主要权利

（1）没有开立存款账户的消费者，向银行交付款项后，也可以通过银行办理支付结算。

（2）消费者（汇款人）对汇出银行尚未汇出的款项可以申请撤销。

2. 银行的主要义务

（1）汇出银行受理消费者签发的汇兑凭证，经审查无误后，应及时向汇入银行办理汇款，并向汇款人签发汇款回单。

（2）汇入银行对开立存款账户的收款人，应将汇给其的款项直接转入收款人账户，并向其发出收账通知。

三、银行对银行卡消费者的风险提示 ★★★

风险提示

（1）申领渠道要正规。

（2）妥善保管银行卡。

（3）支付密码要保密。

（4）用卡安全要牢记。

（5）金融欺诈要警惕。

（6）透支消费要量力。

（7）个人信用要珍惜。

四、银行对个人贷款消费者的主要义务 ★★★

（1）银行应按借款合同约定，向消费者发放借款。

（2）银行不得预先在本金中扣除利息。利息预先在本金中扣除的，按实际借款数额返还借款并计算利息。

（3）银行应在借款合同、担保合同及与消费者签署的其他合同文本中，对格式条款进行标示，并按消费者要求，充分向客户解释格式条款含义。

（4）银行应对在个人贷款业务办理过程中获取的个人信息、经营信息、财务信息、资产信息等非公开信息承担保密义务，未经消费者允许，不得将上述信息透露给第三人。

（5）个人贷款采用质押担保方式的，银行在贷款存续期间，须妥善保管质押物。

（6）个人贷款采用抵押担保方式的，在贷款结清后，银行应配合抵押人前往相关抵押登记管理部门办理抵押物解除抵押手续。

（7）个人贷款采用质押担保方式的，在贷款结清后，银行应将质押物移交质押人。

（8）对未获批准的个人贷款申请，贷款人应告知借款人。

五、代收代付业务消费者权益保护 ★★★

1. 消费者的主要权利

在代收代付业务中，银行仅作为受托方执行委托单位的收付指令，银行仅对指令执行的准确与否负责，而不对收付指令的正确与否负责。因此，消费者向银行的权利主张仅限于一般结算账户的交易明细查询、对账服务等；对于代收付出现的错漏，消费者应首先向委托单位进行查询、主张相关权利，银行配合提供相关查询；确属银行执行收付指令错漏的，银行应按照协议规定进行纠正。

2. 银行的主要义务

（1）按照委托单位收付指令，执行代收代付业务，并为业务的准确性负责。

（2）法律、行政法规及相关协议规定银行应履行的其他义务。

> 🔵 **要点点拨**
>
> 银行给消费者的风险提示：
>
> （1）消费者要提高风险防范意识，不要相信陌生电话、短信，遇有疑问，应向银行或委托收付单位进行查询。
>
> （2）消费者要关注自身账户收支情况，及时核对账单，遇有不明原因、金额异常的收支明细，应尽快向委托收付单位或银行进行查询。

六、电子银行消费者的主要权利 ★★★

（1）消费者可以自主决定是否申请注册电子银行业务，自主选择注册电子银行的渠道种类，如网上银行、手机银行、电话银行等。

（2）在电子银行服务协议生效期间，消费者可以自主决定是否申请暂停、恢复、注销电子银行业务。

（3）通过电子银行渠道办理相关交易后，消费者可以在规定的时限内到银行营业网点补登存折或补打交易明细。

（4）对涉及收费的电子银行业务，在最终提交银行业务处理系统前，相关收费标准或具体收费金额能够得到适当方式的明确提示，以便消费者自主决定是否继续操作该项业务。

第三节　消费者投诉处理

一、投诉途径 ★★★

1. 传统投诉途径

（1）银行分支机构接访或营业网点现场受理的消费者投诉。

（2）客户服务中心受理的消费者投诉。

（3）通过新闻媒体、网络、信访以及政府有关部门、人大、政协部门、金融监管机构转办的消费者投诉。

2. 第三方纠纷调解机制

2013 年修订的《中华人民共和国消费者权益保护法》在请求消费者协会调解外，增加了"依法成立的其他调解组织"调解的途径。

二、投诉分类 ★★★

按照投诉的影响程度，投诉分为一般性投诉与重大投诉。

三、投诉处理基本要求 ★★★

（1）建立投诉处理机制。

（2）畅通投诉渠道。

（3）明确投诉处理时限。

（4）跟进投诉处理结果。

💡 **真题精练**

【例 2·单项选择题】下列关于商业银行对投诉处理基本要求的说法中，错误的是（　　）。

A. 建立投诉处理机制　　　　　B. 畅通投诉渠道

C. 跟进投诉处理结果　　　　　D. 要求首问负责制

D 　投诉处理基本要求：（1）建立投诉处理机制。（2）畅通投诉渠道。（3）明确投诉处理时限。（4）跟进投诉处理结果。

四、一般性投诉处理 ★★★

1. 基本原则

（1）积极主动原则。

（2）客观公正原则。

（3）专业原则。

（4）效率原则。

（5）合规谨慎原则。

2. 相关要点

（1）注重服务礼仪。

（2）明确投诉处理流程。

（3）掌握投诉处理技巧。

（4）明确处理投诉的权限划分，构建快速处理通道。

五、重大投诉处理 ★★★

1. 基本原则

（1）积极应对、快速反应。

（2）有效控制、减少影响。

（3）公正诚信、实事求是。

2. 相关要点

（1）投诉处理工作人员应当充分了解法律、行政法规、规章和银行业监督管理机构有关监管规定，熟悉金融产品与金融服务情况，掌握本机构有关规章制度与业务流程，具备相应的工作能力，公平、友善对待消费者。

（2）对政府有关部门、人大、政协部门、银行业监督管理机构转办的投诉事项，应当严格按照转办要求处理，并及时向交办机构报告处理结果。

（3）银行接到大规模投诉，或者投诉事项重大，涉及众多消费者利益，可能引发群体性事件的，应当及时向银行业监督管理机构或其派出机构报告。

第四节　银行业金融机构社会责任概述

一、银行业监督管理机构指导银行业履行社会责任 ★★★

1. 经济责任

（1）银行业金融机构应在法律规定下积极提高经营效益，努力创造优良的经济利益；银行业金融机构应积极参与保障金融安全、维护平等竞争的金融秩序，加强防范金融风险；积极支持政府经济政策，促进经济稳定、可持续发展，为国民经济提供优良的专业服务。

（2）银行业金融机构应加强合规管理，规范经营行为，遵守银行业从业人员行为准则、反不正当竞争公约、反商业贿赂公约等行业规则，开展公平竞争，维护银行业良好的市场竞争秩序，促进银行业健康发展。

（3）完善公司治理结构，安全稳健经营，严格关联交易管理，履行信息披露义务，确保股东、特别是中小股东享有的法律法规和公司章程规定的各项权益，为股东创造价值。

（4）遵循按劳分配、同工同酬原则，构建合理的激励约束机制，保障员工各项权益，促进员工全面发展，为员工创造价值。

（5）重视消费者的权益保障，有效提示风险，恰当披露信息，公平对待消费者，加强客户投诉管理，完善客户信息保密制度，提升服务质量，为客户创造价值。

2. 社会责任

（1）承担消费者教育的责任，积极开展金融知识普及教育活动，引导和培育社会公众的金融意识和风险意识，为提高社会公众财产性收入贡献力量。

（2）主动承担信用体系建设的责任，积极开展诚实守信的社会宣传，引导和培育社会公众的信用意识。

（3）努力促进行业间的协调和合作，加强银行业信用信息的整合和共享，稳步推进我国银行业信用体系建设。

（4）提倡以人为本，重视员工健康和安全，关心员工生活，改善人力资源管理；加强员工培训，提高员工职业素质，提升员工职业价值；激发员工工作积极性、主动性和创造性，培养金融人才，创建健康发展、积极和谐的职业环境。

（5）支持社区经济发展，为社区提供金融服务便利，积极开展金融教育宣传、扶贫帮困等内容丰富形式多样的社区服务活动，努力为社区建设贡献力量。

（6）关心社会发展，热心慈善捐赠、志愿者活动，积极投身社会公益活动，通过发挥金融杠杆的作用，努力构建社会和谐，促进社会进步。

3. 环境责任

（1）依据国家产业政策和环保政策的要求，参照国际条约、国际惯例和行业准则制定经营战略、政策和操作规程，优化资源配置，支持社会、经济和环境的可持续发展。

（2）尽可能地开展赤道原则的相关研究，积极参考借鉴赤道原则中适用于我国经济金融发展的相关内容。

（3）组建专门机构或者指定有关部门负责环境保护，配备必要的专职和兼职人员。

（4）制定资源节约与环境保护计划，尽可能减少日常营运对环境的负面影响；定期或不定期地对员工进行环保培训，鼓励和支持员工参与环保的外部培训、交流和合作。

（5）通过信贷等金融工具支持客户节约资源、保护环境，引导和鼓励客户增强社会责任意识并积极付出行动；注重对客户进行环保培训，培训内容包括但不限于环境影响评估程序的具体操作、绿色信贷文件的准备等。

（6）倡导独立对融资项目的环境影响进行现场调查、审核，而不能只依赖客户提供的环境影响评估报告等资料作出判断。

（7）积极主动地参与环境保护的实践和宣传活动，为客户和全社会环保意识的提高尽一份力量。

二、银行业金融机构履行社会责任的推进　★★★

近年来，银行业监督管理机构推进银行业金融机构做了以下几个方面的工作：

（1）促进助学贷款可持续性发展。

（2）做好重大活动、重要节假日金融服务。

（3）支持抗灾救灾、灾区重建和欠发达地区发展。

（4）支持公益事业。

（5）新冠疫情期间以及后疫情期间支持企业复工复产。

三、绿色金融　★★★

绿色金融是指为支持环境改善、应对气候变化和资源节约高效利用的经济活动，即对环保、节能、清洁能源、绿色交通、绿色建筑等领域的项目投融资、项目运营、风险管理等所提供的金融服务。绿色金融体系是指通过绿色信贷、绿色债券、绿色股票指数和相关产品、绿色发展基金、绿色保险、碳金融等金融工具和相关政策支持经济向绿色化转型的制度安排。

四、普惠金融　★★★

普惠金融是指立足机会平等要求和商业可持续原则，以可负担的成本为有金融服务需求的社会各阶层和群体提供适当、有效的金融服务。小微企业、农民、城镇低收入人群和残疾人、老年人等特殊群体是当前我国普惠金融重点服务对象。

💡 **真题精练**

【例3·单项选择题】当前我国普惠金融的重点服务对象是(   )。
A. 企业、农民、城镇低收入人群、贫困人群和残疾人、老年人等特殊群体
B. 乡镇企业、农民、城镇低收入人群、贫困人群和残疾人、老年人等特殊群体
C. 民营企业、农民、城镇低收入人群、贫困人群和残疾人、老年人等特殊群体
D. 小微企业、农民、城镇低收入人群、贫困人群和残疾人、老年人等特殊群体

D   小微企业、农民、城镇低收入人群、贫困人群和残疾人、老年人等特殊群体是当前我国普惠金融的重点服务对象。

1. 普惠金融的关键要素
(1)可得性。
(2)多样且适当的产品。
(3)商业可行性和可持续性。
(4)安全和责任。
2. 普惠金融的基本原则
(1)**健全机制、持续发展**。
(2)**机会平等、惠及民生**。
(3)**市场主导、政府引导**。
(4)**防范风险、推进创新**。
(5)**统筹规划、因地制宜**。
3. 普惠金融的重要意义
大力发展普惠金融,让所有市场主体都能分享金融服务的雨露甘霖,有利于促进金融业可持续发展,推动大众创业、万众创新、助推经济发展方式转型升级,促进社会公平和社会的和谐。

📖 **知识加油站**

普惠金融的持续深化,需要从以下几个方面作出努力:
(1)健全多元化广覆盖的机构体系。
(2)创新金融产品和服务手段。
(3)加快推进金融基础设施建设。
(4)加强普惠金融教育与金融消费者权益保护。

↓ **码上看总结** ↓

章节自测

一、单项选择题(在以下各小题所给出的四个选项中,只有一个选项符合题目要求,请将正确选项的代码填入括号内)

1.银行业消费者的安全权包括财产安全权和( )。
　　A.人身安全权　　　　　　　　B.交易安全权
　　C.产品安全权　　　　　　　　D.服务安全权

2.按投诉的影响程度,投诉分为( )。
　　A.一般性投诉和重大投诉　　　　B.普通投诉和重要投诉
　　C.普通投诉和一般性投诉　　　　D.重大投诉和普通投诉

3.《中国银行业金融机构企业社会责任指引》从经济责任、社会责任、( )三个方面对银行业金融机构应该履行的企业社会责任进行了阐述。
　　A.环境责任　　　　　　　　　　B.道德责任
　　C.行业责任　　　　　　　　　　D.国家责任

4.下列不属于普惠金融定义中的四个关键要素的是( )。
　　A.可得性　　　　　　　　　　　B.收益性
　　C.商业可行性和可持续性　　　　D.安全和责任

二、多项选择题(在以下各小题所给出的选项中,至少有两个选项符合题目要求,请将正确选项的代码填入括号内)

1.银行业消费者的受教育权可以分为( )。
　　A.产品收益计算的教育权
　　B.维权知识产权的教育权
　　C.银行产品交易、监督等有关知识的教育权
　　D.银行消费知识的教育权
　　E.消费者权益保护知识的教育权

2.商业银行对一般性投诉处理的基本原则包括( )。
　　A.积极主动原则　　　　　　　　B.客观公正原则
　　C.专业原则　　　　　　　　　　D.效率原则
　　E.合规谨慎原则

3.普惠金融的基本原则包括( )。
　　A.健全机制、持续发展　　　　　B.机会平等、惠及民生
　　C.市场主导、政府引导　　　　　D.防范风险、推进创新
　　E.统筹规划、因地制宜

三、判断题(请判断以下各小题的正误,正确的选 A,错误的选 B)

1.在特殊情况下,银行可以预先在个人贷款消费者的本金中扣除利息。( )
　　A.正确　　　　　　　　　　　　B.错误

2.绿色金融体系是指通过绿色信贷、绿色债券、绿色股票指数和相关产品、绿色发展基金、绿色保险、碳金融等金融工具和相关政策支持经济向绿色化转型的制度安排。( )
　　A.正确　　　　　　　　　　　　B.错误

答案详解

一、单项选择题

1. A。【解析】银行业消费者在购买、使用银行产品和接受银行服务时享有人身、财产安全不受损害的权利，包括人身安全权和财产安全权两个方面。

2. A。【解析】按照投诉的影响程度，投诉可分为一般性投诉与重大投诉。

3. A。【解析】银行业金融机构应履行的企业社会责任包括：经济责任、社会责任和环境责任。

4. B。【解析】普惠金融定义中的四个关键要素包括可得性、多样且适当的产品、商业可行性和可持续性、安全和责任。

二、多项选择题

1. DE。【解析】银行业消费者的受教育权可以分为两类：银行消费知识的教育权和消费者权益保护知识的教育权。

2. ABCDE。【解析】商业银行对一般性投诉处理的基本原则包括：(1)积极主动原则。(2)客观公正原则。(3)专业原则。(4)效率原则。(5)合规谨慎原则。

3. ABCDE。【解析】普惠金融的基本原则：(1)健全机制、持续发展。(2)机会平等、惠及民生。(3)市场主导、政府引导。(4)防范风险、推进创新。(5)统筹规划、因地制宜。

三、判断题

1. B。【解析】银行不得预先在本金中扣除利息。利息预先在本金中扣除的，按实际借款数额返还借款并计算利息。这是银行应该尽的义务。

2. A。【解析】题干描述正确。

温馨提示

"恭喜您，已完成本书全部考点学习，完成打卡100分，请继续乘风破浪下一段旅程！"